电动汽车充电站设计与运营

周志敏　纪爱华　编著

U0361802

机械工业出版社

本书结合我国电动汽车的发展趋势、充电站建设及最新应用技术，系统地讲述电动汽车充电设施构成及建设方案设计、电动汽车充电机设计方案及测试、电动汽车充电站变配电系统设计、电动汽车充电站监控系统及计量解决方案、电动汽车充电站安全防护、电动汽车电池管理系统功能及方案设计、电动汽车充电设施规划设计及运营模式等内容。

本书在写作时以电动汽车充电站建设方案设计为主线，深入浅出地阐述了电动汽车充电站建设的最新应用技术。全书文字通俗、重点突出、注重实用、内容新颖。本书可供从事电动汽车充电站研究开发、方案设计、运营管理的工程技术人员和管理人员，以及高等院校的师生阅读参考。

图书在版编目（CIP）数据

电动汽车充电站设计与运营/周志敏，纪爱华编著 . —北京：机械工业出版社，2019. 12（2024. 8 重印）
ISBN 978-7-111-64271-8

Ⅰ.①电…　Ⅱ.①周…②纪…　Ⅲ.①电动汽车–充电–电站–设计②电动汽车–充电–电站–运营管理　Ⅳ.①U469.72

中国版本图书馆 CIP 数据核字（2019）第 269780 号

机械工业出版社（北京市百万庄大街 22 号　邮政编码 100037）
策划编辑：江婧婧　责任编辑：江婧婧　翟天睿
责任校对：张　力　封面设计：马精明
责任印制：邰　敏
中煤（北京）印务有限公司印刷
2024 年 8 月第 1 版第 3 次印刷
169mm×239mm·16. 5 印张·321 千字
标准书号：ISBN 978-7-111-64271-8
定价：75. 00 元

电话服务

客服电话：010-88361066
　　　　　010-88379833
　　　　　010-68326294

网络服务

机　工　官　网：www.cmpbook.com
机　工　官　博：weibo.com/cmp1952
金　书　网：www.golden-book.com
机工教育服务网：www.cmpedu.com

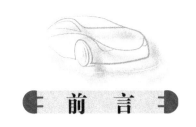

前　言

　　电动汽车的发展包括电动汽车以及能源供给系统的研究和开发，其中能源供给系统包括充电基础设施，供电、充电和电池系统及能源供给模式。电动汽车充电站作为电动汽车运行的能量补给站，是电动汽车商业化发展所必备的重要配套基础设施，充电站的建设将直接影响电动汽车产业的发展。要推动电动汽车市场的发展，充电站的建设速度必须与电动汽车推广速度相匹配。

　　电动汽车充电设施的建设是支撑并促进电动汽车发展的重要一环，电动汽车与其充电设施是"发展"与"保障"的关系，电动汽车的发展将带动充电设施的建设，也是充电设施建设的核心动力，充电设施的建设将作为电动汽车发展的有力保障。这种相辅相成、互相依赖的关系有效指明了充电设施的发展方向——紧紧围绕电动汽车的发展，并适度超前建设，引导电动汽车发展。

　　随着电动汽车的普及，电动汽车充电站必将成为汽车工业和能源产业发展的重点。在我国，电动汽车充电站的发展是必然的，政府出台各项政策助力电动汽车充电站建设。在电动汽车充电站的建设中，应考虑业务运营的模式，建设相应的电动汽车充电计费系统，引入集中式的信息管理平台，这些是开展电动汽车充电站建设工作的重要组成部分。待全国范围内大规模的电动汽车充换电网络建成后，全国的电动汽车充换电站将联网运营，以此可推动纯电动汽车产业的发展。

　　本书结合我国电动汽车的发展趋势、建设及最新应用技术，以电动汽车充电站设计与运营为核心内容。写作中在尽量做到有针对性和实用性的基础上，力求做到通俗易懂和结合实际，使得从事电动汽车充电站开发、设计、运营管理的工程技术人员和管理人员能从中获益，读者可以以此为"桥梁"，系统全面地了解和掌握电动汽车充电站设计与运营的最新应用与管理技术。

　　本书在写作过程中，无论是资料的收集还是技术信息交流上都得到了国内外的专业学者和同行，以及电动汽车充电设施制造商的大力支持，在此表示衷心的感谢。

　　由于写作时间仓促，编者水平有限，难免有错误之处，敬请读者批评指正。

编　者

目 录

第1章 电动汽车充电设施构成及建设方案设计

1.1 电动汽车种类及充电设施分类

1.1.1 电动汽车种类及运行特点

1. 电动汽车种类

按照我国 2009 年 7 月 1 日正式实施的《新能源清册生产企业及产品准入管理规则》，新能源汽车是指采用非常规的车用燃料作为动力来源（或使用常规的车用燃料，但采用新型车载动力装置），综合车辆的动力控制和驱动方面的先进技术形成的技术原理先进，具有新技术、新结构的汽车。

电动汽车是全部或部分由电能驱动电动机作为动力系统的汽车，按照目前技术的发展方向或车辆驱动原理，可划分为纯电动汽车、混合动力汽车和燃料电池汽车等。新能源汽车和电动汽车的分类关系如图 1-1 所示。

（1）纯电动汽车 纯电动汽车是完全由可充电动力电池（如铅酸动力电池、镍镉动力电池、镍氢动力电池或锂动力电池）提供动力源的汽车，纯电动汽车由底盘、车身、动力电池组、电动机、控制器和辅助设施六部分组成。由于电动机具有良好的牵引特性，因此纯电动汽车的传动系统不需要离合器和变速器。车速控制由控制器通过调速系统改变电动机的转速即可实现。现在纯电动汽车技术的发展已经相当成熟，国外发达国家和我国都有部分车型投入量产和商业化运营。纯电动汽车具有以下优点：

1）减少对石油资源的依赖，实现能源利用的多元化。电力可以从多种一次能源获得，如煤、核能、水力、风力、光、热等，解除人们对石油资源日见枯竭的担心。

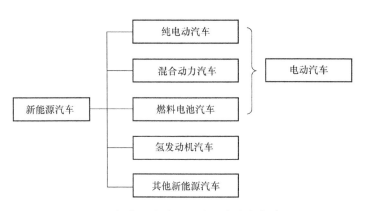

图 1-1　新能源汽车和电动汽车的分类关系

2）减少环境污染。纯电动汽车本身不排放污染大气的有害气体，即使按所耗电量换算为发电厂的排放，除硫和微粒外，其他污染物也显著减少，发电厂大多建于远离人口密集的城市，对人类伤害较少，而且电厂是固定不动的，烟尘集中排放，清除各种有害排放物较容易，现已有了相关技术。

3）能源转换效率高。纯电动汽车的能源转换效率超过采用汽油机的汽车，特别是在城市运行时，汽车走走停停，行驶速度不高，纯电动汽车更加适宜。同样的原油经过粗炼，送至电厂发电，发出的电充入动力电池，再由动力电池驱动纯电动汽车，其能量利用效率比经过精炼变为汽油，再经汽油机驱动汽车高。

按我国现行电价和油价水平，纯电动汽车的运行费用低于传统汽车，具有较好的经济性。但是目前纯电动汽车还存在着续航里程较短、动力电池价格较高等缺点。

虽然纯电动汽车已有 100 多年的历史，但一直仅限于在某些特定范围内应用，市场较小。主要原因是用于电动汽车的动力电池普遍存在价格高、寿命短、外形尺寸和重量大、充电时间长等严重缺点。目前电动汽车采用的动力电池类型主要有铅酸动力电池、镍氢动力电池和锂动力电池。

根据其实际装车时的循环寿命和市场价格，可估算出纯电动汽车从各种动力电池上每取出 1kWh 电能所必须付出的费用。假设动力电池最高可充电的荷电状态（SOC）为 0.9，放电 SOC 为 0.2，即实际可用的动力电池容量仅占总容量的 70%。由电网供电价为 0.5 元/kWh，动力电池的平均充放电效率为 0.75，粗略计算可知，虽然从电网取电仅需 0.5 元/kWh，但充入动力电池，再从动力电池取出，铅酸动力电池每提供 1kWh 电能，价格为 3.05 元左右，其中 2.38 元为动力电池折旧费，0.67 元为电网供电费，而从镍氢动力电池中每提供 1kWh 电能，费用为 9.6 元，锂动力电池为 10.2 元，即后两种先进的动力电池供电成本是铅酸动力电池的 3 倍多。

目前国内市场上用柴油机发电，价格约为 3 元/kWh，用汽油机发电，价格约为 4 元/kWh，即从铅酸动力电池提供电能的价格大致和柴油机发电价格相等，仅从取得能量的成本来考虑，采用铅酸动力电池比汽油机有一定价格优势，但是由于铅酸动力电池太过笨重，充电时间又长，因此只被广泛用于车速小于 50km/h 的各种场地车、高尔夫球车、垃圾车、叉车以及电动自行车上，实践证明铅酸动力电池在这一低端产品市场上有较强的竞争力和实用性。

相对铅酸动力电池，镍氢动力电池在能量体积密度方面提高了 3 倍，在比功率方面提高了 10 倍。镍氢动力电池虽然具有较高的比能量和比功率、相对寿命较长等优点，但由于镍金属占其成本的 60%，从而导致镍氢动力电池价格居高不下。镍氢动力电池并非是电动汽车的理想动力电池，其可能只是一种过渡性的动力电池。目前，镍氢动力电池仍是近期和中期电动汽车使用的首选动力电池，随着锂动力电池的大规模生产和成本的降低，镍氢动力电池终将退出。

锂动力电池技术发展很快，近 10 年来，其比能量由 100Wh/kg 增加到 180Wh/kg，比功率可达 2000W/kg，循环寿命达 1000 次以上，工作温度范围达 $-40 \sim 55℃$。近年来由于磷酸铁锂动力电池的研发有重大突破，又大大提高了锂动力电池的安全性。目前已有许多发达国家将锂动力电池作为电动汽车用动力电池的主攻方向。预计到 2020 年以后，锂动力电池的性价比有望达到可以和铅酸动力电池竞争的水平，而使其成为未来电动汽车的主要动力电池。

纯电动汽车的技术难度小于插电式混合动力汽车，目前国内即将上市的纯电动汽车的各项性能指标均已经可以满足一般用户的需求，技术也已经基本成熟。在低端市场，纯电动汽车的经济性优势十分明显。充电网络建设滞后影响了纯电动汽车使用的便利性，是目前制约纯电动汽车发展的最主要因素。随着充电网络建设的不断完善，纯电动汽车的发展速度会更快，尤其在低端市场纯电动汽车的份额会显著提高。但由于充电因素的制约，其在高端市场普及难度很大。

（2）混合动力汽车　完全由动力电池驱动的纯电动汽车的性价比长期以来都远远低于传统的内燃机汽车，难以与传统汽车相竞争，自 20 世纪 90 年代以来，世界上各大汽车公司都着手开发混合动力汽车，日本丰田公司在 1997 年率先向市场推出"先驱者"（Prius）混合动力汽车，并在日本、美国和欧洲各国市场上获得较大成功，累计产销量已超过 60 万辆。随后日本本田、美国福特、通用和欧洲一些大公司也纷纷向市场推出各种类型的混合动力汽车。

普通混合动力汽车是指那些采用常规燃料，同时配有动力电池、电动机来改善低速动力输出和燃油消耗的车型。混合动力汽车按照混合度（即电动机功率与发动机功率之比或使用电的比例与使用燃油的比例）的不同，又可以分为微混、轻混、中混和强混等。普通混合动力汽车的优点有：

1）采用混合动力后可按平均需用的功率来确定发动机的最大功率，此时处于油耗低、污染少的最优工况下工作。在需要大功率时（发动机功率不足），由动力电池来补充；负荷少时，富余的功率可用于给动力电池充电，发动机可持续工作，动力电池又可以不断得到充电。

2）因为有了动力电池，所以可以十分方便地回收制动、下坡和怠速时的能量，并作为电能再次利用，从而减少能源的浪费。

3）在繁华市区，可关停发动机，由动力电池单独驱动，实现"零排放"。

4）可以十分方便地解决耗能较大的空调、取暖、除霜等纯电动汽车遇到的难题。

缺点是：长距离高速行驶基本不能省油，有两套动力，再加上两套动力的管理控制系统结构复杂，技术较难，价格较高。

普通混合动力汽车利用发动机的富余功率给动力电池充电，无须外接充电，虽然节能效果明显，但是没有从根本上摆脱交通运输对石油资源的耗用问题。因此，普通混合动力汽车是电动汽车发展过程中一段时期内的一种过渡性技术。

普通混合动力汽车在目前的新能源汽车中，技术最成熟并已被成功实现了商业化，由于不需要充电，因此普通混合动力汽车的使用便利性在新能源汽车中是最好的。目前普通混合动力汽车的综合成本要高于燃油汽车，在经济性方面的明显劣势会严重影响普通混合动力汽车的发展。

近几年发展起来的插电式混合动力汽车（Plug–in Hybrid Vehicle，PHV）是一种新型的混合动力汽车。通过外接充电电源为动力电池充电，充电后可用车载动力电池作为电动汽车行驶的驱动力。另外，在动力电池的剩余电量用完后，并不是切换至发动机行驶模式，而是通过发动机带动发电机，利用由此产生的电力为动力电池充电，继续用电动机驱动行驶。插电式混合动力汽车更接近于纯电动汽车，而且它在一定程度上解决了纯电动汽车续航里程短和需要及时充电的问题，即使行驶到没有充电设施的地方，也可以作为一般的混合动力汽车来使用。

插电式混合动力汽车的技术已经比较成熟，但是目前国内只有几家领先企业掌握了插电式混合动力汽车的核心技术，其他大部分汽车生产企业还处于研发阶段。插电式混合动力汽车使用的便利性不如燃油汽车，但优于纯电动汽车，基本达到了消费者可接受的范围。由于国家政策的倾斜，目前插电式混合动力汽车的综合成本已经低于燃油车。在国家补贴政策的强力支持下，近期插电式混合动力汽车很可能成为增长速度最快的新能源汽车。

（3）燃料电池汽车　燃料电池汽车是指以氢气、甲醇等为燃料，通过化学反应产生电能，依靠电动机驱动的汽车。燃料电池汽车的工作原理是：作为燃料的氢在汽车搭载的燃料电池中，与大气中的氧发生化学反应，从而产生电能供给电动机，进而驱动汽车行驶。燃料电池的化学反应过程不会产生有害产物，因此燃料电池汽车是无污染汽车，燃料电池的能量转换效率比内燃机高 2～3 倍，所以从能源的利用和环境保护方面看，燃料电池技术是内燃机技术的最好替代，燃料电池汽车代表了电动汽车未来的发展方向。

现阶段，燃料电池的许多关键技术还处于研发试验阶段，此外，燃料电池的理想燃料——氢，在制备、供应、储运等方面还有着大量的技术、安全与经济问题有待解决。因此，燃料电池汽车目前和今后一段时间尚不具备商业化的条件。

2. 电动汽车特点及运行特点

（1）电动汽车特点

1）存储电能多，充电功率大。一台普通电动轿车的存储电能约为40kWh（度），约相当于普通家庭半个月的用电量。为能够在短时间内将电动汽车的动力电池充满，需要充电机的充电功率足够大，一般车载充电机（慢充）的充电功率为2~3kW，专用直流充电机的充电功率在10~100kW。用20kW的直流充电机为普通电动汽车的车载动力电池充满电需要1~2h。

电动大巴的存储电能为250~300kWh，车载充电机的充电功率为5~20kW，专用直流充电站的充电功率在20~200kW。用40kW的直流充电机为电动大巴的车载动力电池充满电需要4~6h。电动汽车的充电时间越短，对充电站的输出功率要求越大。

目前大多数充电桩都是慢充桩，给一辆电动汽车的车载动力电池充满电需要5~8h。虽然可以利用夜间休息时间充电，但是如果遇到突发情况，那么纯电动汽车充电慢的缺点就凸显无疑。

2）续驶里程较短。目前，电动汽车尚不如内燃机汽车技术完善，尤其是动力电池的寿命短，使用成本高，存储能量小，一次充电后续驶里程较短。一般电动汽车最大行驶里程约为300km，考虑到路况、空调、安全系数、动力电池衰减等因素，实际单程运行为150~200km。如果没有充电站支持，则其活动半径不超过75~100km。比起传统燃油汽车，电动汽车的较短续驶里程成为其致命的弱点。

3）受动力电池使用寿命、尺寸和质量的制约。普通动力电池充放电次数仅为300~400次，即使性能良好的动力电池充放电次数也不过700~900次，按每年充放电200次计算，一个动力电池组的寿命最多为4年，与燃油汽车的寿命相比太短。另外，不同类型的动力电池在性能方面都有各自的优势和不足。例如，铅酸动力电池成本低，原材料丰富且易于回收，但续驶里程短、加速动力差且寿命短。镍镉动力电池加速动力足、寿命较长，但其成本高、可回收性差。钠硫电池的比能量较高，能够提供较长的续驶里程，但它要求的工作环境较苛刻，且其活性物质具有强腐化性并易爆炸。就整体来看，成熟动力电池的寿命都相对较短。

现有电动汽车所使用的动力电池都不能在存储足够能量的前提下保持合理的

尺寸和质量，如果电动汽车自身装备质量大，就会影响加速性能和最大车速的提高。例如，现有电动汽车动力电池的外体积一般要达到550L，当把这么大体积的动力电池用于家庭轿车上时，就必然要挤占轿车的行李厢空间。

4）配套不完善。电动汽车的使用远不如内燃机汽车使用方便，还要加大配套基础设施的建设。随着电动汽车技术的突破，特别是动力电池容量和循环寿命的提高，以及价格的降低，电动汽车的推广使用一定会得到大的发展。在国内充电设施建设和标准化进程滞后的情况下，充电是电动汽车所面临的一大难题。公共场所充电站缺乏，不同车企、充电站生产商和充电服务运营商之间的兼容性差，都严重影响了电动汽车的出行。

5）安全性。电动汽车充电安全涉及整车及动力电池安全、充电连接安全、充电设施本体安全和信息安全，而这都是用户选购电动汽车时首先关注的问题。

（2）不同用途电动汽车的运行特点

1）公交车。公交车用来满足公共交通的需要，由专职司机驾驶、维护，由城市公交公司或企业投资运营，且行驶路线固定，一般在首末站都建有大型停车场，夜间停运。因公交车停运造成的负面影响较大，故要求一次充电至少应满足单程运行里程，紧急情况下应能实现电能的快速补充，公交车可利用停运时段充电。

2）特殊园区用车。特殊园区用车指用于风景名胜、旅游景点、城市水源保护区等服务、观光的车辆，特殊园区用车服务目标明确，车辆相对集中，使用频繁，一次充电难以满足每日运行要求，内部建有集中停车场，特殊园区用车可利用停运时段充电。

3）城市环卫、市区快递送收车辆。城市环卫、市区快递送收车辆是为了满足城市环境卫生、邮件送收要求而运营的车辆，如街道清扫车、垃圾清运车、道路清障车、冲洗车、洒水车、市区快递送收车等，此类车辆的运行线路固定，在所属单位或企业内都有自己的停车场，有停运时段。统计数据表明此类车辆平均每车每日运行距离约为100km，一次充电基本满足单程运行里程，可利用停运时段充电。

4）工程车。市政工程抢险车、建筑运输车等用于满足市政建设、抢险维修等需要，所属单位或企业内有停车场，车辆用于为特定区域提供服务，要求随时待命、随时出动。一次充电基本满足往返运行里程，可利用停运时段充电。

5）政府公务车、企业商务车、其他社会车辆。满足公务、商务出行需要，所属单位或企业内有停车场，一般夜间停运。车辆的行驶线路、里程一般能预估，特殊情况用车时线路和里程多变。一次充电基本满足往返运行里程，可利用停运时段充电，同时应在其相应的出行范围内提供必要的快速补充电能的设施。

6）出租车。出租车运行线路和区域具有不确定性，具有很大的随机性，据统计，目前省会城市出租车每车每日的平均运行里程约为 300km。一次充电续驶里程难以满足当日运行要求，且用电量变化大，根据其一次充电后的续驶里程，应在其相应的出行范围内提供必要的充电设施。出租车停运时间短，对充电时间要求高。

7）私家车。满足个人出行需要，线路、里程一般能预先估计，车辆停放在家庭车库或小区停车场。夜间基本停运，可充分利用低谷时段充电。

1.1.2　电动汽车充换电设施分类

1. 充电设施分类

（1）充电站　充电站为电动汽车车载动力电池提供安全的充电场所，在充电过程中监控充电设备及被充电的动力电池，以保证电能安全传输给动力电池。即使在正常使用中有疏忽，也不应给周围的人员和环境带来重大危险。

充电站的基本功能包括充电、监控和计量等。充电站内应包括行车道、停车位、充电设备、监控室、供电设施及休息室、卫生间等必要的辅助服务设施。充电站的布置和设计应便于被充电车辆的进入、驶出以及停放。

充电站主要配套服务于电动大巴、电动公交、电动乘用车等大中型公用车型。其对建设场地的要求较高，面积较大，能够同时满足诸多车辆充电使用。多建于公共场合，与现在的汽车加油站类似，是一种"加电"的设施，充电站由变配电系统、直流充电系统、直流充电终端、交流充电终端、电能计费系统、谐波分析治理系统及相应配套设施组成，充电站采取快充、慢充等多种方式为电动汽车补充电能，并能够对变配电设备、充电设备、动力电池进行状态监控。充电站按变配电容量或日可提供充电服务车辆台数分为四级：

1）一级充电站。单路配电容量不小于 5000kVA 的充电站，一般日可提供 200 台次以上大中型商用车的充电服务，或可提供 500 台次以上乘用车的充电服务。

2）二级充电站。单路配电容量不小于 3000kVA 且小于 5000kVA 的充电站，一般日可提供 100～200 台次大中型商用车的充电服务，或可提供 200～500 台次乘用车的充电服务。

3）三级充电站。单路配电容量不小于 1000kVA 且小于 3000kVA 的充电站，一般日可提供 40～100 台次大中型商用车的充电服务，或可提供 100～200 台次乘用车的充电服务。

4）四级充电站。单路配电容量小于 1000kVA 的充电站，一般日可提供 40 台次以下大中型商用车的充电服务，或可提供 100 台次以下乘用车的充电服务。

（2）充电桩　充电桩只配备独立充电平台，可广泛建在电动汽车密集度大的商业区、住宅小区和停车场附近，适用于小型内置充电器的车辆使用。独立式小型充电桩的充电电源插口易操作，基于智能手动触摸屏显示方式，操作方便快捷，充电后及时打印消费单据。与加油站不同，充电站全程为自助服务。接好电缆并插入智能卡后，车主可通过交互式界面，从"普通充电"和"快速充电"两种模式中选择充电。

根据电流种类不同，充电桩可分为交流充电桩、直流充电桩、交直流一体充电桩，分别采用相应的充电方式完成对车载动力电池的安全充电。

1）直流电动汽车充电桩。直流电动汽车充电桩就是俗称的"快充"，它是固定安装在电动汽车外，与交流电网连接，为电动汽车动力电池提供小功率直流电源的供电装置，直流充电桩具有充电机功能，可以实时监视并控制被充电电池状态，同时，直流充电桩可以对充电电量进行计量。

直流充电桩的输入电压采用三相四线 AC 380V（$1 \pm 15\%$），频率为 50Hz，输出为可调直流电，直接为电动汽车的动力电池充电。一般充电功率为 10 ~ 40kW，充电时间为 1 ~ 4h。占地面积也不大（$1 \sim 2m^2$ 以下）。由于充电功率不大，一般单位电力可满足使用。由于直流充电桩采用三相四线制供电，所以可以提供足够的功率，输出的电压和电流调整范围大，可以满足快充的要求。

直流充电桩具有无人值守，智能刷卡消费和区域组网管理功能，方便运营部门管理等优点。直流充电桩投资小，占地小，电网较易满足，因而可以大量在停车场、办公楼、购物中心、宾馆、饭店、游览区、有车位街道和小区等设置。

2）交流电动汽车充电桩。交流电动汽车充电桩就是俗称的"慢充"，是固定安装在电动汽车外，与交流电网连接，为电动汽车车载充电机（即固定安装在电动汽车上的充电机）提供交流电源的供电装置，同时具备计量计费功能。交流充电桩只提供电力输出，没有充电功能，需连接车载充电机为电动汽车充电。相当于只是起了一个交流充电电源的作用。具有占地面积小、布点灵活等特点。

交流充电桩提供单路或双路 AC 220V/380V 输出接口，供电动汽车使用车载充电机为电动汽车车载动力电池充电。交流充电桩为由箱体、配电单元、电量计量、刷卡消费和智能管理系统组成。交流充电桩的输出功率一般为 AC 220V（5kW）/AC 380V（20kW），其真正的充电功率是受车载充电机制约的，一般小型电动汽车的车载充电功率在 2 ~ 3kW 之间。交流充电桩投资小，占地小，电网较易满足，因而可以大量在停车场、办公楼、购物中心、宾馆、饭店、游览区、有车位街道和小区等设置。

鉴于费用较低和充电时间方便的原因，电动汽车将优先选择在夜间充电，由于我国大部分家庭没有自己的专属车库，户外也不允许私拉电线，因而几乎每一辆电动汽车必配一台交流充电桩。

3）交直流一体充电桩。交直流一体充电桩可提供常规充电和快速充电两种充电方式，白天充电业务多的时候，使用直流方式进行快速充电，当夜间充电用户少时可用交流充电进行慢充。交直流一体充电桩既可实现交、直流同时充电，又可实现互锁充电，采用模块化设计，方便维护。

交直流一体充电桩的输入电压采用三相四线 AC 380V（1±15%），频率为50Hz，直流输出端口输出可调直流电，直接为电动汽车的动力电池充电。一般充电功率为 10～40kW，充电时间为 1～4h。交流输出端口输出 AC 220V（5kW）/AC 380V（20kW）交流电，为电动汽车车载充电机提供充电电源。

交直流一体充电桩具有无人值守，智能刷卡消费和区域组网管理功能，方便运营部门管理等优点。交直流一体式充电桩投资小，占地小，电网较易满足，因而可以大量在停车场、办公楼、购物中心、宾馆、饭店、游览区、有车位街道、小区等设置。

2. 换电站分类

（1）集中充电统一配送模式　集中充电统一配送模式是指通过集中型充电站对大量动力电池集中存储、集中充电、统一配送，并在动力电池配送站内对电动汽车进行动力电池更换服务，这种集动力电池的充电、物流调配以及换电服务于一体的模式，可以省去车主大笔购买动力电池的费用，并且可以解决充电时间过长的问题，但是动力电池重量大，必须使用机械，而且这对车辆制造有限制，必须统一电池标准，并且需要政府大力扶持，对基础设施建设要求较高。相对于采用充换电模式的动力电池更换站，这样的运营模式具有更多的优点：

1）配送站不承担充电功能，没有电网接入的问题，站址选择灵活，以方便用户更换动力电池为主要规划目标。

2）集中型充电站充电功率大，且可集中控制充电功率，有利于制定电网友好的充电方案，在时空随机性方面具有优越性。

集中充电统一配送方式的主要缺点是：

1）充电站所需供电容量很大，一般需依托变电站建设，投资成本很高。

2）需解决动力电池组在集中充电站与配送站之间的物流配送问题。

（2）充换电模式　充换电模式以换电站为载体，同时具备动力电池充电及动力电池更换的功能，站内包括供电系统、充电设施、动力电池更换系统、监控系统、电池检测与维护管理系统等部分。根据作业车间布局的相对位置可分为地面一体式充换电站、地下一体式充换电站以及立体式充换电站等。根据所服务车辆类型的不同，充换电站主要可以分为三类，即综合型换电站、商用车动力电池更换站和乘用车动力电池更换站。

采用充换电模式无须考虑动力电池的物流配送问题，充满电的动力电池可以立即用来满足车辆的换电需求。充换电模式的业务模式主要是通过建设充换电网络为电动汽车用户提供基础设施及能源供给服务。充换电模式的优势是能利用夜间闲暇时间来补充能源，对动力电池的标准和互换性要求低，能够节约能源。充换电模式的主要缺点有：

1）充换电站的建设既要考虑地价因素及交通便利性，又要顾及电网接入的问题，站址选择不够灵活。

2）每座充换电站均需配置充电机、动力电池换电设备等，投资大且需要专业维护，日常运营成本高。

换电站按动力电池储能或日可提供换电服务车辆台数分为四级：

1）一级换电站。动力电池存储能量不小于6800kWh，一般日可提供200台次以上大中型商用车的动力电池更换服务，或可提供500台次以上乘用车的动力电池更换服务。

2）二级换电站。动力电池存储能量不小于3400kWh，且小于6800kWh，一般日可提供100~200台次大中型商用车动力电池更换服务，或可提供200~500台次乘用车的动力电池更换服务。

3）三级换电站。动力电池存储能量不小于1700kWh，且小于3400kWh，一般日可提供40~100台次大中型商用车的动力电池更换服务，或可提供100~200台次乘用车的动力电池更换服务。

4）四级换电站。动力电池存储能量小于1700kWh，一般日可提供40台次以下大中型商用车的动力电池更换服务，或可提供100台次以下乘用车的动力电池更换服务。

1.2 电动汽车充电站总体结构

1.2.1 电动汽车充电站变配电系统

充电站变配电系统为电动汽车充电站的充电设备、监控系统和办公场所等提供交流电源。变配电系统不仅提供充电所需的电能，也是整个充电站正常运行的基础。充电站的变配电系统包括高压配电部分、配电变压器和低压配电部分。

1. 高压配电部分

高压配电部分包括高压供电线路和高压供电设备等，根据电动汽车的动力电池容量、充电时的电压和电流、车辆数量等数据的不同，充电设施总容量可能达到MVA等级以上，此时需要采用高压供电方式为充电设施供电。高压配电的主要设备有：

1）进线隔离柜。即内置高压隔离开关，保证高压电器及装置在检修工作时的安全。

2）高压进线柜。即内置高压断路器，主要是分断、闭合电路，有继电保护功能。

3）压变柜。即内置电压互感器，是将 10kV 电压变换成 100V，提供仪表和二次控制回路的操作电源。

4）计量柜。即内置电压互感器、电流互感器、电能计量表等，计量电能消耗量。

5）馈电柜。即出线柜，配电至变压器。

6）联络柜。用于将两路高压母线联通或断开。

7）直流屏。即把交流电源转化为直流电源，为高压设备和二次回路提供操作、测量、保护用的直流电源。

2. 配电变压器

配电变压器是一种静止的电气设备，是用来将某一数值的交流电压（流）变成频率相同的另一种或几种数值不同电压（电流）的设备。随着我国"节能降耗"政策的不断深入，国家鼓励发展节能型、低噪声、智能化的配电变压器产品。主流的节能配电变压器主要有节能型油浸式变压器和非晶合金变压器两种：

1）油浸式配电变压器按损耗性能分为 S9、S11、S13 系列，相比之下 S11 系列变压器的空载损耗比 S9 系列低 20%，S13 系列变压器的空载损耗比 S11 系列低 25%。国家电网公司已经广泛使用 S11 系列配电变压器，并正在城网改造中逐步推广 S13 系列，未来一段时间 S11、S13 系列油浸式配电变压器将完全取代现有在网运行的 S9 系列。

2）非晶合金变压器兼具了节能性和经济性，其显著特点是空载损耗很低，仅为 S9 系列油浸式变压器的 20% 左右，符合国家产业政策和电网节能降耗的要求，是节能效果较理想的配电变压器。

3. 低压配电部分

低压配电部分包括低压配电线路和低压配电设备等，通过低压配电设备将 380V 低压动力电源分配给充电机及其他辅助用电设备。低压配电设备主要有进线柜、馈线柜、联络柜和电容补偿柜等。

1）进线柜。进线柜为配电变压器负荷侧的总开关柜，该柜担负着整段母线所承载的电流，该开关柜所连接的是主变与低压侧负荷输出，其作用极其重要。在继电保护配置上确保当主变低压侧母线或断路器发生故障时，由进线柜的开关来切除故障。

2）电容补偿柜。电容补偿柜的作用是提高供电系统的功率因数，降低因电网功率因数低带来的能源浪费。

3）联络柜，也称为母线分段柜。联络柜是用来连接两段母线的开关设备，主要用在具有两个电源的配电系统中，两个电源的两段分别与联络柜的上、下端连接。在低压供电系统正常供电时，联络柜的开关分断，当一段母线需检修停电或故障停电时，自投装置控制联络柜开关合闸，通过联络柜为停电母线供电。

4）出线柜。出线柜通过配电线路为用电设备提供电源。

1.2.2　电动汽车充电站充电设施

充电站充电设施是整个充电站的核心部分，充电设施应满足多种形式的充电需求，提供安全、快捷的能量补给服务。充电站充电设施由充电机和充电桩组成，充电机为充电桩提供稳定可靠可调节的直流电源。充电站配置的充电桩有交流充电口和直流充电口，以完成对电动汽车的充电控制和充电操作。

充电站计费装置内置集成在充电站内部作为充电运营管理收费系统的硬件设备，充电站运营收费一般可采用刷卡收费、扫描二维码或手机 APP 在线支付等方式计量收费。

1. 交流充电桩

交流充电桩集交流充电接口、人机交互接口、高低压配电控制、保护于一体，配合电动汽车车载充电机提供了一种极为简洁的刷卡操作和常规充电方式。交流充电桩的设计化繁为简，将简易人机交互与齐备的控制保护集成在体积小巧的充电桩体内，桩体外观新颖、设计精巧，无不体现出低碳环保、科技智能和实用主义的核心理念。

交流充电桩通过车载充电机为动力电池充电，相对于直流充电桩而言，交流充电桩成本低，结构简单，对动力电池更友好，适合大范围面积普及推广。交流充电桩本质就是一个带控制的交流插座，输出的是交流电，需要车载充电机进行变压整流，受限于车载充电机功率，交流充电桩一般功率较小，3.3kW 和 7kW 的居多。

交流充电桩的电气原理框图如图 1-2 所示，主回路由输入保护断路器、交流智能电能表、交流控制接触器和充电接口连接器组成；二次回路由控制继电器、急停按钮、运行状态指示灯、充电桩智能控制器和人机交互设备（显示、输入与刷卡）组成。

主回路输入断路器具备过负荷、短路和漏电保护功能，交流接触器控制电源的通断，连接器提供与电动汽车连接的充电接口，具备锁紧装置和防误操作功能。

二次回路提供"启停"控制与"急停"操作；信号灯提供"待机""充电"与"充满"状态指示；交流智能电能表进行交流充电计量；人机交互设备提供刷卡、充电方式设置与启停控制操作。

充电桩的交流工作电压通常为 220V（1±15%），输出电流为 32A（AC、七

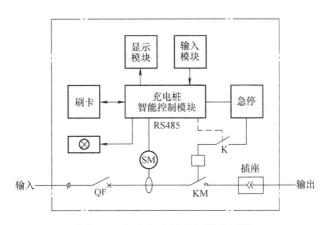

图 1-2　交流充电桩电气原理框图

芯插座），普通纯电动汽车用交流充电桩充满电需要 6 ~ 8h。交流充电桩一般由桩体、电气模块、计量模块、财务管理模块四部分组成。

2. 直流充电桩

直流充电桩是集充电控制模块、功率转换模块、人机交互模块、智能通信模块、计量模块、财务管理模块于一体的电动汽车智能充电产品，安装简便，防护性高。除了能够提高安全可靠的快速充电服务外，人机交互友好，充电操作简单，同时能够配合充电服务云平台实现智能搜索、预约提醒、信息推送和功率分配等智能服务。

直流充电桩的电气部分由主回路和二次回路组成，主回路的输入是三相交流电，经过输入断路器、交流智能电能表之后由充电模块（整流模块）将三相交流电转换为动力电池可以接受的直流电，再连接熔断器和充电枪，给电动汽车的车载动力电池充电。二次回路由充电桩控制器、读卡器、触摸屏、直流电能表等组成，二次回路还提供"启停"控制与"急停"操作，信号灯提供"待机""充电"与"充满"状态指示，触摸屏作为人机交互设备提供刷卡、充电方式设置，通过控制器将"开机""关机""输出电压""输出电流"等指令下发给充电模块。

直流充电桩采用三相四线制供电，可以提供足够大的功率，输出的电压和电流调整范围大（适用于乘用车和大巴车的电压需求），可以实现快充。直流充电桩的结构框图如图 1-3 所示。

在直流充电桩的交流输入端配置有空气开关（断路器）、防雷保护器及漏电开关，三相 380V 交流电经过防雷滤波模块后输入至充电模块交流端，目前，单个的充电模块只有 15kW，不能满足功率要求，需要多个充电模块并联在一起工

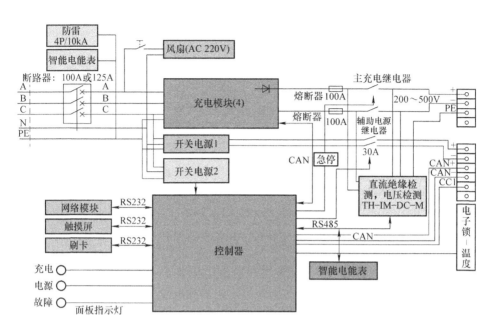

图 1-3　直流充电桩结构框图

作，需要由 CAN 总线来实现多个模块的均流。直流充电桩配置的三相四线制电能表计量整个充电机工作时的实际充电电量。充电机输出经过充电枪直接给动力电池进行充电，充电桩的输出若是高压、大电流，则应设置熔断器。

在直流充电桩工作时，辅助电源给主控单元、显示模块、保护控制单元、信号采集单元及刷卡模块等控制系统进行供电。另外，在动力电池充电过程中，辅助电源给电池管理系统供电，由电池管理系统实时监控动力电池的状态。

3. 计量计费系统

计量计费系统主要由计量部分和计费部分组成，计量部分由端口电能表、直流电能表、交流电能表（含三相表与单相表）以及充电站计量管理机组成；计费部分主要由计费工作站与服务器组成。

在充电站内由用电采集终端负责采集各个端口电能表、直流电能表、交流电能表的实时电量信息，通过本地工业以太网与计费工作站通信，将整个充电站的总电量、各充电机的每次充电电量传送到后台进行处理，并把电量和计费信息存储到数据库服务器中；通过充电站计量管理机完成与用电信息采集系统或上级监控中心的通信，确保上级系统能够实时获取充电站内的电量信息。

1）充电计费系统管理平台对系统涉及的基础数据进行集中式管理，例如电动汽车信息、购电用户信息和资产信息等。

2）充电计费系统运营平台用于对电动汽车的充电用户的充值进行运营

管理。

3）充电计费系统查询平台用于对管理平台及运营平台产生的相关数据进行综合查询。

1.2.3 电动汽车充换电站动力电池调度系统

1. 动力电池调度网络

在整个动力电池调度网络内，可配送的动力电池数量是十分庞大的，所以及时、准确地配送数量庞大的可更换动力电池，不仅能够保证整个充电站网络的正常运行，还将大大降低配送过程中的人力、物力成本。

动力电池调度网络集动力电池的充电、物流调配以及换电服务于一体，这种一体化的运营结构将有利于动力电池企业的标准化生产，有利于能源供给企业的集约化管理，从而能够显著降低运营成本。

以国家电网公司颁布的《基于物联网的电动汽车智能充换电服务网络运行管理系统技术规范》为例，在动力电池调度网络中包含集中型充电站、换电站、配送站等三类，其中集中型充电站承担大规模的动力电池充电功能，充满电的动力电池将被配送至具有小规模充电能力和更换动力电池功能的换电站以及仅具备更换动力电池功能的配送站，从而实现为用户的动力电池供应能量。图1-4所示为电池调度网络运行的基本结构。

在换电模式下，通过对集中型充电站或换电站进行充电管理，可实现动力电池的统一调度和监控。规模化的动力电池可作为巨大的储能单元，有效地参与负荷管理和系统调峰，提高电网负荷率，最大限度地减少谐波污染等对电网的不利影响，从而提高系统整体运行的效率。

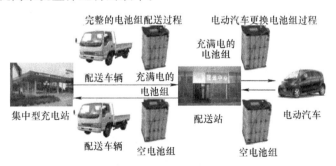

图1-4　电池调度网络运行的基本结构

动力电池调度系统对所有的动力电池实时进行数量、质量和状态的监控和管理，具备动力电池存储、更换、重新配组、均衡、实际容量测试、故障的应急处理等功能。动力电池更换是动力电池调度系统的核心。自动更换方式是动力电池快速更换的主要方式，由更换机械装置和控制系统组成的更换机器人完成。

通过智能调度可实现充换电站运行管理系统与公交运营管理系统的有效互动和信息共享，智能运行调度在两个运行管理系统之间进行有效、及时的信息互动，对电动汽车运行状态、动力电池充放电特性、换电站工况等相关数据实施综合处理，通过必要的统一调度，实现公交车与电动汽车充换电站高效有序地运行。可使充换电站在降低动力电池备用数量的同时，提高充换电站设施的使用效率。

2. 更换动力电池区

更换动力电池区是车辆更换动力电池的场所，需要配备动力电池更换设备，同时应建设用于存放备用动力电池的存储间。动力电池重量大，更换须用半自动小型吊车或吊架装置，可由现有汽车修配厂常用的类似设备改装或专门设计批量生产。

1）动力电池箱更换设备。乘用车动力电池箱更换时间不宜大于300s，商用车动力电池箱更换时间不宜大于600s。动力电池箱更换设备应具备最大功率限制和防倾倒等功能。自动或半自动动力电池箱更换设备应具备手动操作及紧急停机功能。在装载、搬运和卸载动力电池箱过程中，动力电池箱更换设备应保证操作人员、车辆和设备的安全。

2）动力电池箱转运设备。动力电池箱转运设备应具有安全、快捷转移和运输动力电池箱的能力。在转运动力电池箱的过程中，应保证操作人员和设备的安全。

3. 动力电池维护间

动力电池维护间包括筛选和维护充电间以及备用动力电池库，动力电池重新配组、动力电池组均衡、动力电池组实际容量测试、动力电池故障的应急处理等工作都是在动力电池维护间进行的，其消防等级按化学危险品处理。动力电池维护间可采用计算机控制的大型充电设备，可同时为几十至几百个不同型号动力电池按各自最佳的标准化电流程序同时充电，手动或自动识别动力电池种类，按电荷量计费。小型充电站可采用较简单的充电设备，但必须保证能为各类型动力电池充足电。

动力电池进入维护后，首先进行动力电池的筛选，确定动力电池的好坏。对不能使用的动力电池进行恰当处理，避免污染环境，可以继续使用的动力电池进行维护和活化。维护完的动力电池送充电间充满电后，进行装箱，为编组准备动力电池。

动力电池维护间配备的动力电池箱检测与维护设备应具备动力电池箱总体电压及各个动力电池单体电压、动力电池箱内部电芯温度、动力电池箱容量的检测功能。动力电池箱检测与维护设备应具备动力电池箱绝缘性能检测功能,应能检测各动力电池单体或动力电池模块绝缘性能。动力电池箱检测与维护设备宜具备动力电池箱内阻检测功能,应能检测各动力电池单体内阻,动力电池箱检测与维护设备应具备动力电池均衡功能。

1.2.4　电动汽车充电站监控系统

1. 安防监控系统

在充电站的供电区、充电区、电池更换区、营业窗口等位置设置摄像机,安防监控系统与报警系统实现联动,发生报警时自动触发录像并弹出报警区摄像机的图像,对监控视频的来源,记录的时间、日期和其他系统信息全部或有选择性地保存,视频信息质量及保存时间满足管理需要。在充电站供电区、监控室、电池维护区、电池存储区等位置设置入侵探测器,实现全部或部分探测回路的布防及撤防,充电站安防监控系统如图 1-5 所示。

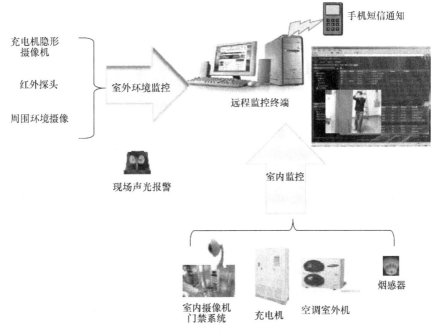

图 1-5　充电站安防监控系统

1)火灾报警系统。对火灾报警设备按所装设位置进行编号,当发生报警时,安防监控系统可根据编号启动该报警位置摄像机进行事故监视、录像。火灾报警设备的限值由消防部门确定,当发生报警时,启动声光报警器,同时上传火灾发生位置图像到监控中心,工作人员根据情况采取相应措施。

2）视频监控功能。充电站内设置的云台摄像机实时监视关键设备、充电场所、休息区、值班室、营业窗口等位置，发生异常时进行识别处理。发现有闯入报警时上传报警并触发声光报警，现场工作人员需判断发生异常有无安全问题，不影响正常工作时可撤防，有无报警时视频资料均可保存，同时可对所有视频文件进行统一管理。

3）温湿度监测。站内监测系统对配电区、监控室、休息区、更换动力电池操作间等场所进行温湿度监测，并对温湿度数据进行存储。作为火灾报警和热故障的参考，温湿度传感器定时采样，为日常运维提供参数。

4）分布式充电桩异常信息监测。实时监测分布式充电桩的运行情况，发生异常时，摄像机对预先设置好的监测位置进行连续拍照，并以10s间隔抓拍异常图片最少6张，将视频信息及抓拍的相片上传到监控中心。

5）红外感应监测。在分布式充电站内，设置红外传感探测器，通过红外传感探测技术探测充电站安全工作区内是否有车辆接近，当有车辆进入时应发出声光告知信号。

2. 充电监控系统

充电监控主要功能包括充电设施数据采集与处理、报警处理、充放电事件记录、事件顺序记录和事故追忆、控制和操作、管理、在线统计计算、画面显示、制表打印、人机接口、远动、通信接口、系统的自诊断和自恢复、维护及权限管理功能等。

1）对充电桩的监控。监视充电桩的交流输出接口的状态，如电流、电压、开关状态、保护状态等；采集与充电桩相连接的电动汽车的基本信息；控制充电桩交流输出接口的通断。

2）对充电机的监控。充电机作为被监控对象，上传送给监控系统的数据主要包含充电机状态信息和动力电池状态信息。

3. 变配电监控系统

采用变配电监控系统进行监测管理，可连接智能电力监控仪表、带有智能接口的低压断路器、中压综合保护装置、变压器、直流屏等，实现遥控、遥测、遥信功能，对系统各种运行开关量状态和电量参数进行实时采集和显示，可完整地掌握变配电系统的实时运行状态，及时发现故障并做出相应的决策和处理，同时可以使运行人员根据变配电系统的运行情况进行负荷分析、合理调度、远控合分闸、躲峰填谷，实现对变配电系统的现代化运行管理。

变配电监控系统具有电气参数实时监测、事故异常报警、事件记录和打印、统计报表的整理和打印、电能量成本管理和负荷监控等功能，使设备按最佳工况运行，以节约能源。采用智能变配电监控管理系统，可使供电系统更安全、合理、经济地运行，提高供配电系统可靠性。

变配电监控系统实现了对电动汽车充电站配电设备的监控，方便统一管理和数据共享。可实现对整站的总功率、总电流、总电量、功率因数、主变状态、开关状态、无功补偿及谐波治理设备的监视和控制。

配电系统监控分为保护和测控两个部分，负责针对充电站配电系统的监控及保护功能的实现，通过通信管理机与充电站后台系统实现双向数据交换。

1.3　电动汽车充电设施建设方案设计

1.3.1　电动汽车充电要求

尽管电动汽车充电设施的建设受到各种因素影响，其建设方式和建设要求需根据实际情况来确定，但随着电动汽车的逐步推广和产业化以及电动汽车技术的日益发展，电动汽车对充电设施的要求表现出了一致的趋势，要求充电设施尽可能向以下目标靠近。

1. 高安全性

在国家标准《电动汽车传导充电系统　第 1 部分：通用要求》GB/T 18487.1—2015 和《电动汽车非车载传导式充电机与电池管理系统之间的通信协议》GB/T 27930—2015 中，规定重点考虑充电的安全性和兼容性，增加了充电温度监控、机械锁与电子锁联动、过负荷和短路保护等安全措施，完善了充电控制导引和时序、故障分类信息、冗余保护等内容，提高了标准的适应性和可操作性。

影响电动汽车安全性的主要因素首先是动力电池的充电过程，动力电池单体技术状态的不一致性是动力电池的基本特性之一，主要表现在动力电池的容量误差、内阻误差和电压误差。少数动力电池的一致性误差并不明显，但是由数十个甚至数百个动力电池单体组成动力电池组，其容量误差、内阻误差和电压误差等因素就会凸显出来。

在对电动汽车的车载动力电池充电时，不可能对动力电池单体依次充电，而是对整个动力电池组进行充电。在充电的过程中，由于存在内阻误差，会导致动力电池组中的动力电池单体两端电压存在误差，内阻误差越大，电压误差越明显。虽然整个动力电池组两端的充电电压不会超过额定电压，但是个别动力电池单体两端的电压有可能超过其额定电压，从而容易导致动力电池组充电不均衡，动力电池单体充电量不一致的状况。如果动力电池单体的电压误差过大，则有可能超过动力电池充电的安全能力，引起动力电池过热，导致安全事故。因而，用于电动汽车的充电设施必须具备防止动力电池单体电压和温度超过允许值的技术措施，以提高电动汽车充电过程的安全性。

2. 充电快速化

在目前动力电池不能直接提供更多续驶里程的情况下，如果能够实现动力电池充电快速化，那么从某种意义上也就解决了电动汽车续驶里程短这个致命弱点。对电动汽车用动力电池的充电快速化要求不同于对常规蓄电池的要求，它应具有充电时间短、充电效率高以及对动力电池使用寿命影响小的特点。

快速充电方式有别于传统充电机所采用的连续电流充电和脉冲电流充电方式。它采用了智能化的变脉冲充电方式，包括充电脉冲 T_1、间歇脉冲 T_2 以及放电脉冲 T_3，如图 1-6 所示。快速充电的原理是：快速充电机根据实时检测到的动力电池组端的电压、充电电流、温度、动态内阻等信息，按照马斯充电定律，通过采用智能控制算法实施对充电电流脉冲宽度 T_1、间歇时间 T_2、放电电流脉冲 T_3 的分段调节，

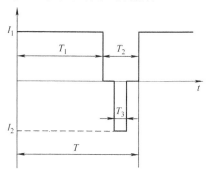

图 1-6　充电电流脉冲

以消除被充电动力电池组的极化现象，使动力电池组时刻处于较佳的电流接收状态，以提高充电速度和充电效率。

3. 充电通用化

在很长一段时间内，电动汽车用动力电池将是多种类型动力电池共存的局面，目前电动汽车所采用的动力电池有铅酸动力电池、锂动力电池、镍氢动力电池，还会有其他种类的动力电池。电动汽车所采用的动力电池即使是同一类型的动力电池，也存在不同的电压等级。例如，我国电动汽车常采用的电压有 220V、280V、320V、380V、400V、480V、520V，甚至达到 600V 及以上。

目前，我国各类电动汽车的动力电池容量配备不同，电压也参差不齐，种类繁多。在多种类型动力电池、多种电压等级共存的市场背景下，用于公共场所的充电设施必须具有适应多种类型动力电池和适应各种电压等级的能力，即充电设施需要具有通用性。即充电设施应具有为多种类型动力电池充电的控制算法，以便与各类电动汽车上的不同动力电池实现充电特性匹配。

目前，电动汽车充电设施与动力电池的充电控制算法主要由两个系统的对接协议来完成，为了给不同类型的电动汽车充电，在电动汽车商业化的早期，就应该制定相关政策措施，规范公共场所用充电设施与电动汽车的充电接口、充电规范和接口协议等。

4. 充电智能化

制约电动汽车发展及普及的最关键问题之一是动力电池的性能和应用管理水平，与电动汽车车身、驱动电动机、控制技术等方面的发展相比，动力电池的充、放电技术仍很落后，需要在优化现有动力电池智能化充电方法和开发新型高性能动力电池等方面努力。优化动力电池智能化充放电方法的目标是要实现无损动力电池的充电技术，监控动力电池的放电状态，避免过放电现象，从而达到延长动力电池的使用寿命和节能的目的。同时，对动力电池进行实时的或定期自动检测、诊断和维护，最大限度地保证动力电池处于健康、可靠运行状态。充电智能化的应用管理技术主要体现在以下方面：

1）优化的、智能充电技术和充电设施。

2）动力电池动态参数采集、电量计算、优化控制和智能化管理。

3）动力电池故障的自动诊断和维护技术等。

5. 电能转换高效化

电动汽车的能耗指标至关重要，衡量商业化运行的电动汽车的能耗指标，不仅要考察电动汽车驱动等系统的能耗指标，更要关注电动汽车从电网获取电能的利用率。电动汽车的能耗指标与其运行能源费用紧密相关，降低电动汽车的运行能耗是推动电动汽车产业发展的关键因素之一。因此，提高充电设施的电能转换效率，采用高效充电设施对降低电动汽车的能耗具有重要意义。

提高充电设施能耗效率的主要技术措施是选择高效变流电路，提高充电设施的效率因数，尽可能降低输出电流的交流分量，并采用高效的充电控制算法。不同类型充电设施的电能转换效率存在较大差别，对于充电设施从电能转换效率和建造成本上考虑，应优先选择具有电能转换效率高、建造成本低等有诸多优点的充电设施，如集中隔离型充电设施等。目前，特斯拉电动汽车可以使用 60kW 的快速充电桩进行充电，而其他车型均达不到这个水平，国产电动汽车可以达到50kW 的水平。

6. 充电集成化

目前电动汽车车载充电机是作为一个独立的辅助子系统存在的，随着电动汽车技术的不断成熟，要求电动汽车子系统小型化和多功能化，并且要求提高动力电池的可靠性和稳定性，充电设施将和电动汽车能量管理系统集成为一个整体，集成传输晶体管、电流检测和反向放电保护等功能，无须外部组件即可实现体积更小、集成化更高的充电解决方案，从而为电动汽车其余部件节省出布置空间，大大降低系统成本，并可优化充电效果，延长动力电池寿命。

7. 对动力电池寿命影响小

电动汽车的动力电池占电动汽车成本的主要部分，多数电动汽车的动力电池占整车成本的一半以上，有的甚至超过整车成本的65％。因此，动力电池的使用寿命会极大地影响电动汽车的运行成本，这也是制约电动汽车发展的关键因素之一。如果电动汽车动力电池性能早衰，则电动汽车的续驶里程就会大大缩短，影响正常使用。如果动力电池寿命提前终止，则需要更换动力电池。电动汽车一旦更换动力电池，对电动汽车运营来说就会造成极大的负担。

动力电池的寿命除了与动力电池制造技术、制造工艺和动力电池成组的一致性等因素有较大关系外，还与充电设施的性能直接相关。选用对动力电池没有伤害的充电控制策略和性能稳定的充电设施是保障动力电池使用寿命达到设计指标，防止动力电池过早损坏的有效途径，也是降低电动汽车运营成本的重要技术措施之一。

8. 操作简单化

电动汽车充电设施的操作必须简单方便，可使所有用户都能独立操作完成。由于电动汽车应用对象是广大群众，虽然有技术要求和技术指导文件，但不能保证每个用户的学习和领会能力都在同一水平，也不可能因此而增加更多的人员来为电动汽车提供充电服务。如果充电设施操作烦琐又复杂，则势必会需要更多的高素质技术人员，增加管理成本。尤其对于公共充电设施，必须具有智能化的操作特性，降低对操作人员的要求。

1.3.2 电动汽车电能补给方式及选择

电动汽车以电能替代燃油，从根本上改变了传统汽车的动力驱动方式，虽然使用功能一样，但是从技术上已经根本不同。换个角度，从电力服务看，它是一种用电设备，是一种新型的用电需求。电动汽车的车载动力电池的电能补给可以由地面充电站完成，地面充电站的主要功能是有效地完成电动汽车动力电池的电能补给。电动汽车的种类和运行特点决定了其能源补给方式，按照动力电池是否与车体分离，可分为整车充电方式和换电模式两种。

1. 整车充电模式

当车辆进行补充充电时，充电站与充电车辆通过充电插头进行连接，动力电池无须从车辆上卸下即可直接进行充电。优点是充电操作过程简单，不涉及动力电池存储、动力电池更换等过程。但车辆充电时间占用了车辆的运营时间，车辆利用率较低，不利于保持动力电池组的均衡性以及延长动力电池组的使用寿命。

根据电动汽车动力电池组的技术和使用特性，电动汽车的充电模式存在一定的差别。目前，电动汽车动整车充电模式有常规充电和快速充电两种模式。

（1）常规充电模式 动力电池的常规充电模式是采用小电流恒压或恒流为电动汽车动力电池充电，充电电流小，约为15A，一般充电时间为5~8h，有时甚至长达10~20h。尽管充电时间较长，但因所用功率和电流的额定值并不高，因此充电机的成本较低，可充分利用电力低谷时段进行充电，降低充电成本，比较适合家庭、停车场等场所，并可提高充电效率和延长动力电池的使用寿命。但是，由于充电时间过长，因此不能满足车辆的紧急运行需要。

常规充电模式简单方便，建设分散式充电桩成本低，但是，针对我国目前私人电动汽车拥有量很低且城市停车位紧张的局面，充电桩的规划设计与建设均存在不少困难，而且这种方式负荷随机性强，如果没有相应的管理措施，那么将会对电网产生严重影响。但将来随着私人电动汽车保有量的增加，这种模式将在电动汽车充电模式中占很大比例。常规充电模式分为小电流充电和中电流充电两种模式。

1）小电流充电模式。小电流充电模式一般以较小的电流根据动力电池的充电曲线进行充电，充电时间通常为 8～10h，由于采用恒流、恒压的传统充电模式对动力电池进行充电，使整个充电过程更接近动力电池的固有特性，有效避免了动力电池被过充和欠充的问题。这种方式以比较低的充电电流为动力电池充电，相关技术成熟可靠，相应的充电机的成本也比较低。

小电流充电模式主要应用于家庭充电场合，电流大小约为 15A，典型的充电时间为 8～10h（充到 95% 以上），有利于提高充电效率和延长动力电池的使用寿命。这种充电模式对电网没有特殊要求，直接从低压照明电路取电，充电功率小，一般为 1～3kW。

车载充电机可采用国标三口插座，基本不存在接口标准问题，由 220V/16A 规格的标准电源插座供电。由于在家中充电通常是晚上或在用电低谷期，有利于电能的有效利用，因此电力部门一般会采取打折等措施以吸引电动汽车用户在用电低谷期充电。

车载充电机作为电动汽车的标准配置，固定在电动汽车上或放在后备厢里，由于只需将车载充电机的插头插到家中的电源插座上即可进行充电，操作简单，实现方便，因此充电过程一般可由用户自己独立完成。对动力电池和电动汽车来说，小电流充电模式是最安全可靠的充电模式，但是难以满足电动汽车用户紧急或者长距离行驶的需求。

2）中电流充电模式。中电流充电模式主要应用于购物中心、饭店门口、停车场等公共场所的小型充电站，小型充电站是电动汽车的一种最重要的充电模式。充电电流为 30～60A，充电功率一般为 5～20kW，采用三相四线制 380V 供电或者单相 220V 供电，计费方式为投币、刷卡或微信，用户只需将车停靠在小型充电站指定的位置上，接上电线即可开始充电。该方式的充电时间是：补电 1～2h，充满 5～8h（充到 95% 以上），使用中电流充电 1h，电动汽车的行驶里程可增加 40km。

常规充电模式的主要缺点为充电时间过长，有紧急运行需求时难以满足。通常适用于行驶里程设计尽可能长的电动汽车，需满足车辆一天运营需要，仅利用晚间停运时间充电，在家里、停车场和公共充电站都可以进行。现阶段技术条件下，动力电池的行驶里程大约为200km，像私家车、市内环卫车、企业商务车等车辆日均行驶里程都在动力电池的续驶里程范围之内，均可采用常规充电的方式。

（2）快速充电模式　常规充电模式的充电时间一般较长，给实际使用带来许多不便。快速充电模式的出现为纯电动汽车的商业化提供了技术支持，快速充电又称为应急充电，是以较大电流在短时间内为电动汽车提供充电服务。

快速充电模式主要服务于没有条件实现慢充、中长途旅行和应急充电的用户，这种方式需要占用土地建设大量充电站，且充电站的布局要合理。虽是快充，但充电的等候时间还是比目前加油站的要长。针对我国现状，建设大量的快充站，在土地征用、城市规划等方面也存在不少困难，快速充电站很难完全主导电动汽车的充电，主要是作为其他模式的补充。

快速充电不同于常规充电所采用的恒流、恒压充电模式，快速充电模式是以150～400A的大电流对动力电池进行恒流充电，力求在短时间内充入较大的电量，充电时间应该与燃油车的加油时间接近，快速充电设施主要设置在大型充电站内。

快速充电模式主要针对电动汽车长距离旅行或需要进行快速补充电能的情况，充电机功率很大，一般为50～100kW，快速充电的特点是高电压、大电流，充电功率很大，能达到上百千瓦，充电时间短。

由于快充方式的充电功率和电流的额定值都很高，因此快速充电模式对电网有较高的要求，一般应靠近10kV变电站附近，还需采取较为复杂的谐波抑制措施。快速充电设施与慢充设施相比，其成本较高，只适合大型充电站选用。快速充电模式对动力电池的寿命有一定的影响，在短时间内接受大量的电量会导致动力电池过热。

快速充电模式利用动力电池在充电初期、中期可以接受较大的充电电流的特性，并结合停充和脉冲放电的去极化技术来实现。动力电池最大可接受充电电流曲线如图1-7所示，如果充电电流采用图1-7中的1号曲线，则动力电池充电时间在理论上应该是最短的，但是在实际操作中，由于动力电池组的新旧程度、环境温度、动力电池容量的差异，不可能刚好按照图1-7中1号曲线的充电电流充电。为了保证动

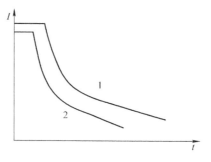

图1-7　动力电池最大可接受及
递减充电电流曲线

力电池的安全使用以及使用寿命，往往在充电时根据经验采用图1-7中的2号曲

线，在连续递减电流中留有一定余量，使充电电流略小于最大可接受电流。

由于快速充电模式可在短时间内（为 10～15min）使动力电池储电量达到 80%～90%，与加油时间相仿，因此，建设相应充电站时可不配备大面积停车场。但是，相对常规充电模式，快速充电也存在一定的缺点，即充电机充电效率较低，且相应的成本较高；由于采用快速充电时充电电流较大，这就对充电技术以及充电的安全性提出了更高的要求，同时计量收费设计也需特别考虑。

快速充电适用于电动汽车续驶里程适中，即日平均里程大于动力电池的续驶里程，在车辆运行的间隙进行快速补充电来满足运营需要；比如公交车、出租车等车辆的日平均行驶里程在 300km 左右，车载动力电池的续驶里程只有 200km，因此需要采用快速有充电方式给动力电池补充 100km 左右行驶里程所需的电量。由于相应的大电流需求可能会对公用电网产生有害的影响，因而快速充电模式只适用于专用的充电站。

2. 换电模式

换电模式是指通过直接更换电动汽车车载动力电池为汽车补充电能的方式，当电动汽车需要补充电能时，需要把电动汽车车载动力电池从车辆上卸下，再给车辆安装已充满电的动力电池，车辆随即离开继续运营，对卸下的动力电池采用地面充电设施进行补充充电。采取换电模式有利于提高车辆使用效率，提高动力电池使用寿命，但对电动汽车、动力电池及更换设备提出了更高的要求。

换电时间与燃油汽车加油时间相近，需要 5～10min，换电位置有底盘换电，也有分布式换电（发动机舱及后排座椅下方等），快换可以在充换电站，也可在专用电池更换站完成。换电模式需要电动汽车的车载动力电池实现标准化，即动力电池的外形、容量等参数完全统一，同时，还要求电动汽车的构造设计能满足更换动力电池的方便性、快捷性。

换电模式又分为集中充电模式和充换电模式，集中充电模式是指通过集中型充电站对动力电池集中存储、集中充电、统一配送，并在动力电池配送站内对电动汽车进行动力电池更换服务。充换电模式是以换电站为载体的，这种动力电池换电站同时具备动力电池充电及动力电池更换功能，站内包括供电系统、充电系统、动力电池更换系统、监控系统、动力电池检测与维护管理系统等部分。

由于动力电池组重量较大，更换动力电池的专业化要求较强，所以需配备专业人员借助专业机械来快速完成动力电池组的更换、充电和维护，换电站的主要设备是动力电池的拆卸、安装设备。换电模式具有如下优点：

1）电动汽车用户可租用充满电的动力电池，更换已经耗尽的动力电池，有利于提高车辆使用效率，也提高了用户使用的方便性和快捷性。

2）对更换下来的动力电池可以利用低谷时段进行充电，降低了充电成本，提高了车辆运行经济性。

3）从另一个侧面来看，也解决了充电时间乃至蓄存电荷量、动力电池维护、续驶里程及价格等难题。

4）可以及时发现动力电池组中动力电池单体的问题，进行维修工作，对于动力电池的维护工作将具有积极意义，有利于提高动力电池的寿命。

动力电池快速更换方式虽然可行，但还存在不少问题：

1）成本高。动力电池更换方式的成本很高，需要昂贵的机械装置和大量的动力电池。

2）占用空间大。由于需要存放大量未充电和已充电的动力电池，故需要很多存放空间。修建一个动力电池更换站所需空间远大于修建一个正常充电站或快速充电站所需的空间，因此动力电池更换站的初始成本很高。

3）不便管理。由于有未充电的动力电池和已充电的动力电池之分，故需要对动力电池进行分别归类存放，这样就加大了管理难度。

4）要求动力电池和电动汽车实现标准化设计。电动汽车的设计改进、换电站的建设和管理，以及动力电池的流通管理也要实现标准化。

电动汽车动力电池组快速更换模式只适用于专用的充电站，目前车载动力电池的电气和尺寸参数还没有统一标准，市场应用还需等待时日。

3. 电动汽车电能补给方式选择

选择充电还是换电，人们一般都是基于对纯电动乘用车的认识，从动力电池自身角度、电动汽车的角度和电动汽车用途角度解读。不同的电能补给方式有其自身的特点和适用范围，因此，在实际应用中，需要根据电动汽车的种类、数量和运行效率以及动力电池的数量和性能、系统配置成本、管理等众多因素进行选择，并可将多种方案有机结合，实现电动汽车的最优运营。

电动汽车充换电方式的选择和充电设施的建设要与我国电网发展现状相结合，只有保证电网可靠运行，才能保证电动汽车的电能供给。在电动汽车行驶间隙采用快速充电模式，为电动汽车提供电能补给，将造成动力电池负极极化，容量严重衰减，从而引起寿命急剧衰减。因此造成电动汽车车载动力电池的使用成本上升，降低电动汽车经济性。换电方式能够延长动力电池利益链，有效减少电动汽车使用动力电池的成本，提高电动汽车经济性。充电与换电方式的选择不能单纯从电动汽车方面考虑，需要从应用需求、设备技术可行性、电网安全、电动汽车整体经济性等各方面综合考虑，选择合理的电能供给方式。

1）适合采用整车充电方式的车辆：城市环卫、市区快递送收车辆、工程车、政府公务用车、企业商用车、私家车。它们可充分利用夜间停运时段进行充电，满足下一次行驶里程的需要。

2）适合采用动力电池更换充电方式的车辆：出租车、社会运营车辆。因其需要及时快速补充电能，以增加运营时间，获得更大的经济效益。

3）适合采用整车充电方式和动力电池更换方式结合的车辆：公交车、特殊园区用车、社会运营车辆。既考虑这些车辆动力电池的使用性能和寿命，又保证车辆运营时间，提高利用率。它们在停运期间可采用整车充电方式，而在运营期间采用动力电池更换方式。此外，车辆动力电池的配备可根据车辆情况采取不同的方案，例如，对于数量大而且属于同一公司的车辆可以由车辆所属公司建立动力电池存储间，而对于数量少且归属权相对分散的车辆就可以由动力电池配送中心配送动力电池，减少一次性投资和更换成本。

4）适合采用车载充电机充电的车辆：家庭电动汽车。家庭电动汽车由于使用时间较短，停运时一般停放在停车场或者地下车库内，此时可利用停车场提供的交流电源为车辆充电，一般家庭电动汽车动力电池容量较小，充电功率也较小，充电机可配置在车上。可充分利用低谷电价阶段进行充电，以最大限度降低运行成本。

换电模式在一些特定的使用环境，比如电动出租车领域拥有比较高效的运行性价比优势。与时下主流的充电模式相比，换电模式具有占地面积更小、效率更高、成本更低等优点，完全可以以一种小而精的方式运行，主要是看企业和市场的选择。

而对于供电企业来说，建设换电站简单方便，可以通过引入专用线路给充电站供电，易于控制动力电池的充电，减少对现有电网的冲击，换电站内大量的动力电池还可以起到储能站的作用，当电网需要电量的时候，可将动力电池电量快速返送回电网，实现备用、调峰和调频等，这种方式对电网运行有利。

鉴于我国目前电动汽车和充电技术的发展水平，换电模式适合在公交公司、出租车公司、政府以及具有同一类型汽车的公司使用，这些公司或部门可以把需要充电的动力电池集中起来在负荷低谷期进行充电。电动公交车可以采用晚上常规充电、白天结合快速更换动力电池的方式以保证正常运行。对于私人拥有的电动汽车可以尽量选择在夜间或者上班时间利用充电桩进行慢速充电，而在紧急情况下使用快速充电方式。

1.3.3　电动汽车充电设施建设模式

1. 政府主导模式

作为公共基础设施的电动汽车充电设施，其建设运营在大多数地区都由政府主导，即政府作为投资主体，负责充电设施的建设与运营。以政府或公共机构为充电设施建设运营主体，电力供应商、充电设施研发制造企业或其他社会力量共同参与。政府主导模式的突出特点是由中央和地方政府通过"直接投资、政府所有"的方式，支持电动汽车充电设施的建设、运营和发展。按照政府建设与

2）委托运营型。委托运营型的特点是由企业投资建设充电设施，委托专业企业进行充电设施的商业化运营，并提出运营要求和规范，建设主体本身一般会提供技术人员参与商业化运营。

3）一体化运营型。一体化运营型的特点是企业与电动汽车商业化运行的主体联合起来，共同建设和运营充电设施。如电力供应部门与负责电动汽车运营的公交公司或与公务车、商务车用车部门或企业之间联合建设和运营充电设施，以利于电动汽车运行主体推动电动汽车充电设施的商业化运行。

目前，国家电网利用其在电源和输配电上的优势独自运营电动汽车充电业务，大力推广充电设施建设。国家电网制定的智能充换电网络运营模式的基本思路是"换电为主、插充为辅、集中充电、统一配送"的商业模式。

国家电网公司已经为电动汽车商业模式定下了基调，其他企业很难与之抗衡。而从国家电网公司的角度来说，其大战略不是电动汽车，而是"智能电网"。数据显示，国家电网发展智能电网需要巨大的储能器资源，电动汽车便是巨大的储能器资源，可以为智能电网提升 30% 的效率，从而节约巨大成本。本来储能器要花钱买，但是国家电网购买电动汽车动力电池之后，可以采取出租的形式，加上国家的补贴，成本大大降低，而且电动汽车的动力电池作为储能器可以实现梯度利用，当电动汽车动力电池的寿命缩减之后，可以作为大楼的应急照明使用，同样创造经济效益。无论是国家补贴、租赁及收电费所得收入，完全可以削平国家电网购买动力电池、建网付出的成本。

3. 混合模式

混合模式的特点：政府参与和扶持下的企业主导运营电动汽车交直流充电设施集中站。

混合模式的优缺点：政府和企业互补能够减少各自模式的不足，推动电动汽车充电设施产业进一步发展，但是双方协调要求高，企业受到的约束会较多。

4. 合作模式

石化企业与电力企业共同建设充电设施，国家电网具有电能提供的条件，石化企业拥有庞大的加油站网络。国家电网作为电能提供的上游，石化企业作为电能贸易的下游，最终形成合作格局是必然趋势。因为国家电网仅仅在征地这一问题上就不易突破，而石化企业也难以绕开国家电网自成体系。若双方联手，则可以优势互补，上下游通力合作，将推动我国电动汽车迅速发展。

5. 众筹模式

众筹模式的特点：整合企业、社会、政府等多方面力量，利用互联网思维的众筹模式推进充电设施建设。

众筹模式的优缺点：众筹有利于提高社会资源利用率，并且有助于提高各个环节的工作效率，在服务上也更注重用户需求。众筹模式目前得到政府大力支持和推广，但在停车位资源紧张的一线城市较难推广。

6. 用户主导模式

即电动汽车用户为满足自身车辆运行需要，投资建设电动汽车充电设施。由于充电设施成本的下降速度很快，故家用充电设施推广或将迎来高速增长的时机。电动汽车用户投资建设的充电设施被视为电动汽车的一项配套设施，避免受制于外部充电设施以及由此给电动汽车运行带来不利和不便的影响。

用户主导模式的优点：电动汽车用户可以根据自身需要建设充电设施，实现充电设施与其自身的电动汽车有效衔接，客户需要承担较高的建设成本，可通过经营成为一种盈利模式。

用户主导模式的缺点：电动汽车用户不仅要承担高额的充电设施建设和运行费用，更为重要的是会导致充电设施利用率低和造成重复建设。

目前，汽车、电力、石油、石化等企业都积极投身于充电设施建设中，力争在新能源汽车市场占据优势，不同的电动汽车充电设施建设模式适用运行模式如下：

1）政府主导模式适用于电动汽车商业化运行规模较小，或处于电动汽车发展的早期，需要鼓励企业从事电动汽车充电基础设施的建设，或在政府经济实力强大时，可采用这种模式，体现政府的支持。

2）企业主导模式适用于电力供应企业急需拓展电力市场，提高充电设施的品质和性能，有政府支持，且企业实力较强，并在运行区域有长远规划时。

3）众筹模式、混合模式适用于电动汽车商业化运行规模较大，有很大的客流量，充电需求大，政府财政能力较弱，市场环境和市场机制较好，融资渠道较畅通时。

4）电动汽车用户主导模式的充电设施建设是为满足用户自身运行需要，但随着电动汽车市场的逐渐扩大和成熟，有商业化运营的趋势。

以上四种运行模式各有其特点，选择电动汽车商业化运行模式时需根据实际情况，以体现市场经济中政府和市场的分工合作、体现不同企业和机构基于核心竞争力的专业化分工合作、实现市场资源的最优配置为准则。

1.3.4　电动汽车充电设施解决方案

1. 公交车充电解决方案

（1）公交车与公共充电解决方案　公交车与公共充电解决方案适用于城市建设综合的充电设施，以满足公交车及社会各类车型的全方位充电需求。综合充电设施的特点是各类电动公交车、电动乘用车、家庭电动汽车等不同类型的车辆均可以在此进行充电,为最大限度地满足各类车辆的充电需求,需要采用多种不同的充电设备及充电策略。

公交车与公共充电解决方案的变配电设施宜选用 10kV 电力接入箱式变电站的变电、配电、充电集成一体化设备,可建设于公交车首末站的停车场、城市或旅游景点的公共停车场。充电设施采用模块化设计,一套充电设施可同时满足10 辆电动公交车充电(可供 2 ~ 4 辆电动公交车同时快充或 10 辆电动公交车同时慢充)、25 辆出租车同时快充和 40 多辆私家车同时慢充。

充电终端选用交流、直流、交直流一体化充电桩或一机(充电机)拖多枪(充电枪)技术,室外充电设施应满足防水要求。采用功率模块共享技术解决多车群充及不同车型充电兼容问题,有效提高功率模块的利用率。充电站的充电设施采用群管群控和主动防护技术,可有效提高充电安全性,延长动力电池使用寿命。可根据用户需求选择扫描充电、刷卡充电等多种充电计费方式,公交车与公共充电解决方案如图 1-8 所示。

图 1-8 公交车与公共充电解决方案

(2)微公交车充电解决方案 微公交车充电解决方案适用于单班制出租车及微公交车运行的集中充电场站。单班制出租车及微公交车运行与公交大巴车运行模式类似,夜间集中充电,白天根据运行需求进行快充补电。但其又不同于公交大巴车,其夜间一般集中采用交流慢充的方式充电,白天采用直流快充的方式补电,以满足其运行需求。

微公交车充电解决方案的变配电设施宜选用 10kV 电力接入箱式变电站的变电、配电、充电集成一体化设备,可建设于微公交车首末站的停车场、城市或旅游景点的公共停车场。充电设施采用模块化设计，一套充电设施可同时满足 15 辆出租车快充需求，每天可为 100 辆单班制出租车或微公交车充电。模块化设计的充电设施可根据停车场规模优化配置。

充电终端选用交流、直流、交直流一体化充电桩或一机（充电机）拖多枪（充电枪）技术，室外充电设施应满足防水要求。采用功率模块共享技术解决多车群充和不同车型充电兼容问题，有效提高功率模块的利用率。充电站的充电设施采用群管群控和主动防护技术，可有效提高充电安全性，延长动力电池使用寿命。可根据用户需求选择采用扫描充电、刷卡充电、调度室集控等多种方案，可实现无人值守。

2. 企业建设的城市综合充电解决方案

在加速电动汽车充电设施布局和建设中，国家电网、中石化、中海油、南方电网、中石油等大型央企纷纷发挥自身优势，均在全国范围内建设充电设施。

石化行业基于现有的终端网络，将部分加油站改造成为具备充电功能的综合服务站，石化行业应用方案如图 1-9 所示。石化行业应用方案适用于城市建设集中综合充电设施，满足各类车型的全方位充电需求。综合充电设施的特点是各类电动乘用车、电动大巴车等不同类型的车辆均可以在此进行充电，为最大限度地满足各类车辆的充电需求，采用多种不同的充电设备及充电策略。

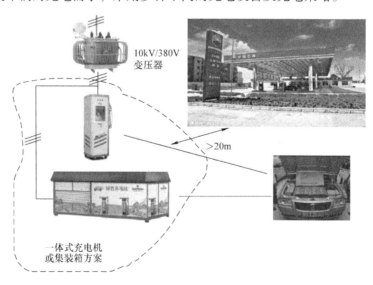

图 1-9　石化行业应用方案

企业建设的城市综合充电解决方案的变配电设施宜选用 10kV 电力接入箱式变电站的变电、配电、充电集成一体化设备。充电设施采用模块化设计，一套充电设施可同时满足 10 辆电动公交车充电（可供 2~4 辆电动公交车同时快充或

10辆电动公交车慢充)、25辆出租车同时快充和40多辆私家车同时慢充。

充电终端选用交流、直流、交直流一体化充电桩或一机（充电机）拖多枪（充电枪）技术，室外充电设施应满足防水要求。采用功率模块共享技术解决多车群充和不同车型充电兼容问题，有效提高功率模块的利用率。充电站的充电设施采用群管群控和主动防护技术，可有效提高充电安全性，延长动力电池使用寿命。可根据用户需求选择采用扫描充电、刷卡充电、调度室集控等多种方案，可实现无人值守。

3. 出租车充电方案

（1）双班制出租车充电解决方案　出租车充电设施通常设置快充充电终端，电动出租车在1h内即能充满电，出租车充电设施应用方案如图1-10所示，适用于双班制出租车运行的集中充电场站。双班制出租车一般由两个司机分时段运行同一辆出租车，具有不间断、长时间运行的特点，交流慢充的方式满足不了充电的需求，需采用全直流的配置方式，以快充补电的方式满足车辆运行特点。

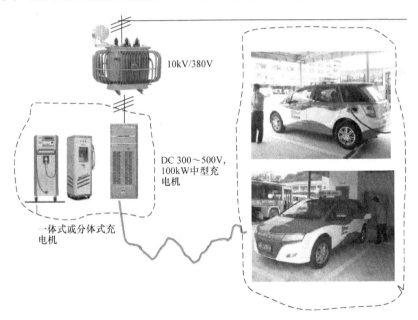

图1-10　出租车充电设施应用方案

双班制出租车充电解决方案的变配电设施宜选用10kV电力接入箱式变电站的变电、配电、充电集成一体化设备。充电设施采用模块化设计，一套充电设施可同时满足15辆出租车快充需求，每天可为60辆双班制出租车充电。模块化设计的充电设施可根据停车场规模优化配置。

充电终端选用交流、直流、交直流一体化充电桩或一机（充电机）拖多枪

（充电枪）技术，室外充电设施应满足防水要求。采用功率模块共享技术解决多车群充和不同车型充电兼容问题，有效提高功率模块的利用率。充电站的充电设施采用群管群控和主动防护技术，可有效提高充电安全性，延长动力电池使用寿命。可根据用户需求选择采用扫描充电、刷卡充电、调度室集控等多种方案，可实现无人值守。

（2）单班制出租车充电解决方案　单班制出租车与公交大巴车运行模式类似，夜间集中充电，白天根据运行需求进行快充补电。但其又不同于公交大巴车，其夜间一般集中采用交流慢充的方式充电，白天采用直流快充的方式补电，以满足其运行需求。

单班制出租车充电解决方案的变配电设施宜选用 10kV 电力接入箱式变电站的变电、配电、充电集成一体化设备。充电设施采用模块化设计，一套充电设施设备可同时满足 15 辆出租车快充需求，每天可为 100 辆单班制出租车或微公交充电。模块化设计的充电设施可根据停车场规模优化配置。

充电终端选用交流、直流、交直流一体化充电桩或一机（充电机）拖多枪（充电枪）技术，室外充电设施应满足防水要求。采用功率模块共享技术解决多车群充和不同车型充电兼容问题，有效提高功率模块的利用率。充电站的充电设施采用群管群控和主动防护技术，可有效提高充电安全性，延长动力电池使用寿命。可根据用户需求选择采用扫描充电、刷卡充电、调度室集控等多种方案，可实现无人值守。

4. 企事业单位车辆充电解决方案

企事业单位车辆充电解决方案适用于企事业单位自有公用车位的充电场合，该类场合的充电特点是，夜间交流慢充基本可以满足白天大部分车辆的行驶里程需求，在充电站可配置少量直流充电终端，用于紧急情况下的快充补电，以满足车辆的应急充电需求。

企事业单位车辆充电解决方案中充电设施的供电系统应充分利用企事业单位原有的变配电设施，若不能满足，则可采用 10kV 电力接入箱式变电站的变电、配电、充电集成一体化设备，充电站的设计原则是以慢充为主，快充为辅。

充电终端选用交流、直流、交直流一体化充电桩或一机（充电机）拖多枪（充电枪）技术，室外充电设施应满足防水要求。采用功率模块共享技术解决多车群充和不同车型充电兼容问题，有效提高功率模块的利用率。充电站的充电设施采用群管群控和主动防护技术，可有效提高充电安全性，延长动力电池使用寿命。可根据用户需求选择采用扫描充电、刷卡充电、调度室集控等多种方案，可实现无人值守。可与企事业用电数据进行对接，削峰填谷，提高电力使用效率。

5. 社区车辆充电解决方案（地下、地上停车场）

社区车辆充电解决方案适用于居民小区等有慢充需求、集中车位较多的场合，居民小区电动汽车充电需求的特点为夜间集中充电，尤其表现为小区居民下班回家后开始充电，早晨上班前车辆充满电即可，直流快速充电需求较低。

针对小区土地资源有限、配电容量不足等问题和难点，首先考虑采用交流充电设施和小功率直流充电设施解决方案，从而实现在保证不增加配电容量的前提下实现最优、最快充电。

社区车辆充电解决方案中充电设施的供电系统应充分利用居民社区原有的变配电设施，若不能满足，则可采用 10kV 电力接入箱式变电站的变电、配电、充电集成一体化设备，选用分布式配电箱以满足社区"车位集中、分散布置"的使用环境；充电终端具有车挡式、壁挂式、立体式等多种不同形式，可以满足地上、地下不同条件的建设。

充电终端选用交流、交直流一体化充电桩，采用群管群控和主动防护技术，可有效提高充电安全性，延长动力电池使用寿命。可根据用户需求选择采用扫描充电、刷卡充电、调度室集控等多种方案，可实现无人值守。可与社区用电数据进行对接，削峰填谷，合理调配车辆充电时间段，提高电力使用效率。社区车辆充电解决方案（地下、地上停车场）的特点有：

1）根据小区场地实际情况，进行灵活配置充电设施类型和功率；

2）交流充电桩可以实现壁挂安装，不占用空间，节省土地资源；

3）交直流一体化充电桩安装方便，可以实现慢充和快速补电需求；

4）可以与小区停车管理系统兼容，实现停车及充电一站式服务；

5）支持手机 APP 在线预约及支付功能，不用每天抢车位，可以在家实时查看充电情况；

6）整套解决方案具备计量计费和监控安防系统，操作安全。

6. 商圈景区充电解决方案

目前，商圈、景区成为人们日常生活中的主要聚集场所，具有停留时间短、人员流动性大等特点，针对这种特点推出了商业模式充电设施解决方案。该区域用户有着多种不同的充电需求，需采用交直流充电相结合的方案，以满足不同用户不同时间段的充电需求。

在商圈景区充电解决方案中，充电设施的供电系统应充分利用商圈景区原有的变配电设施，若不能满足，则可采用 10kV 电力接入箱式变电站的变电、配电、充电集成一体化设备，选用分布式配电箱为充电终端提供电源。充电终端选用交流、直流、交直流一体化充电桩，采用群管群控和主动防护技术，可有效提高充电安全性，延长动力电池使用寿命。可根据用户需求选择采用扫描充电、刷卡充电、调度室集控等多种方案，可实现无人值守。

7. 集中式快速充电解决方案（公交、物流、出租）

城市公共交通和出租车、物流车成为人们出行和日常生活的主要工具，也是新能源汽车的主力军，针对公共交通和出租车、物流车的特点（需求充电时间短、充电频繁、充电稳定性高），选用一体式和分体式大功率快速充电设施解决方案，采用的站级管理系统可以实现对充电设施、车、配电侧等产品统一进行监控管理和调度，实现一体化运营。一体式和分体式大功率快速充电设施解决方案（公交、物流、出租）的特点有：

1）充电设施采用层级管理，运行更安全（人身安全、电网安全、车辆安全）、更灵活；

2）采用300kW一体式大功率充电设施，满足大巴车快速补电需求；

3）采用轮充和功率分配两种类型，实现夜间不间断充电，实现真正无人值守。

集中式快速充电解决方案（公交、物流、出租）适用场景：公交场站、公共快速充电设施、物流园区等适用于充电频率高和快速补电场景。

集中式快速充电解决方案的变配电设施宜选用10kV电力接入箱式变电站的变电、配电、充电集成一体化设备，可建设于公交场站、物流园区停车场、出租车公司场站。充电设施采用模块化设计，一套充电设施可同时满足2~4辆电动公交车同时快充、25辆出租车同时快充和10物流车同时快充。

充电终端选用交流、直流、交直流一体化充电桩或一机（充电机）拖多枪（充电枪）技术，室外充电设施应满足防水要求。采用功率模块共享技术解决多车群充及不同车型充电兼容问题，有效提高功率模块的利用率。充电站的充电设施采用群管群控和主动防护技术，可有效提高充电安全性，延长动力电池使用寿命。可根据用户需求选择采用扫描充电、刷卡充电、调度室集控等多种方案，可实现无人值守。

8. 立体车库充电解决方案

立体车库充电解决方案适用于车位紧张、充电需求强烈的场合和现有立体车库增加充电车位的需求，鉴于立体车库内直流充电设备的利用率、安装便捷性及线缆移动安全性等考虑，立体车库内不建议配置直流充电设备，拟采用交流充电配置方案。

立体车库采用升降平移技术；采用PLC控制系统；智能停车引导，自动分配车位，只需在出入口刷卡，无须管理人员操作；停车后直接插枪，车辆托盘和库位直接设计有自动插接头，车辆入位后自动连接；可选择采用扫描充电、刷卡充电等多种方案，充满后自动停止，可实现无人值守。

9. 高速公路充电网络解决方案

我国将在"两纵两横一环"高速公路城际快充网络的基础之上，建设"七纵四横两网格"高速公路快速充电网络。在高速路服务区设置箱式电动汽车快速充电设施就可连接周边城市，虽然数量不多，但意义很大，它将大大增加电动汽车的续驶里程。针对高速公路充电网络要求充电速度快、无须等位、支付方便灵活等特点推出的高速公路充电网络解决方案的特点有：

1）具有大功率快速充电在线预约、网上支付等功能，实现快速便捷充电；

2）具备 GPRS 数据传输功能，可以实现无线与后台主站实时进行通信；

3）具备出行引导规划实现错峰出行。

在现有的高速公路供电系统中，并没有预留汽车充电设施用电负荷，而且高速公路的公用电网电量也十分紧张，严重地影响了新能源汽车的使用。目前，高速公路服务区变压器规格主要是 630kVA、800kVA，有部分服务区变压器用电负荷量较小，仅为 400kVA，如果引入充电业务，则无法满足用电需求，面临配套电网升级与变压器需扩容问题。

随着储能技术的发展，特别是大容量储能电池的发展，通过太阳能及风能发电装置与电网结合的储能充电系统是高速公路充电站建设很好的解决方案。高速公路服务区拥有相对充裕的场地资源，在高速公路服务区的双向分别建设四个充电车位的充电站，选用一台 630kVA 箱式变压器，四台 120kW 分体式直流充电机，一机双桩，每个充电桩对应一个车位。

光伏发电系统布置在充电车位雨棚上方，采用箱式储能设备，布置于室外。储能配置容量为 50kWh，光伏容量为 10kW。在充电车位雨棚上建设容量约 12kW 的光伏发电单元，配置容量为 50kW×2h 的动力电池单元。光伏充电站配置综合能量管理系统，可以根据峰谷时段及充电情况控制储能单元的能量流动，实现削峰填谷、谷电利用、新能源消纳等功能，提升了系统运行的可靠性和经济性。

10. 应急充电车

基于应急充电车可对因电能耗尽抛锚路边的电动汽车进行应急充电，移动充电车由"箱式车身、高能动力电池组和太阳能电池板"构成，由箱式汽车提供移动平台，高能动力电池组提供充电能源，太阳能电池板则随时随地为动力电池组提供源源不断的电能。移动充电车在固定充电站充满电后，即可在城市中随时为电量不足的电动汽车提供紧急快速充电服务。损耗的电能可以随时通过太阳能发电单元补充，既经济又便捷。通过新能源汽车监控服务平台可以随时调度应急充电车为需要紧急补充电能的电动汽车补充电能。

第2章 电动汽车充电机设计方案及测试

2.1 电动汽车充电机电气参数及分类

2.1.1 电动汽车充电机电气参数及技术要求

1. 电动汽车充电机电气参数

1）环境条件。环境温度：-20~50℃；相对湿度：5%~95%；海拔：≤2000m；大气压强：80k~110kPa。

2）电源条件。交流输入电压：220V/380V（1±15%）；交流电源频率：50±1Hz。

3）输出电压误差。在恒压状态下，直流输出电压设定在200~500V、350~700V、500~950V规定的相应调节范围内，充电机的输出电压误差不应超过±0.5%。

4）输出电流误差。在恒流状态下，输出直流电流设定在优选值：80A、100A、120A、125A、133A、160A、200A、240A、250A、266A、600A范围内。在设定的直流输出电流≥30A时，充电机的输出电流误差不应超过±1%；在设定的输出电流<30A时，充电机的输出电流误差不应超过±0.3A。

5）额定功率。额定直流输出功率优选值：60kW、100kW、120kW、200kW、450kW。

6）稳压精度。当交流电源电压在额定值的±15%范围内变化，直流输出电流在4）规定的额定值0~100%范围内变化时，输出直流电压在3）规定的相应调节范围内任一数值上，充电机的输出电压稳压精度不应超过±0.5%。

7）稳流精度。当交流电源电压在额定值的±15%范围内变化，直流输出电压在 3）规定的相应范围内变化时，直流输出电流在 4）规定的额定值的 20% ~ 100% 范围内任一数值上，充电机的输出电流稳流精度不应超过 ±1% 。

8）纹波系数。当交流电源电压在额定值的 ±15% 范围内变化，直流输出电流在 4）规定的额定值 0 ~ 100% 范围内变化时，直流输出电压在 3）规定的相应调节范围任一数值上，充电机的输出纹波有效值系数不应超过 ±0.5%，纹波系数不应超过 ±1% 。

9）限压、限流特性。

① 充电机在恒流状态下运行，当直流输出电压超过限压整定值时，应能立即进入恒压充电状态，自动限制其输出电压的增加。

② 充电机在恒压状态下运行，当直流输出电流超过限流整定值时，应能立即进入限流充电状态，自动限制其输出电流的增加。

10）输出响应要求。在充电阶段，车辆向充电机实时发送电池充电需求参数，充电机最长应在 1s 以内将充电电压和充电电流调整到与车辆发送的电池充电需求命令值相一致，充电机根据电池充电需求参数实时调整充电电压和充电电流。

11）均流不平衡度。当充电机采用多个高频开关整流模块并机工作时，各模块应能按比例均分负载，当各模块平均输出电流为 50% ~ 100% 的额定电流值时，其均流不平衡度不应超过 ±5% 。

12）待机功耗。在额定输入电压下，当充电机处于待机状态时，其整机功耗不应大于额定输出功率的 0.15% 。

13）效率和功率因数。将额定输入电压及直流输出电压限制在规定的相应调节范围内，即 200 ~ 500V（取 200V、350V 和 500V 三点），350 ~ 700V（取 350V、550V 和 700V 三点），500 ~ 950V（取 500V、725V 和 950V 三点），调节输出电流使输出功率在额定值的 20% ~ 100% 之间变化，充电机效率和功率因数不应低于表 2-1 所示要求。

表 2-1　充电机效率和功率因数

输出功率	功率因数	效率
20% 功率额定值 ≤ P_0 < 50% 功率额定值	0.95	86%
50% 功率额定值 ≤ P_0 ≤ 100% 功率额定值	0.98	92%

14）抗扰度要求。

① 静电放电抗扰度。充电机应能承受 GB/T 17626.2—2018 中第 5 章规定的试验等级为 3 级的静电放电抗扰度试验。

② 射频电磁场辐射抗扰度。充电机应能承受 GB/T 17626.3—2016 中第 5 章规定的试验等级为 3 级的射频电磁场辐射抗扰度试验。

③ 电快速瞬变脉冲群抗扰度。充电机应能承受 GB/T 17626.4—2018 中第 5章规定的试验等级为 3 级的电快速瞬变脉冲群抗扰度试验。

④ 浪涌（冲击）抗扰度。充电机应能承受 GB/T 17626.5—2019 中第 5 章规定的试验等级为 3 级的浪涌（冲击）抗扰度试验。

⑤ 电压暂降、短时中断抗扰度。充电机应能承受 GB/T 17626.11—2008 中第 5 章规定的电压试验等级在 0%、40%、70% 的额定工作电压的电压暂降、短时中断抗扰度试验。

15）电磁发射限值要求。

① 传导和辐射发射限值要求。充电机的电源端口应符合表 2-2 规定的传导发射限值，外壳端口应符合表 2-3 规定的辐射发射限值。

表 2-2　传导发射限值

频率范围/MHz	发射限值/dBμV	
	准峰值	平均值
0.15 ~ 0.5（不含 0.5）	79	66
0.5 ~ 30	73	60

表 2-3　辐射发射限值

频率范围/MHz	在 10m 测量距离处辐射发射限值/dBμV
	准峰值
30 ~ 230	40
230 ~ 1000（不含 230）	47

② 谐波电流限值要求。当输出功率为额定功率的 50% ~ 100% 时，充电机总谐波电流含有率不应大于 8%。

16）噪声。充电机的噪声最大值应不大于 65dB（A 级）。

17）低压辅助电源。充电机应能为电动汽车提供低压辅助电源，且具备过载、过电压、过温保护功能。辅助电源电压为 12V（1 ± 5%）；辅助电源额定电流为 10A；纹波峰值系数不超过 ±1%。

2. 电动汽车充电机技术要求

（1）电动汽车充电机对供电电压的要求：

1）直流充电机输入为额定线电压：380V（1 ± 10%）、（50 ± 1）Hz 的三相交流电。

2）对于容量小于（等于）5kW 的交流充电机，输入为额定电压 220V（1 ± 10%）、（50 ± 1）Hz 的单相交流电。

3）对于容量大于 5kW 的交流充电机，输入为额定线电压 380V（1 ± 10%）、（50 ± 1）Hz 的三相交流电。

（2）电动汽车充电机接口和通信要求：

1）充电机接口。充电机与电动汽车之间的连接应包括高压充电线路、充电控制导引线、充电控制电源线、充电监控通信连接线和接地保护线。同时，充电机应预留与充电站监控系统连接的通信接口。

2）充电机通信要求。推荐采用 CAN 总线以及 CAN2.0 协议作为充电机的通信总线和通信协议。

3）通信内容包括动力电池单体、模块和总成的相关技术参数，充电过程中动力电池的状态参数，充电机工作状态参数及车辆基本信息等。

（3）充电机在安全和控制方面需要满足以下技术要求：

1）充电机应能和电池管理系统或者电池管理单元通信，接收动力电池数据，在充电过程中应采用适当方法保证串联动力电池组中的动力电池单体电压不超过上限，同时当电池管理系统发出动力电池严重故障信息后应能自动停止充电。

2）充电机应具有面板操作和远程操作功能，充电机应能和充电机监控系统连接，在监控计算机上能完成除闭合和切断输入电源外的所有功能。

3）充电机应能为充电站监控系统提供事件记录数据，为事故分析和运行测试提供历史数据。充电机应能通过监控网络向监控计算机传送对应电池管理系统发送的数据，充电机应具有故障报警功能，能主动向监控系统发送故障信息。

4）充电机应提供充电电缆连接确认信号，一方面，在充电期间，当充电插头连接到车辆后，车辆控制逻辑可通过此信号来禁止在充电期间车辆驱动系统工作，保证充电安全；另一方面，此确认信号与充电电缆形成闭锁，保证充电人员安全。

5）充电机应具有输入欠电压、输入过电压、输出短路、动力电池反接、输出过电压、过温、动力电池故障等保护功能。在充电机脱离电池管理系统的情况下，充电机应停止充电。

6）充电机应提供良好的人机界面，能完成充电机充电过程的闭环控制，并显示故障类型，提供一定的故障排除指示。提供开放式充电过程参数（包括充电模式、充电参数、阶段数）设定功能，并按照参数完成对充电过程的自动控制。当充电机的保护系统动作时，引起充电过程中断，此时应能显示故障类型，对比较容易排除的故障提供简单的处理方法。

7）在整车充电时，充电机要为电池管理系统提供所需的直流电源（24V/50A）。

8）充电机的可靠性必须满足一定的指标，综合考虑成本和利用率，充电机必须保证安全可靠运行 70000～80000h。

9）充电机的设计必须充分保证人身安全，其带电部分不可外露，同时保证车体和大地等电位。充电机与充电站接地连接，充电机与车体外壳连接、充电站接地网连接等要可靠方便。

2.1.2 电动汽车充电机分类及功能

1. 电动汽车充电机分类

（1）电动汽车充电机根据不同的分类标准可以分成多种类型，充电机按安装位置可分为：

1）车载充电机。车载充电机又称交流充电机，安装于电动汽车上，通过插座和电缆与交流插座连接，车载充电机采用三相或单相交流电源。车载充电机的优点是不管车载动力电池在任何时候、任何地方需要充电时，只要有充电机额定电压的交流插座，就可以对电动汽车的车载动力电池进行充电。车载充电机的缺点是受电动汽车的空间所限，功率较小，输出的充电电流小，对动力电池的充电时间较长。

2）非车载充电机。非车载充电机又称直流充电机，即采用直流充电模式，直流充电模式是以充电机输出的可控直流电源直接对动力电池组进行充电。非车载充电机安装于固定的地点，充电机的交流输入电源已事先连接完成。充电机的直流输出端在充电操作时再与电动汽车的车载动力电池连接。非车载充电机的功率较大，可以提供几百 kW 的充电功率，可以对电动汽车车载动力电池进行快速充电。

（2）充电机按输入电源可分为：

1）单相充电机。充电机的交流输入电源为单相电源，功率较小，一般用于车载充电机。

2）三相充电机。充电机的交流输入电源为三相电源，功率较大，一般用于非车载充电机。

（3）充电机若按连接方式可分为：

1）传导式充电机。传导式充电机的输出直接连接到电动汽车的车载动力电池上，两者之间存在实际的物理连接。

2）感应式充电机。感应式充电机利用电磁感应耦合方式向电动汽车的车载动力电池传输电能，两者之间没有物理连接。感应式充电机又分为地面部分和车载部分。

（4）充电机按使用功能可分为：

1）普通充电机。普通充电机只提供对动力电池的充电功能，无自动控制、对电网谐波的抑制及无功补偿等功能。对动力电池的充电由人工手动控制。

2）多功能充电机。多功能充电机除了具有对电动汽车车载动力电池的充电功能外，还能够提供诸如测量电动汽车动力电池容量、抑制电网谐波、无功补偿及负载平衡等功能。

（5）充电机按所采用的功率变换元件及控制原理的不同可分为：

1）磁放大型充电机。磁放大型充电机由饱和电抗器和整流变压器构成，利用饱和电抗器的调整绕组进行调压，接线简单，调试方便，但容量较小。

2）相控型充电机。相控型充电机由接在隔离变压器二次绕组上的晶闸管整流器进行调压，接线较复杂，容量较大。

3）高频开关模块型充电机。高频开关模块型充电机采用高频脉宽调制技术，取消了庞大的隔离变压器。实现了高频化、小型化和模块化，具有输出稳流、稳压精度高，纹波系数小等优点。

（6）充电机按基本构成（基本构成包括功率单元、计费控制单元、充电控制器、计量表计、充电接口、人机交互界面等）可分为：

1）分体式充电机。分体式充电机由整流柜和直流充电机两部分构成，它们之间通过电缆连接组成一套完整的充电机。形式有一机一桩，即一套整流柜连接一个直流充电机，还有一机双桩，即一套整流柜连接两个直流充电机，两个直流充电机同时输出电流，具备直流输出功率自动分配功能。

2）一体式充电机。一体式充电机全部构成元件安装在同一个柜体内。形式有一机一枪，即一体式充电机配置一个直流充电接口，还有一机双枪，即一体式充电机配置两个直流充电接口，两个充电接口轮流输出电流。

2. 电动汽车充电机的功能要求

充电机的具体功能要求参照了现行行业标准 NB/T 33001—2018《电动汽车非车载传导式充电机技术条件》的有关规定。充电机的功能应符合下列要求：

1）充电机应具有与电动汽车或电池管理系统通信的功能，通信协议应能满足 Q/GDW 1235 的规定。通信目的是判断动力电池类型；判断充电机是否与电动汽车动力电池组正确连接；获得电动汽车车载动力电池的系统参数、充电前和充电过程中动力电池的状态参数；充电机还应具有与充电站监控系统通信的功能。

2）充电机与电池管理系统的通信是保证连接安全和充电安全的必要措施，并应具有根据电池管理系统提供的数据动态调整充电参数、自动完成充电过程的功能。

3）具有判断充电机与电动汽车是否正确连接的功能，当检测到充电接口连接异常时，应立即停止充电。

4）充电机应具有人机交互功能，通过人机交互功能可以使充电人员获得充电机的一些信息。充电机应显示的信息有动力电池类型、充电电压、充电电流、电能量计量信息；在出现故障时应有相应的提示信息；动力电池温度、充电时间等，并具有待机、充电、充满等状态的指示。

5）充电机应具有自动设定方式和手动设定方式。

① 自动设定方式。在充电过程中，充电机依据电动汽车电池管理系统提供的数据动态调整充电参数，执行相应动作，完成充电过程。

② 手动设定方式。由操作人员通过外部手动控制设备设置充电方式、充电电压、充电电流等参数，充电机根据设定参数执行相应操作，完成充电过程。充电机采用手动设定方式时，应具有明确的操作指示信息。

6）充电机应具有对每个充电接口输出电能进行计量的功能，电能计量装置应符合国家计量器具检定相关要求。电能计量装置应具备 RS 485 接口，通信应接入计费控制单元，通信协议应遵循 DL/T 645—2007《多功能电能表通信协议》技术要求。

7）充电机应具备交流输入过电压保护、交流输入过电流保护、直流输出过电压保护、直流输出过电流保护、内部过温保护、防输出短路和防反接等保护功能。

8）为了保证人员和设备的安全，充电机必须具备本地和远程紧急停机功能，除充电机本身具有手动急停功能外，还应在充电站内建立紧急停机系统，实现区域内的远程紧急停机。紧急停机后充电机不应自动恢复充电，应在确认危险解除后，手动恢复充电。

9）充电机应具备与充电站监控系统通信的功能，用于将非车载充电机状态及充电参数上传到充电站监控系统，并接收来自监控系统的指令。

10）充电机应配置 CPU 卡读卡器，支持 ISO 14443 协议，读卡器应具备 RS 232 接口，能够与计费控制单元进行通信，通信协议遵循《计费控制单元与读卡器通信协议》的技术要求。

11）充电机应配置蓝牙通信功能，蓝牙通信模块用于与用户手机通信，蓝牙通信模块支持通过 RS 232 接口与计费控制单元通信，蓝牙模块可内置或外置于计费控制单元。

12）充电机应配置语音提示功能，通过标准 3.5mm 音频插头插入计费控制单元，接收计费控制单元播放的声音信号。语音提示装置功率不小于 0.5W。

2.2　电动汽车充电机性能及设计方案

2.2.1　电动汽车充电机性能及充电模式

1. 充电机性能

（1）安全性　充电机在给电动汽车充电时，保证人员的人身安全和动力电池组的安全是至关重要的。充电机必须保证在整个充电过程安全可靠，特别是在以下几种情况下：

1）操作者将电动汽车动力电池组通过充电机与供电电网连接；

2）充电过程中，人身与电动汽车车体接触；

3）在充电过程中，充电机发生故障；

4）充电结束后，操作者进行断开操作；

5）外部环境条件恶劣，如遇雨雪天气等。

（2）易于使用　当在供电电源、充电机和动力电池组之间进行插头和插座的插拔操作时，要本着操作简单、易于安全使用的原则。电动汽车充电插头一般较大、较重，需要一定的插拔力度。插头和插座应该具有明确的极性，防止错误连接。充电机应具有较高的智能性，不需要操作人员过多干预充电过程。

（3）经济效益　成本经济、价格低廉的充电机有助于降低整个电动汽车的成本，提高运行效益，促进电动汽车的商业化推广。

（4）高效率　高效率是对现代充电机最重要的要求之一，因为它对整个电动汽车的能量效率有着巨大的影响。

（5）对供电电源污染小　采用电力电子技术的充电机是一种非线性的设备，会产生对供电网及其他用电设备有害的谐波污染，而且，由于充电机功率因数低，在充电机负载增加时，其对供电网的影响也不容忽视，因此在选择充电机时要保证较高的输入功率因数。

2. 电动汽车充电方式及模式

（1）电动汽车充电方式

1）传导式充电方式。传导式充电方式又称接触式充电，接触式充电通常采用传统的接触器控制，使用者把充电源接头（插头）连接到电动汽车上（插座），即利用金属接触来导电，充分利用了技术成熟、工艺简单和成本低廉的优点。接触式充电的最大问题在于它的安全性和通用性，为了使它满足严格的安全充电标准，必须在电路上采取措施，使得充电设备能够在各种环境下安全充电。接触式充电的缺点是：导体裸露在外面不安全，而且会因多次插拔操作引起机械磨损，导致接触松动，不能有效传输电能。

2）无线充电方式。对电动汽车无线充电方式的研究，目前主要集中在感应式充电，即不需要接触即可实现充电，感应式充电是采用感应耦合方式充电，即充电电源和汽车接收装置之间不采用直接电接触的方式，而是采用由分离的高频变压器通过感应耦合无接触地传输能量。采用感应耦合方式充电，可以有效解决接触式充电的缺点。感应式充电的最大优点是安全，这是因为充电器与车辆之间并无直接的电接触，即使车辆在恶劣的气候下，如雨雪天，进行充电也无触电危险。

（2）电动汽车充电模式

电动汽车充电模式可分为常规充电和快速充电。

1）常规充电是采用随车配备的车载充电机进行充电，可使用家用电源或专用的充电桩电源。充电电流较小，一般在16～32A，电流可分为直流或两相交流电和三相交流电，视动力电池组容量大小，充电时间为5～8h。

2）快速充电是通过非车载充电机采用大电流给车载动力电池直接充电，使车载动力电池在短时间内可充至80%左右的电量。快速充电模式的电流和电压一般在150～400A和200～750V，充电功率大于50kW。此种方式多为直流供电方式，充电机功率大，输出电流和电压变化范围宽。

目前，整车充电模式是全球绝大部分新能源汽车采用的主流方式，已广泛应用在私人、公交、出租、物流、环卫等各领域。

在GB/T 18487.1—2015《电动汽车传导充电系统　第1部分：通用要求》中，对充电模式提出的要求不同，可分为以下四种充电模式：

1）充电模式1。将电动汽车连接到交流电网（电源）时，在电源侧使用符合GB/T 2099.1—2008和GB1002—2008要求的插头插座，在电源侧使用了相线、中性线和接地保护的导体。应采用单相交流供电，且不允许超过8A和250V。

2）充电模式2。将电动汽车连接到交流电网（单相）时，在电源侧使用符合GB/T 2099.1—2008和GB1002—2008要求的16A插头插座时输出不能超过13A；电源侧使用符合GB/T 2099.1—2008和GB1002—2008要求的10A插头插座时输出不能超过8A，在电源侧使用了相线、中性线和接地保护的导体，且在电动车辆和插头或控制盒之间有控制导向器，并且在充电连接时使用缆上控制与保护装置（IC - CPD），应具备剩余电流保护和过电流保护功能。

3）充电模式3。电动汽车和交流电网相连时，使用特定的电动车辆供电设备，将电动汽车与交流电网直接相连，并且在专用供电设备上安装了控制导引装置。应具备剩余电流保护功能，连接方式A、B、C适用于模式3。采用单相供电时，电流不大于32A；采用三相供电且电流大于32A时，应采用连接方式C。

4）充电模式4。用非车载充电机将电动汽车连接到交流电网或直流电网时，使用了带控制导引功能的直流供电设备，且控制导向器固定安装在电源一侧。模式4可直接连接至交流电网或直流电网，仅连接方式C适用于模式4。

按照目前最新实施的标准GB/T 18487.1—2015《电动汽车传导充电系统第1部分：通用要求》规定，只有充电模式2和3适用于交流充电，表2-4为两种充电模式使用条件，图2-1所示为充电模式2和3与不同连接方式的充电系统控制导引原理图。不符合条件的充电将导致电动汽车无法充电，严重者或引起安全事故。

表 2-4 电动汽车两种充电模式使用条件

使用条件	模式 2	模式 3	
供电方式	单相供电	单相供电	三相供电
最大允许电流	8A、13A	32A	63A
连接方式	B	A、B、C	C

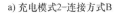

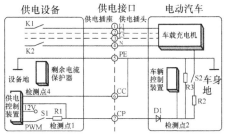

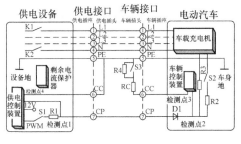

图 2-1 充电模式 2 和 3 与不同连接方式的充电系统控制导引原理图

电动汽车的充电接口由于受不同国家和地区电网系统的影响,在充电标准中对充电连接器电压和电流的要求也不尽相同。比如在德国三相电的使用比较普遍,即使个人用户在民宅中也可以使用,因此在 IEC 62196 - 2 标准中,定义了480V 交流充电电压和 63A 充电电流,实际充电功率可以达到 40kW 以上。

2.2.2 电动汽车充电机设计方案

1. 车载充电机

(1)车载充电机构成 车载充电机对于要充电的动力电池是有针对性的,动力电池的充电方式也是预先定义好的。由于充电机和电池管理系统都装在车上,所以它们相互之间容易利用电动汽车的内部总线网络进行通信。

车载充电机既要考虑动力电池充电的实际需求,又要考虑车载动力电池的恶劣环境。所以车载充电机的方案必须满足高耐压、高可靠、高效率的要求。车载充电机采用电压、电流反馈的方法来达到恒流、恒压充电的目的，同时要对充电过程的各种参数进行控制和监测。目前，国内车载充电机功率主要有 3.3kW、6.6kW，其他还有 2kW、10kW、20kW、40kW 等。车载充电机主要由功率电路和控制电路组成。

1）在功率电路中，由变压器和功率管组成的 DC – DC 变换器是功率电路的重要组成部分，功率电路部分主要作用是将 220V 交流电转化为 300～450V 的直流电，电源部分又分为 PFC 和 LLC 两部分，实际上可以把 PFC 看作是 AC – DC，而把 LLC 看作是 DC – DC。

2）控制电路的核心是控制器，用来实现与电池管理系统的通信，并控制功率电路按照三段式充电曲线为动力电池组充电。充电机控制电路主要功能是对电源部分进行控制、监测、计量、计算、修正、保护以及与外界网络通信等，是车载充电机的"中枢大脑"。当车载充电机接上交流电后，并不是立刻将电能输出给动力电池，而是通过电池管理系统首先对动力电池的状态进行采集分析和判断，进而调整充电机的充电参数。

车载充电机的两级式电源架构框图如图 2-2 所示，第一级是 PFC（功率因数校正）升压转换器，第二级是 PSFB（移相全桥）或 LLC 转换器。因为 PFC 的输出电压总是恒定的，所以当系统输出电压变化范围不大时，可选择效率更高的 LLC 转换器。

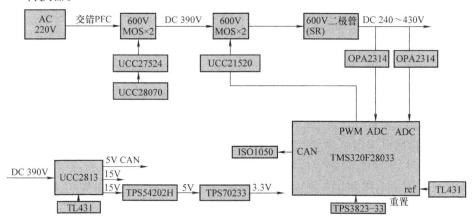

图 2-2　车载充电机的两级式电源架构框图

对于 PFC 级有许多解决方案，例如，UCC28070 是交错的 PFC 控制器，其集成两个交错 180°的脉冲宽度调制器（PWM）。使用交错的方法减小输入和输出电流纹波，从而减小电容器容量。它还可以通过交错技术和可编程频率抖动技术降低传导 EMI 滤波器的成本。此外，该器件还可用于设计双升压无桥 PFC，其效率比正常 PFC 高出 1% 以上。UCC28180 是一款易于使用的 8 脚 CCM（连续导通模式）的 PFC 控制器，该控制器使用与单周期控制技术类似的控制方法，其具有良好的瞬态响应，并且在满负载条件下可获得低于 5% 的 THD 指标。还可以使用 TMS320F28033 设计图腾柱无桥 PFC，以实现高效率和良好的 EMI 性能。

对于第二级，若输出电压范围比较宽，则可选用 UCC28950。与 UCC3895 相比，该芯片有很多优点。例如，同步整流 MOSFET 输出、SR 输出的自适应延迟、空载时的受控突发模式和斜率补偿等。随着 MOSFET 的导通阻抗变得越来越小，导通损耗占总损耗的比重就越来越小，LLC 相对 PSFB 将变得更适用。对于 LLC，可以使用 UCC25600 + UCC27714 来设计变换器，因为电动汽车充电机需要与其他系统通信，因此可选择 C2000 芯片来设计半桥 LLC DC – DC 变换器。

（2）电动汽车车载充电机功能

1）具有为电动汽车动力电池安全、自动充电的能力，充电机依据动力电池管理系统提供的数据，能动态调节充电电流或电压参数，执行相应的动作，完成充电过程。

2）具备高速控制器局域网络（Controller Area Network，CAN）与电池管理系统的通信功能，判断动力电池连接状态是否正确，获得动力电池系统参数及充电前和充电过程中动力电池组和动力电池单体的实时数据。

3）可通过高速 CAN 与车辆监控系统通信，上传充电机的工作状态、工作参数和故障告警信息，接收启动充电或停止充电控制命令。

4）完备的安全防护措施。

① 具有交流输入过电压保护功能、交流输入欠电压告警功能、交流输入过电流保护功能。

② 具有直流输出过电流保护功能、直流输出短路保护功能。

③ 具有输出软启动功能，以防止电流冲击。

④ 在充电过程中，充电机能保证动力电池的温度、充电电压和电流不超过允许值。当动力电池充电电压、充电电流或动力电池温度超过允许值时，充电机应具有报警功能，并能够自动采取相应的控制措施。

⑤ 在动力电池总成 ECU 与充电机之间建立连接的情况下，如果动力蓄电池总成 ECU 尚未发出充电允许信号，则无法启动充电机。在充电过程中，充电机应能接收并执行动力电池总成 ECU 发出的充电关闭指令。

⑥ 在充电过程中拔掉充电连接器时，充电机应能检测到充电连接器的分离动作，并使充电连接器高压插接端子在零电流状态下分离。

⑦ 在充电过程中，采用手动或充电机监控系统调整充电电压或充电电流时，充电电压和充电电流不应超过动力电池总成 ECU 中设定的最高允许值。

⑧ 通信和充电导引电路发生故障后，充电机应能自动关闭。

⑨ 具有动力电池单体电压限制功能，自动根据电池管理系统的动力电池信

息动态调整充电电流。

⑩ 具有充电联锁功能，确保充电机与电动汽车动力电池连接分开以前车辆不能启动；具有高压互锁功能，在有危害人身安全的高电压时，充电模块锁定无输出。

5）自动判断充电连接器、充电电缆是否正确连接。当充电机与动力电池正确连接后，充电机才能允许启动充电过程，即充电连接器没有可靠连接时，充电机应不能启动。当充电机检测到与动力电池连接不正常时，立即停止充电。

6）具有阻燃功能。

2. 非车载充电机

（1）非车载充电机电路结构 非车载充电机是指固定在地面上的对交流电进行整流变换，其直流输出端对动力电池组进行充电的装置，也称为直流充电机。根据充电场所和充电需求的不同，非车载充电机主要应用于家庭、充电站以及各种公共场所。为了可以满足各种动力电池的各种充电方式，通常非车载充电机的功率、体积和重量都比较大，一般设计为大充电功率。

由于非车载充电机和电池管理系统在物理位置上是分开的，所以它们之间必须通过有线或者无线进行通信。根据电池管理系统提供的关于动力电池的类型、电压、温度和荷电状态的信息，非车载充电机选择一种合适的充电方式为动力电池充电，以避免动力电池的过充和过热。

大功率非车载充电机的额定输入线电压为380V、频率为50Hz的三相交流电，额定输出电压为700V，额定输出电流为600A，采用60个模块并联，每个模块10A/700V，模块的高×宽×深为133mm×425mm×270mm，15层4列，分四个柜体安放，四个柜体可分开运输，使用时紧凑左右排列。机架前门、后门均为双开门，方便检修。电源进线和汇流排输出位置均在底部。电源输入断路器及监控单元触摸屏安装在主机中间控制柜前部，大功率非车载充电机的控制结构框图如图2-3所示。

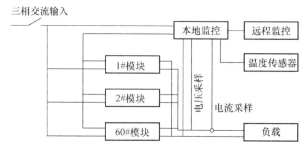

图2-3 充电机控制结构框图

1）充电机功能模块。充电机的拓扑结构有多种，大功率充电机多以三相交流电为输入电源，采用高频隔离型桥式 DC – DC 变换技术，根据预先设定的充电过程参数对电动汽车车载动力电池组进行充电，电动汽车充电机功能模块框图如图 2-4 所示。

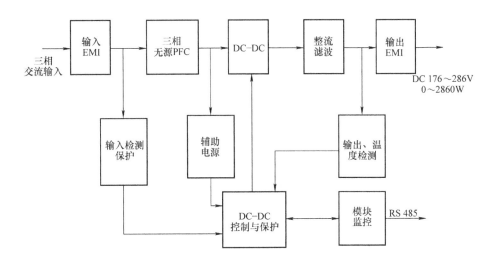

图 2-4　充电机功能模块框图

充电模块由三相无源 PFC 和 DC – DC 两个功率部分组成，在两功率部分之外还有辅助电源以及输入输出检测保护电路。前级三相无源 PFC 电路由输入 EMI 和无源 PFC 组成，用以实现交流输入的整流滤波和输入电流的校正，使输入电路的功率因数大于 0.92，以满足 DL/T781 中三相谐波标准和 GB/T 17794.2.2—2003 中相关 EMI、EMC 标准。

后级的 DC – DC 电路由 DC – DC 变换器及其控制电路、整流滤波、输出 EMI 等部分组成，用来实现将前级整流电压转换成满足要求的稳定的直流电压输出。辅助电源在输入无源 PFC 之后，DC – DC 变换器之前，利用三相无源 PFC 的直流输出，产生控制电路所需的各路控制电源。输入检测电路实现输入过欠电压、断相等检测，DC – DC 的检测保护电路包括输出电压、电流的检测及散热器温度检测等，所有这些信号均用于 DC – DC 的控制和保护。

2）充电模块的功能。

① 模块具有输入过/欠电压保护功能，当输入电压低于 AC 313 ±10V 或者高于 AC 485 ±10V 时，模块保护，无直流输出，保护指示灯（黄色）亮。电压恢复到 AC 335 ±10V ~ AC 460 ±15V 之间后，模块自动恢复工作。

② 模块具有输出过电压保护、欠电压告警功能，当输出电压高于 DC 293 ± 6V 时，模块保护，无直流输出，保护指示灯（黄色）亮。模块不能自动恢复，

必须将模块断电后重新上电。当输出电压低于 DC 198±1V 时，模块告警，有直流输出，保护指示灯（黄色）亮。电压恢复后，模块输出欠电压告警消失。

③ 模块具有短路保护功能，当模块输出短路时，输出电流不大于 40% 额定电流。短路故障排除后，模块自动恢复正常输出。

④ 模块具有缺相保护功能。当输入缺相时，模块限功率，可半载输出，在输出电压为 260V 时输出 5A 电流。

⑤ 模块的进风口被堵住或环境温度过高导致模块内部的温度超过设定值时，模块会过温保护，模块面板的保护指示灯（黄色）亮，模块无电压输出。当异常条件排除、模块内部的温度恢复正常后，模块将自动恢复为正常工作。

⑥ 在异常状态下模块整流侧出现过电流，一次侧过电流保护动作。一次侧过流保护不能自动恢复，必须将模块断电后重新上电。

⑦ 风扇温度控制。模块采用温度和电流联合控制风扇的运转方式，风扇转速分为停转、半转和全转三档，通过对输出电流和模块温度综合考虑进行风扇调速控制。

⑧ 模块告警信息以故障代码的形式在 LED 上实时闪烁显示，此时 LED 显示内容为故障代码，按下显示切换按钮后显示电压。

⑨ 通信功能。模块可以 RS 485 方式与上位机通信，将模块输出电压和电流、模块保护和告警信息发送给上位机，接受并执行上位机下发的控制命令。

3）充电模块主要特点。

① 采用高频开关电源技术，N+1 热备份工作，组屏灵活、扩容方便、更可靠且更节省空间。

② 采用数字化双 DSP 控制、CAN 总线技术、软开关技术、钳位专利技术、分散散热等专利技术。

③ 高功率密度设计，功率密度高达 13.5W/in^3。

④ 具备超宽电压输入范围（AC 260~530V）和宽输入频率范围（45~65Hz），以及宽工作温度范围（-40~+65℃）。

⑤ 模块面板增加故障代码显示，方便故障检查。

⑥ 具有输入侧过、欠电压保护、输出侧过电压保护、欠电压告警、过电流及短路保护、过温保护等功能。

⑦ 充电模块采用业界领先的有源功率因数校正（APFC）技术，输入功率因数高达 0.99，总谐波含量≤3%，无须在充电站内单独配置消谐滤波装置。

⑧ 充电模块符合 CE 安规和电磁兼容 ClassA 标准要求，符合欧盟 RoHS 指令，安全绿色环保。

（2）非车载充电机技术要求　非车载充电机作为电动汽车的能量补给装置，其充电性能关系到动力电池组的使用寿命、充电时间。实现对电动汽车动力电池快速、高效、安全、合理的电量补给是电动汽车非车载充电机设计的基本原则，另外，还要考虑非车载充电机的对各种动力电池的适用性。

充电机与电动汽车动力系统连接示意图如图 2-5 所示，该充电机由一个能将输入的交流电转换为直流电的整流器和一个能调节直流电功率的功率转换器组成，通过把充电机的输出插头插入与电动汽车上配套的插座中，直流电能就输入至动力电池并对其充电。充电机的输出插头设置了一个锁止杠杆以利于插入和取出插头，同时杠杆还能提供一个确定已经锁紧的信号以确保安全。根据充电机和车上电池管理系统相互之间的通信，功率转换器能在线调节直流充电功率，而且充电机能显示充电电压、充电电流、充电量和充电费用。充电站中的充电机不同于车载充电机，有其特殊技术要求。

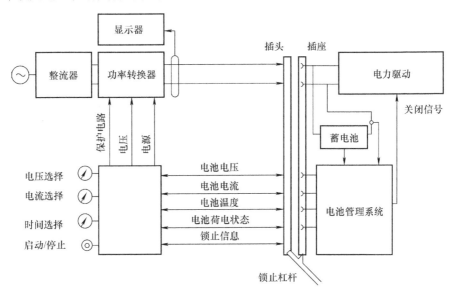

图 2-5　充电机与电动汽车动力系统连接示意图

1）充电机能服务于由不同厂商制造的技术指标不同的电动汽车、不同类型的动力电池、不同的动力电池标称容量、不同的标称电压。不同动力电池类型的充电控制算法是不同的，相同动力电池类型的不同动力电池容量和标称电压的电动汽车对充电机的技术要求也不同。

2）公共场所用电动汽车充电设施必须实现无人值守自动充电，作为服务面广、量大的未来电动汽车的公共场所用充电设施，不可能由专业充电技术人员进行充电操作。而是应采用由驾驶员利用设置在公共场所的无人值守智能化充电设施，在网络管理下，实现无人值守自动充电。

3）充电设施必须能适应动力电池组技术状态离散性大的技术特点，同类型的动力电池不同的厂牌、同一厂牌的不同批次、同一批次的不同产品的技术性能离散性都很大,无法实现用一种典型的充电控制算法适应所有动力电池组。对于串联动力电池单体数量很多的电动汽车动力电池组,动力电池技术状态离散性大的问题就更为突出。如果不有效解决动力电池组技术性能离散性对充电的影响,就难以保证充放电中不伤害动力电池。

4)不同电动汽车制造厂商或不同动力电池制造商对充电控制算法有不同的要求,公共场所用充电设施必须满足用户对特殊充电控制算法的要求。

5)随着动力电池技术的发展,更高性能的新型动力电池将不断取代原来的动力电池应用于电动汽车,作为公共场所用电动汽车充电设施,必须能适应未来应用新型动力电池的电动汽车对充电的需要,因为当今技术发展日新月异,作为投资和规模都是非常巨大的电动汽车能源补给系统,在短时间之内频繁进行技术改造和设备更新是不现实的。

6)有适应公共场所电动汽车充电设施特点的特殊组网方式,公共场所电动汽车充电设施管理网络是对分布在相对广大地域内的、数量庞大的充电机群进行技术管理和商务管理。传统的组网方式不论是从经济指标、系统安全或对环境的基本要求,都无法应用在该领域,必须研究新的、能适应其特点的管理网络组网方式。

7)在宽的电压和功率范围内,保持高的运行效率。

(3)非车载充电机原理框图 非车载充电机的结构框图如图2-6所示,其主回路的工作过程与车载充电机类似,都是将输入的交流电整流调压后输出,再采取各种优化措施,确保电能输出的质量和输出的稳定性及准确性。非车载充电机基本都是设置在充电站内,对体积功率密度要求不高,可通过自然冷却或风冷的方式确保系统正常工作。另外,对比两大类型的充电机,非车载充电机增加了遥感、遥信方面的功能,这是基于充电站能够实现远程监控的需求。

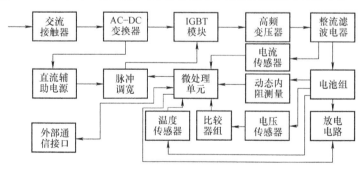

图2-6 非车载充电机的结构框图

非车载充电机与车载充电机充电过程的显著不同之处在于需要充电握手阶

段。车载充电机是车辆的一部分，它与整车控制器及动力电池之间的连接都是已经调试过的，只要确认外部接通一个不具有智能能力的普通电源即可，充电过程控制和充电安全问题由车载充电机控制器协同整车控制器一起解决，不需要与车辆外部的设备配合。

非车载充电机则不同，非车载充电机是一个独立的系统。在用非车载充电机给电动汽车车载动力电池充电时，需要协调好充电机与电动汽车动力系统之间的高电压、低电压和程序控制的全部方面，为确保充电可靠、安全充电，在充电前和充电过程中需要确认的因素很多。

3. 充电机选择

充电站按服务车辆类型不同可分公共充电站、专用充电站，专用充电站属固定服务车辆的充电站，充电机选择可按服务车辆动力电池参数，准确地选择充电机额定功率、充电电压和充电电流，充电机的有效充电功率近乎等于充电机额定功率。因此，专用充电站充电机选择较为简单。

专用充电站内的充电机宜选用室内型，以改善充电机的工作条件，减小外部环境对充电机的影响，便于运行维护。充电机应采用"一机一车"充电方式，即一台充电机在同一时间内，仅对同一辆电动汽车进行充电。不应采用主从充电模式。

公共充电站属无固定服务车辆的充电站，必须能够满足进入市场的各种电压等级的电动汽车充电需求。电动汽车高压系统标准电压为144V、288V、317V、346V、400V、576V，但各汽车厂商也生产许多非标准电压的电动汽车，这样，公共充电站充电机的选择更为复杂，具有不确定性。直流充电机可分为大、中、小三种基本类型。

1）大型充电机单台最大功率200kW，输出电压范围为DC 300～500V，最大输出电流为400A，占用两个800mm×800mm×2260mm的标准机柜空间。

2）中型充电机单台最大功率为100kW，输出电压范围为DC 300～500V，最大输出电流为200A，占用一个800mm×800mm×2260mm的标准机柜空间。

3）小型充电机由高频开关电源模块并机组成，单台电源模块最大输出功率为8.75kW，输出电压范围为DC 150～350V，最大输出电流为25A，两台占用一个800mm×800mm×2260mm的标准机柜空间。

在设计中选用充电机时，根据充电机的输出参数要求，同型号充电机可以多个并联工作，以提高输出功率。采用同一恒电流充电机对三种不同充电电压车型充电时，充电电压越高充电功率越高，充电电压越低充电功率越低。由此可见，倘若能准确选择充电机的充电电压，或充电机能恒功率充电，就能提高充电功率，具体方案分析如下：

1）方案一：选择2～3个充电电压的充电机。一个规格对一种车型或充电参数相近的几种车型充电，但充电区域应设车辆引导充电标识，但该方案可能出现充电机配比与实时充电车辆不匹配，造成部分充电机闲置，部分需要充电的车辆却在排队。

2）方案二：选用恒功率充电机。由于现阶段的恒功率电压范围小，充电功率提高有限。例如选择 60kW 充电机，充电电压为 300～600V，600～750V（恒功率），最大充电电流为 100A。这样还是会出现部分充电车辆的充电功率偏低的现象。

综合上述分析与规定，在选择公共充电站充电机时可选用方案一和方案二中的优点进行组合配置。

1）选择部分充电功率：60kW，充电电压：200～400V，400～500V，最大充电电流：150A，以满足类似于北汽 EV200 的充电电压较低的乘用车快速充电需求。

2）选择部分充电功率：60kW，充电电压：300～600V，600～750V（恒功率），最大充电电流：100A，以满足类似于比亚迪的充电电压高的乘用车快速充电需求，在充电高峰时作为类似于北汽 EV200 的充电电压较低的乘用车充电补充。

在选择充电机时，应特别注意充电接口的安全防护措施，包括防触电、防雨、防尘措施等。充电接口应在结构上防止手轻易触及裸露带电导体，充电连接器在不充电时应放置在人不轻易触及的位置。对于安装在室外的非车载充电机，充电接口处应采取必要的防雨、防尘措施。

4. 充电机布置

充电机布置与安装应满足安全性和便利性的要求，除满足本条的规定外，还应根据充电站的整体布置因地制宜。充电机的布置与安装应符合下列要求：

1）充电机的布置应便于车辆充电，并应缩短充电机输出电缆的长度。室外充电机应采用电缆下进线方式。室内充电机应根据现场的情况，选用落地式或壁挂式。落地式充电机宜采用电缆下进线方式。壁挂式充电机可采用下进线方式，也可采用侧进线方式。

2）应采用接线端子与配电系统连接，在电源侧应安装空气开关。

3）充电机保护接地端子应可靠接地。

4）充电机应垂直安装于与地平面垂直的立面，偏离垂直位置任一方向的误差不应大于 5°。

5）室外安装的充电机基础应高出充电站地坪 0.2m 及以上。必要时可在充电机附近设置防撞栏，其高度不应小于 0.8m。

2.3　电动汽车充电机测试

2.3.1　电动汽车直流充电机测试系统构成

直流充电机测试系统构成如图 2-7 所示，直流充电机测试系统主要由测试电源、输入测量模块、被测直流充电机、输出测量模块、直流电子负载、功率分析仪、纹波测试仪、工控机等设备构成。

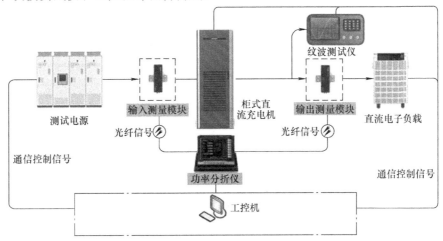

图 2-7　直流充电桩测试系统构成

1）可编程测试电源用于模拟电网扰动工况，用来测试充电机在不同电压工况下的工作状态。

2）输入输出测量模块完成充电机输入输出电参量采集，功率分析仪用来精确测量充电机的电压、电流、频率、功率等各项参数。

3）纹波测试仪用于纹波测试。

4）配置了温度测试模块，可完成温度监控测试。

5）可编程直流电子负载模拟不同充电负载，吸收充电机输出的直流电能。

6）充电枪头转接控制设备可直接连接充电机枪头，分别将充电线路及通信线路接入相关设备。

7）工控机可通过通信控制信号线路与充电机实时通信，模拟各种通信信号，测试充电机相关响应动作，完成通信测试。

8）工控机通过配套测控软件控制测试电源、分析仪、直流电子负载、示波器、充电枪头转接控制设备等，并分析测试参数生成测试报告，配置打印机可直接打印测试报告。检测平台中配置开关柜,可满足被试充电机输入输出的远程投切,保证操作人员的安全。

2.3.2 电动汽车充电机电气技术指标测试方法

1. 功率因数测试

指标定义:最基本的功率因数定义是用电设备的有功功率与视在功率的比值,即 $PF=$ 有功功率/视在功率;表示用电设备(供电设备、配电设备等均看作广义用电设备)的用电效率,早期称功率因数为"力率",更接近其定义。

使用仪器设备:交流电源;电子负载;电量测量仪。

测试条件:测试条件见表2-5。

表2-5 测试条件

环境温度	AC 输入电压	输入频率	负载
25℃	单相220V(1±10%)	47~63Hz	最大负载
	三相四线 AC 380V(1±15%)		

测试框图:功率因数测试框图如图2-8所示。

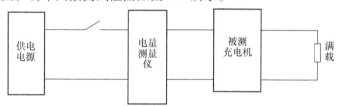

图2-8 功率因数测试框图

测试方法:按测试框图接线正确后,开启测试设备和被测试的充电机,依据测试条件的输入电压、频率和输出负载。在充电机输入电压为正弦波时,输入电流为

$$I^2 = I_1^2 + I_3^2 + \cdots + I_n^2 \tag{2-1}$$

式中,I 为输入电流;I_1 为50Hz基波,I_3 为三次谐波。如果 I_1 与输入电压相位差为 φ,则有功功率为

$$P = UI_1\cos\varphi \tag{2-2}$$

式中,U 为输入电压。

功率因数为

$$PF = I_1\cos\varphi/I \tag{2-3}$$

由于需要对输入电压和电流作快速傅里叶数学变换,采用专用的电量测量仪进行测量,可从电量测量仪上直接读取功率因数值和各次谐波分量。

采用专用的功率因数测量仪测量，设置充电机在输出状态下运行，输入额定电压，设定输出电压整定值为上限值，调整负载电流为 50% ~100% 额定电流输出值，测量充电机的输入功率因数；调整充电机在恒流状态下运行，输入额定电压，设定输出电流整定值为额定值，在上、下限范围内改变输出直流电压整定值，再次测量充电机的输入功率因数。当充电机输出功率大于额定功率的 50% 时，功率因数不应小于 0.9，当充电机输出额定功率时，功率因数应满足 GB/T 29316 的要求。

2. 效率测试

指标定义：效率是指充电机把其输入的有功功率转换为有效输出功率的能力。

使用仪器设备：交流电源；电子负载；数字式电压、电流表；电量测量仪器。

测试条件：环境温度为 25℃；输入电压为额定值；频率为额定值；输出负载为满载。

测试框图：效率测试框图如图 2-9 所示。

图 2-9　效率测试框图

测试方法：按测试框图接线正确后，开启测试设备和被测试的充电机，依据测试条件的输入电压、频率和输出负载（各路输出电压、电流应同时测量），设置在恒压输出状态下运行，输入额定电压，设定输出电压整定值为上限值，调整负载电流为 50% ~100% 额定输出电流值，测量充电机的输入有功功率和输出功率；调整充电机在恒流状态下运行，输入额定电压，设定输出电流整定值为额定值，在上、下限范围内改变输出电压整定值，再次测量充电机的输入有功功率和输出功率。当充电机输出功率为额定功率的 50% ~100%，效率不应小于 90%。充电效率按下列公式计算：

$$\eta = \frac{P_z}{P_j} \times 100\% \tag{2-4}$$

式中，η 为效率；P_z 为直流输出功率，$P_z = U_{01}I_{01} + U_{02}I_{02} + \cdots + U_{0n}I_{0n}$；$P_j$ 为交流输入有功功率。

3. 能效测试

指标定义：按照物理学的观点，能效是指在能源利用中，发挥作用的与实际消耗的能源量之比。从消费角度看，能效是指为终端用户提供的服务与所消耗的总能源量之比。

使用仪器设备：交流电源；电子负载；电量测量仪。

测试条件：环境温度为25℃；输入电压条件为AC 230V/50Hz或AC 3800V/50Hz；输出负载条件为空载、1/4最大负载、2/4最大负载、3/4最大负载、最大负载，共五种负载条件。

测试框图：效能测试框图如图2-10所示。

测试方法：按测试框图接线正确后，开启测试设备和被测试的充电机，依据测试条件的输入电压、频率和输出负载。

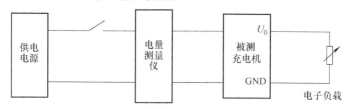

图2-10　效能测试框图

在测试前将充电机在其标称输出负载条件下预热30min，按负载由大到小顺序分别记录AC 230V/50Hz/AC 3800V/50Hz输入时的输入功率P_{in}，输入电流I_{in}，输出电压U_0，功率因数PF，然后计算各负载下的效率。在空载时仅需记录输入功率P_{in}与输入电流I_{in}。计算输入电压为AC 230V/50Hz/AC 3800V/50Hz时的四种负载的平均效率，该值即为能效的效率值。

4. 输入电流测试

指标定义：输入电流是指充电机输入端的电流，其值通常为充电机输出电流和充电机空载电流之和。

使用仪器设备：交流电源；电子负载；数字电压、电流表；电量测量仪器。

测试条件：测试条件见表2-6。

表2-6　测试条件

环境温度	AC输入电压	输入频率	负载
25℃	单相220V(1±10%)	47～63Hz	最大负载
	三相四线AC 380V(1±15%)		

测试框图：输入电流测试框图如图2-11所示。

测试方法：按测试框图接线正确后，开启测试设备和被测试的充电机，依据测试条件的输入电压、频率和输出负载。电量测量仪中记录的输入电流值，即为输入电流。

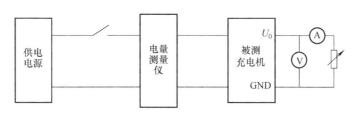

图 2-11　输入电流测试框图

5. 最大输入电流测试

指标定义：最大输入电流是指充电机在允许的工作条件下，充电机可能达到的最大输入电流。

使用仪器设备：交流电源；电子负载；数字电压、电流表。

测试条件：环境温度为 25℃；充电机工作电压为其输入电压范围的下限值，充电机所带负载为最大负载。

测试框图：最大输入电流测试框图如图 2-12 所示。

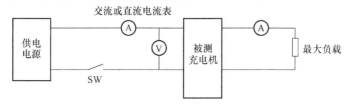

图 2-12　最大输入电流测试框图

测试方法：按测试框图接线正确后，开启测试设备和被测试的充电机，依据测试条件，给充电机提供最低的输入电压（下限值），并给充电机带上最大的负载，在充电机稳定工作 10min 后，读取输入端交流或直流电流表的数值，即为最大输入电流。

6. 输出电流测试

指标定义：输出电流是指充电机在一定输入电压、频率、负载时的输出电流值。

使用仪器设备：交流电源；电子负载；数字电压、电流表。

测试条件：测试条件见表 2-7。

表 2-7　测试条件

环境温度	AC 输入电压	输入频率	负载
25℃	单相 220V（1±10%）	47～63Hz	额定负载
	三相四线 AC 380V（1±15%）		

测试框图：输出电流测试框图如图 2-13 所示。

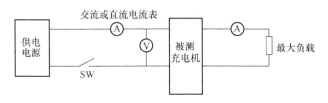

图2-13 输出电流测试框图

测试方法：按测试框图接线正确后，开启测试设备和被测试的充电机，依据测试条件的输入电压、频率和输出负载，设定 CV 模式下的输出电压，待输出稳定时记录输出电流值。切换输入电压与频率，记录不同输入电压时的输出电流值，在输出电压值不同条件下分别记录输出电流值。

测试注意事项：记录输出电流值前，待测充电机的电流值需稳定。

7. 浪涌电流测试

指标定义：浪涌电流是指在充电机接通瞬间，流入充电机输入端的峰值电流。由于充电机输入端的滤波电容迅速充电，所以该峰值电流远远大于充电机稳态时的输入电流。

使用仪器设备：交流电源；电子负载；数字示波器；浪涌电流测试仪。

测试条件：环境温度为 25℃；依据 SPEC（Specification 规格书）所要求的参数（通常输入电压为 AC 230V/50Hz/AC 3800V/50Hz）。

测试框图：浪涌电流测试框图如图 2-14 所示。

（1）数字示波器测试方法 按测试方框图接线正确后，开启测试设备，依据测试条件的输入电压、频率要求设定好输入电压、频率，将待测充电机输出负载设定在最大负载。数字示波器的 CH2 接电流探针，用来测量输入浪涌电流，CH1 设定在 DC 模式，VOLTS/DIV 设定视情况而定，CH1 作为数字示波器的触发源，触发斜率设定为" + "，TIME/DIV 设定为 5ms，触发模式设定为"NOR-MAL"，CH1 接到 AC 输入电压。

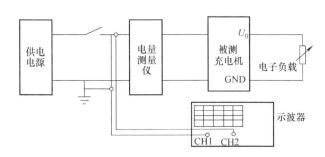

图2-14 浪涌电流测试框图

（2）浪涌电流测试仪方法

1）室温冷启动测试。测试之前充电机至少停机 30min，将被测充电机与浪涌电流测试仪连接，浪涌电流测试仪必须设定到最大交流输入电压的峰值，浪涌电流测试仪的电容必须为被测充电机输入端滤波电容的 20 倍。浪涌电流测试仪通过开机向被测充电机提供电源，通过串联一个 0.1Ω 的电阻来观察电流，并用存储数字示波器来捕捉这个浪涌电流波形。

2）室温热启动测试。测试之前被测充电机至少在额定输入电压、满载情况下工作 1h，然后关机，迅速放掉输入端滤波电容上的电压至 10V 以下。将被测充电机与浪涌电流测度仪连接，浪涌电流测试仪必须设定到最大交流输入电压的峰值，浪涌电流测试仪的电容必须为被测充电机输入端率电容的 20 倍，浪涌电流测试仪通过开机向被测充电机提供电源，通过串联一个 0.1Ω 的电阻来观察电流，并用存储数字示波器来捕捉这个浪涌电流波形。

输入涌流的 I^2t 值计算公式如下：

$$I^2t = (I_1^2 + I_2^2 + I_1I_2)t_1/3 + (I_2^2 + I_3^2 + I_2I_3)t_2/3 \tag{2-5}$$

测试注意事项：冷启动需在低（常）温环境下，且大容量电容的电荷必须放尽，以及热敏电阻亦处于常温下，然后仅能第一次开机，若需第二次开机，则须再待电容电荷放尽才可开机测试，数字示波器需使用隔离变压器。

8. 启动冲击电流测试

指标定义：充电机启动冲击电流为充电机在输入开启的瞬间，在输入线路上产生的最大瞬间电流。

测试条件：环境温度为 25℃；充电机输出为满载，输入电压为充电机额定电压上限值。充电机应区分为热态（电源已满载工作 5min 以上）与冷态（电源已停止工作 10min 以上）。

测试框图：启动冲击电流测试框图如图 2-15 所示。

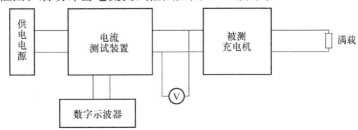

图 2-15　启动冲击电流测试框图

测试方法如下：按图 2-15 所示的测试框图接好测试电路，将数字示波器调到自动触发捕获状态（一般：V/div 为 1 或 2V，time/div 为 5ms，触发电平为 1V，触发模式为正常斜率），首先接通电流测试装置电源，给电流测试装置充电，充电稳定后，由电流测试装置给被测充电机供电，当数字示波器捕获到信号后，关断电流测试装置、被测充电机开关，开启电流测试装置的放电开关，将电流测试装置内的电荷放掉，以免产生电击危险，数字示波器捕获到的尖刺峰值即为启动冲击电流的数值。

9. 输入电压调整率测试

指标定义：在充电机的输入电压范围内，充电机在输出负载一定而输入电压变动时，随着输入电压的变化，输出电压会出现一定的变化，输出电压随着输入电压变化的百分比就是电压调整率，即为充电机稳定输出电压对电源输入电压变化（最小值到最大值）的调整性。输入电压调整率又称为线路调整率，输入电压调整率用百分比表示，一般要求电压调整率不超过 ±0.1%。

使用仪器设备：交流电源；电子负载；数字式电压表。

测试条件：测试条件见表2-8。

表2-8　测试条件

环境温度	AC 输入电压	输入频率	负载
25℃	单相 220V（1 ± 10%）	47 ~ 63Hz	最大负载
	三相四线 AC 380V（1 ± 15%）		最小负载

测试框图：输入电压调整率测试框图如图 2-16 所示。

图 2-16　输入电压调整率测试框图

测试方法：依据测试条件设定测试的负载，调整输入电压和频率值，记录充电机输出电压值是否在规格内。调整电子负载，使电源满载输出；调节交流电源，使输入电压为下限值，记录对应的输出电压 U_1；增大输入电压到额定值，记录对应的输出电压 U_0；调节输入电压为上限值，记录对应的输出电压 U_2。取最大偏差电压，即取 $|U_2 - U_0|$ 和 $|U_1 - U_0|$ 中的最大值与标称输出电压下的输入电压 U_0 相比，以百分比来表示，就是电压调整率。按式（2-6）计算电压调整率：

$$电压调整率 = [(U - U_0)/U_0] \times 100\% \qquad (2-6)$$

式中，U 为 U_1 和 U_2 中相对 U_0 变化较大的值。

测试注意事项：测试前先将充电机热机，待其输出电压稳定后再进行测试。

10. 负载调整率测试

指标定义：充电机在额定电压下工作，随着负载的变化，充电机的输出电压也会出现一定的变化，输出电压随着负载变化的百分比就是负载调整率，即充电机的稳定输出电压对其负载电流变化（轻载到满载）的调整性，常规定义为 ≤ ±5%。

使用仪器设备：交流电源；电子负载；数字式电压表。

测试条件：测试条件见表 2-9。

表 2-9　测试条件

环境温度	AC 输入电压	输入频率	负载
25℃	单相 220V（1±10%）	47～63Hz	最大负载
	三相四线 AC 380V（1±15%）		最小负载

测试框图：负载调整率测试的测试框图与输入电压调整率测试的测试框图相同，如图 2-16 所示。

测试方法：依据测试条件设定测试输入电压和频率值，调整输出负载值，记录待测充电机输出电压值是否在规格内。输入电压为额定值，输出电流取最小值，记录最小负载时的输出电压 U_1；调节负载为 50% 满载，记录对应的输出电压 U_0；调节负载为满载，记录对应的输出电压 U_2；负载调整率按式（2-7）计算：

$$负载调整率 = [(U - U_0)/U_0] \times 100\% \qquad (2\text{-}7)$$

式中，U 为 U_1 和 U_2 中相对 U_0 变化较大的值。

测试注意事项：测试前先将待测充电机热机，待其输出电压稳定后再进行测试。

11. 短路保护测试

指标定义：具有输出短路保护功能的充电机，当充电机的输出端发生短路时，充电机应该限制其输出电流或关闭其输出，以避免充电机损坏。短路保护测试是验证当输出短路时，充电机能否正确地反应。

使用仪器设备：交流电源；电子负载；数字电压、电流表、低阻抗短路夹。

测试条件：环境温度为 25℃；额定输入电压；最大负载值，采用低阻抗短路夹将充电机输出端短路，此测试项必须在低温、常温、高温三种条件下进行。

测试框图：短路保护测试框图如图 2-17 所示。

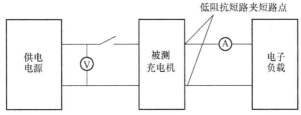

图 2-17　短路保护测试框图

测试方法：按图 2-17 所示的测试框图连接好测试充电机，依据测试条件的输入电压和负载值（一般为最大负载），将充电机各组输出相互短路或对地短路（应在靠近输出端子处短路，短路时间依据规格要求），进行开机后短路、短路后开机各测试 10 次，检测充电机输出特性。

在进行充电机短路保护特性测试时，要看充电机技术资料上给出的说明，如充电机说明为短路保护特性为长期自恢复，可以用导线连至充电机的输出端进行测试，长时间（根据需要确定）观察，短路时的电压输出以及短路排除后的充电机输出。

测试注意事项：当充电机的短路排除后，检测充电机是否自动恢复或需重新启动，并测试充电机是否正常或有无元器件损坏（充电机应正常），充电机不能有安全隐患产生。

12. 过电压保护测试

指标定义：当充电机的输出电压由于内部或外部的原因增高到某一规定范围内的限值时，充电机的输出将自行关断或输出电压不能够再升高。过电压保护测试可验证当充电机出现上述异常状况时，能否正确地反应。

使用仪器设备：交流电源；电子负载；数字示波器；直流电源。

测试条件：环境温度为 25℃；输入电压为额定值；充电机输出为小负载。

测试框图：过电压保护测试框图如图 2-18 所示。

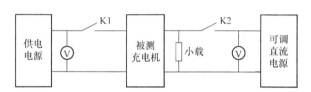

图 2-18　过电压测试框图

测试方法：按图 2-18 所示测试框图连接好测试电路，合上开关 K1 给充电机供电，启动充电机使其在小负载状态运行，在合上开关 K2 之前，先调节直流电源电压约等于充电机的输出电压。合上开关 K2，再慢慢调高直流电源的电压直到充电机输出关断，此时的直流电源电压值即为输出过电压点。

13. 输入电压变动测试

指标定义：输入电压变动是指充电机的输入电压在规格书要求内变动时，是否会对充电机造成损伤或输出不稳定，以确认充电机在输入电压变动时能否正常工作。

使用仪器设备：交流电源；电子负载；数字示波器。

测试条件：环境温度为 25℃；额定输入电压、额定频率，负载为额定

100%；周围温度：常温；输出电压：额定。输入电压变动条件：额定到最小，额定到最大。

测试框图：输入电压变动测试框图如图 2-19 所示。

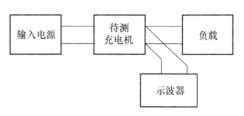

图 2-19 输入电压变动测试框图

测试方法：按图 2-19 所示的测试框图接线，将待测充电机的输出负载设定最大和最小，触发斜率设定为"＋"，触发模式设定为"AUTO"，TIME/DIV 视情况设定为 1s/DIV 或 2s/DIV。在输入电压的允许范围内变动输入电压，在基准动作状态下（额定输入电压 100% 负载），测定输出电压值 U_S。计算电压变动率

$$\Delta U_H = \frac{U_H - U_S}{U_S} \times 100\% \ ; \ \Delta U_L = \frac{U_L - U_S}{U_S} \times 100\% \tag{2-8}$$

式中，ΔU_H，ΔU_L 分别为最大和最小输入电压时的变动率；U_H 为输入的最大电压值；U_L 为输入的最小电压值。

14. 输入过电压、欠电压及其恢复测试

指标定义：输入过电压、欠电压及其恢复是指当充电机输入电压高于（低于）某一值时，充电机即自行关断输出，而当输入电压恢复到某一值时，充电机又自行恢复输出。

使用仪器设备：交流电源；电子负载；数字电压表。

测试条件：环境温度为 25℃；充电机输出为半载或按产品规格要求。

测试框图：输入过电压、欠电压及其恢复测试框图如图 2-20 所示。

图 2-20 输入过电压、欠电压及其恢复测试框图

测试方法：按图 2-20 所示的测试框图接好测试电路，可调电源的正弦波形应失真小。充电机正常工作在相应的负载条件下，慢慢调高充电机的输入电压，直到充电机输出关断，此时的输入电压值即为输入过电压点。接着慢慢往回调低充电机的输入电压，直到充电机又恢复输出，此时的输入电压即为输入过电压恢复点。然后调低输入电压直到充电机关断输出，此时的输入电压即为输入欠电压点。接着再往回慢慢调高电压，直到充电机恢复输出，此时的输入电压即为输入欠电压恢复点。

测试注意事项：输出电压变动的范围应在规格电压要求内。

15. 额定负载下充电机输出测试

指标定义：测试充电机在 AC 输入及负载一定时的输出电压、电流值。

使用仪器设备：交流电源；电子负载；数字电压、电流表。

测试条件：环境温度为 25℃；额定输入电压、额定输入频率及额定负载。

测试框图：额定负载下充电机输出测试框图如图 2-21 所示。

图 2-21　额定负载下充电机输出测试框图

测试方法：测试包括额定输出电压和电流的测试，首先要确定充电机的额定负载，一般选择电阻作为负载。注意选择电阻的功率一定要远大于充电机的输出功率，以减小电阻的发热，还可以加一些散热措施，如放置排风扇等。额定负载计算公式为

$$R_0 = U^2 / P \qquad\qquad (2\text{-}9)$$

式中，R_0 为额定负载电阻值；U 为标称输出电压值；P 为额定功率。

确定了额定负载以后，给充电机输入额定电压，接通充电机的负载回路，在负载回路中串一电流表（为了测量安全，推荐采用串入精密分流电阻器测其压降，换算为电流值），测试回路中的电流，用电压档测试充电机输出电压。并记录电压电流值。

16. 输出纹波及噪声测试

指标定义：纹波又称周期与随机偏移（PARD），即在全部影响量和控制量均保持恒定的情况下，在规定的带宽内，直流输出量对其平均值的周期和随机偏移。对规定带宽的周期与随机偏移而言，它可以用有效值 V_{rms} 或峰 – 峰值 V_{pp} 表示。

使用仪器设备：交流电源；电子负载；数字示波器。

测试条件：环境温度为 25℃；输入电压一般为额定值（具体依据产品规格要求），输出负载：空载到满载。测量端并联一个 $0.1\mu F$ 的无极性电容和一个 $10\mu F$ 的电解电容，如产品规格无要求则不需以上处理，直接测量即可。

测试框图：输出纹波及噪声测试框图如图 2-22 所示。

测试方法：按图 2-22 所示的测试框图接好测试电路，在进行纹波测试时应把数字示波器 TIME/DIV 调至 $10\mu s$ 左右，带宽设为 20MHz，测量到的周期偏离值即为纹波 V_{rms}。

充电机连接电阻负载，设置在恒压状态下运行，设定输出电压整定值，调整输入电压分别为 85%、100%、115% 额定值时，调整负载电流为 0 ~ 100% 额定输出电流值，分别测量直流输出电压、输出电压的交流分量峰 – 峰值和有效值。

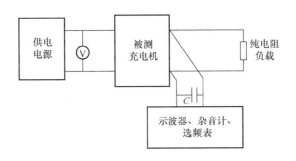

图 2-22　输出纹波及噪声测试框图

在上下限范围内改变输出电压整定值，重复上述测量。纹波系数测试用示波器要求：带宽 20MHz，水平扫描速度 0.5s/DIV。纹波峰值系数不应超过 1%，输出纹波有效值系数不应超过 0.5%。纹波系数、纹波峰值系数按以下公式计算：

$$X_{rms} = \frac{U_{rms}}{U_{DC}} \times 100\% \qquad (2\text{-}10)$$

$$X_{pp} = \frac{U_{pp}}{U_{DC}} \times 100\% \qquad (2\text{-}11)$$

式中，X_{rms} 为纹波有效值系数；X_{pp} 为纹波峰值系数；U_{rms} 为输出电压交流分量有效值；U_{pp} 为输出电压交流分量峰 – 峰值；U_{DC} 为直流输出电压平均值。

17. 输出电压误差测试

充电机连接负载，设定在恒压状态运行，输入额定电压，设置输出电压在输出电压范围内，调整负载使输出电流为 50% 额定电流，分别测量充电机输出电压 U_z。输出电压误差不应超过 ±0.5%。测得的输出电压误差按以下公式计算：

$$\Delta U = \frac{U_z - U_{z0}}{U_{z0}} \times 100\% \qquad (2\text{-}12)$$

式中，ΔU 为输出电压误差；U_z 为交流输入电压为额定值且负载电流为 50% 的额定输出电流时，输出电压的测量值；U_{z0} 为设定的输出电压整定值。

18. 输出电流误差测试

充电机连接负载，设置在恒流状态下运行，输入电压设定为额定值，设定输出电流在 20% ~ 100% 额定输出电流范围内，调整输出电压在上、下限范围内的中间值，分别测量充电机的输出电流 I_z。在充电机设定的输出电流整定值 ≥30A 时，输出电流误差不应超过 ±1%；在充电机设定的输出电流整定值 < 30A，输出电流误差不应超过 ±0.3A。测得输出电流误差按以下公式计算：

$$\Delta I = \frac{I_z - I_{z0}}{I_{z0}} \times 100\% \qquad (2\text{-}13)$$

式中，ΔI 为输出电流误差；I_z 为交流输入电压为额定值且输出电压在上、下限范运营方式不同，有两种具体操作方式：

1）直接主导方式，即由政府直接出资建设电动汽车充电设施，建成后由政府相关部门负责经营管理。

2）间接主导方式，即由政府出资建设电动汽车充电设施，建成后移交给国有企业经营管理，或者委托专业机构经营管理。

政府主导模式的优点：作为公共基础设施的电动汽车充电设施，其建设运营在大多数地区都由政府主导，即政府作为投资主体，由政府来组织运营，亏损由财政负担，可促进电动汽车商业化运行的实施和发展，引领和推动电动汽车及充电设施建设有序发展；实现电动汽车充电设施的统一规划和集约化发展。政府主导的电动汽车充电设施运营模式有利于组织有序、集约化发展的路线。

政府主导模式的缺点：由于目前电动汽车充电设施运营普遍效率低下，所以会长期增加政府财政压力，不利于电动汽车充电设施大规模集约化建设与运营。随着电动汽车商业化运行规模和区域的扩大，投资需求增加，使得政府财政能力难以支撑，政府的融资压力无法得到缓减。

2. 企业主导模式

由作为市场主体的企业投资与运营电动汽车充电设施，企业投资电动汽车充电设施可以实现传统能源企业逐步向新型能源企业转变。电网企业将电动汽车充电设施建设纳入智能电网有机组成部分，既可催生储能技术，又可促进清洁能源发展，实现电力资源的节约和高效利用。

企业主导模式的优点：拓宽了投资渠道，减轻了政府财政压力；能保证电动汽车充电设施建设所需的资金投入；可以有效提高充电设施的经营效率和管理水平。

企业主导模式的缺点：容易导致充电设施建设的无序发展，影响或制约电动汽车产业发展，与相关领域的协调性不足。在电动汽车示范运行阶段，充电设施运营商在单一运行区域的固定资产投资，在示范运行期满后不能持续发挥最大效益。

企业主导下的电动汽车充电设施的运营管理效果要明显高于政府主导的，在资金方面压力也较小。但是企业主导需要配合政府政策，否则对市场秩序造成影响，不利于有序化发展。

根据建设主体对充电设施商业化运行项目组织管理方式的不同，企业主导模式又可分为企业直接主导型、委托运营型和一体化运营型三类。

1）企业直接主导型。直接主导型的特点是由一家或多家企业直接参与投资建设，如电力供应部门或研究开发及制造充电设施的生产企业，并由这些企业共同负责充电设施的商业化运营。

围内的中间值时，输出电流的测量值；I_{z0} 为设定的输出电流整定值。

19. 稳压精度测试

充电机连接负载，并设置在恒压状态下运行，设定输出电压整定值，调整输入电压分别在 85%、100%、115% 额定值时，调整负载电流为 0～100% 额定输出电流值，分别测量充电机的输出电压，找出上述变化范围内充电机输出电压的极限值 U_M。在上、下限范围内改变输出电压整定值，多次测量。稳压精度不应超过 ±0.5%。测得稳压精度按式（2-14）计算：

$$\Delta\sigma_u = \frac{U_M - U_z}{U_z} \times 100\% \qquad (2-14)$$

式中，σ_u 为稳压精度；U_z 为交流输入电压为额定值且负载电流为 50% 的额定输出电流，输出电压的测量值；U_M 为输出电压的极限值。

20. 稳流精度测试

充电机连接负载，设置在恒流状态运行，设定输出电流整定值，调整输入电压分别在 85%、100%、115% 额定值时，调整输出电压在上、下限范围内，分别测量充电机输出电流值，找出上述变化范围内充电电流极限值 I_M。在 20%～100% 额定输出电流值范围内改变输出电流的整定值，多次测试。稳流精度不应超过 ±1%。测得的稳流精度按以下公式计算：

$$\sigma_I = \frac{I_M - I_z}{I_z} \times 100\% \qquad (2-15)$$

式中，σ_I 为稳流精度；I_z 为交流输入电压为额定值且输出电压在上、下限范围内的中间值，输出电流的测量值；I_M 为输出电流的极限值。

21. 均流不平衡度测试（并联模块运行充电机测试项目）

采用模块并联运行的充电机应进行均流不平衡测试，充电机设置在恒压状态下运行，输入额定电压，设定输出电压整定值，调整负载使电流为 50%～100% 额定电流输出值，分别测量各模块输出电流。在上、下限范围内改变输出直流电压整定值，重复上述测量。断开充电机任一个模块电源后，再次重复上述测量。均流不平衡测试需要不少于四台并联运行模块，均流不平衡度不应超过 ±5%。均流不平衡度按照以下公式计算：

$$\beta = \frac{I - I_P}{I_N} \times 100\% \qquad (2-16)$$

式中，β 为均流不平衡度；I 为实测模块输出电流的极限值；I_P 为 N 个工作模块输出电流的平均值；I_N 为模块额定电流值。

2.3.3 电动汽车充电机电磁兼容指标测试方法

1. 静电放电抗扰度

1）产生机理：摩擦产生的静电荷在人体上积累，当人体触碰或靠近充电机部位或相邻物体时，静电荷快速转移而产生发电现象。

2）测试意义：充电机有触摸屏、按键、刷卡区（靠近刷卡电路）、启停开关等对静电敏感部位或器件，且在执行充电过程中频繁被人体触碰或靠近，存在遭受静电干扰的风险。

3）测试要求：测试等级：3 级；放电电压：接触放电 ±2kV、±4kV、±6kV，空气放电 ±2kV、±4kV、±8kV。

4）测试环境要求：温度：15～35℃；相对湿度：30%～60%。

5）放电方式：直接放电和间接放电，放电时间间隔：最低 1s；放电次数：每个典型部位、每个极性最低 10 次。

6）测试部位：人体经常或易接触到的部位。

7）充电机工作状态：正常充电状态（无须额定负载状态）。

8）结果评定：显示屏瞬间花屏、白屏，干扰过后可自恢复；通信短时中断，干扰后可自恢复；不出现损坏、误动、死机、复位、数据采样错误、计费错误。

2. 射频电磁场辐射抗扰度

1）产生机理：空间存在诸如手机、对讲机、无线电发射台、工业电磁源等射频干扰信号，工作频率一般在 80MHz～3GHz。

2）测试意义：充电站若选址不当，即在其近距离存在广播电视发射台、移动电话基站、工业电磁发射源、炼钢厂等，则当操作者近距离使用移动电话时，充电机内部控制系统采样、计费系统及与监控端通信系统易受电磁波干扰。

3）测试场强：3 级，10V/m。

4）测试频率：80MHz～1000MHz；扫频步长：≤1%；驻留时间：≥500ms；调制方式：1kHz 正弦波，80% 调幅；天线极化方向：垂直、水平。

5）测试环境要求：温度 15～35℃，相对湿度 45%～75%。

6）充电机工作状态：正常充电状态（无须额定负载状态）。

7）测试部位：充电机前、后、左、右四面。

8）结果评定：不应出现任何误动作、损坏、死机、复位现象，数据采集应准确，与上位机监控端通信连接应无异常。

3. 电快速脉冲群抗扰度

1）产生机理：在带有感性负载的供电网络中，开关操作产生上升沿陡峭、周期非常短的尖脉冲，这些数量较多的尖脉冲组成频率从几 kHz 至几百 kHz 脉冲群。

2）测试意义：充电机交流输入端口接入供电网络，当供电网络中出现脉冲群干扰信号时，会从充电机交流输入端口串入至充电机内部，且可通过空间耦合、感应的方式干扰通信及其他回路。控制电路、数据采样处理电路及通信电路为数字电路，数字电路中的时钟信号对脉冲群敏感性非常高。

3）测试要求：测试等级：3 级；脉冲峰值电压交流输入端为 ±2kV，通信端

为 ±1kV；脉冲重复率：5kHz 或 100kHz；测试时间：每个端口、每极性 1min；施加次数：正、负极性各 3 次。

4）测试环境要求：温度 15～35℃，相对湿度 45%～75%。

5）测试部位：交流输入、直流输出和通信端口。

6）耦合方式：交流输入、直流输出使用耦合去耦网络，通信端口使用电容耦合夹。

7）充电机工作状态：正常充电状态（无须额定负载状态），与监控端通信正常连接。

8）结果评定：显示屏瞬间花屏、白屏，干扰过后可自恢复；通信短时中断，干扰过后可自恢复；不出现损坏、误动、死机、复位、数据采样错误、计费错误。

4. 浪涌（冲击）抗扰度

1）产生机理：雷击、操作过电压、变压器励磁等过程中均会产生上升速度快、持续周期长、能量高的浪涌脉冲。

2）测试意义：充电机交流输入端口接入供电网络，当供电网络中出现浪涌冲击干扰信号时会从充电机交流输入端口串入至充电机内部，且可通过公共低阻抗耦合以及感应的方式干扰通信及其他回路。充电机选址不当会导致充电机在使用过程中频繁遭受到浪涌干扰的冲击。

3）测试要求：测试等级：3 级；测试电压：交流输入端口线对地 ±0.5kV、±1kV、±2kV，线对线 ±0.5kV、±1kV；通信端口屏蔽层对地 ±0.5kV、±1kV；脉冲重复率：次/20s，可根据浪涌保护器性能恢复时间延长至次/60s；施加次数：正、负极性各 5 次；测试相位：在输入电压波形的 0°、90°、180°、270°施加。

4）测试环境要求：温度 15～35℃，相对湿度 45%～75%。

5）耦合网络：交流输入：线－地 12Ω/9μF，线－线 2Ω/18μF，屏蔽通信端口屏蔽层对地：2Ω。

6）测试部位：交流输入端口、通信端口。

7）充电机工作状态：正常充电状态（无须额定负载状态），与监控端通信正常连接。

8）结果评定：显示屏瞬间花屏、白屏，干扰过后可自恢复；通信短时中断，干扰过后可自恢复。

5. 电压暂降、短时中断抗扰度

1）产生机理：模拟供电网络因负载突然加重、线路短路等故障造成的电网电压突然降低。

2）测试意义：电网在正常运行时，因外部或内部原因导致电网发生失电及电压降低等故障，将给正在执行充电的充电设备和电动汽车造成大电流暂态通断冲击，轻则影响电动汽车正常充电，严重时则可损坏充电设备甚至引起动力电池或电池管理系统故障。

3）测试要求：测试等级：3；持续时间：$0\% U_T$ 持续 1 周期、$40\% U_T$ 持续 5 周期、$70\% U_T$ 持续 50 周期；测试次数：3 次；时间间隔：≥3s；测试相位：$0°$。

4）测试环境要求：温度 15 ~ 35℃，相对湿度 30% ~ 60%。

5）测试部位：交流输入端口。

6）充电机工作状态：正常充电状态，负载从轻载逐渐加大至最大负载，与监控端通信正常连接。

7）结果评定。未出现掉电重启，显示、通信、计费等无异常；掉电重启，无器件损坏，可继续正常启动充电，计费未出现异常；通信短时中断，干扰过后可自恢复；不出现损坏、无法继续启动充电、计费有误等。

6. 传导发射限值

1）产生机理：充电机在运行过程中，充电模块、IGBT、开关电源、电能表、控制电路及刷卡电路中存在的开关器件、非线性功率器件、时钟电路及无线通信模块等在信号暂态转换过程中，会产生工作频率在 150kHz 以上的射频干扰信号。

2）测试意义：充电机在工作中产生工作频率在 150kHz ~ 30MHz 射频信号可通过电缆对外辐射，影响空间信道使用和周围其他设备使用，增加了同网的其他电子、电气设备的运行风险。

3）测试环境（电源端口）：工业环境限值见表 2-10。

表 2-10　工业环境限值

频率范围/MHz	限值	
	准峰值/dBμV	平均值/dBμV
0.15 ~ 0.5	79	73
0.5 ~ 30	66	60

注：0.5MHz 限值按 73dBμV 和 60dBμV。

民用商业轻工业环境限值见表 2-11。

表 2-11　民用商业轻工业环境限值

频率范围/MHz	限值	
	准峰值/dBμV	平均值/dBμV
0.15 ~ 0.5	66 ~ 56	56 ~ 46
0.5 ~ 5	56	46
5 ~ 30	60	50

注：1. 在过渡频率点采用较低限值；

　　2. 在 0.15 ~ 0.5MHz 频段，限值呈线性减小。

4）测试环境要求（电信端口）：工业环境限值见表 2-12。

表 2-12　工业环境限值

频率范围/MHz	电压限值		电流限值	
	准峰值/dBμV	平均值/dBμV	准峰值/dBμA	平均值/dBμA
0.15 ~ 0.5	97 ~ 87	84 ~ 74	53 ~ 43	40 ~ 30
0.5 ~ 30	87	74	43	30

注：1. 在过渡频率点采用较低限值；

　　2. 在 0.15 ~ 0.5MHz 频段，限值呈线性减小。

民用、商业、轻工业环境限值见表 2-13。

表 2-13　民用、商业、轻工业环境限值

频率范围/MHz	电压限值		电流限值	
	准峰值/dBμV	平均值/dBμV	准峰值/dBμA	平均值/dBμA
0.15 ~ 0.5	84 ~ 74	74 ~ 64	40 ~ 30	30 ~ 20
0.5 ~ 30	74	64	30	20

注：1. 在过渡频率点采用较低限值；

　　2. 在 0.15 ~ 0.5MHz 频段，限值呈线性减小。

5）测试环境要求（温湿度）：温度 15 ~ 35℃；相对湿度 45% ~ 75%。

6）测试要求：测试场地：背景噪声低于限值 6dB；接收机带宽：9kHz；扫频步长：4kHz；测试时间：预扫不低于 10ms，终测不低于 1s；测试部位：交流输入、通信端口。

7）充电机工作状态：待机状态和额定负载状态。

8）结果评定：充电机电源端口和电信端口发出的干扰信号不超过测试要求中规定的限值。

7. 辐射发射限值

1）产生机理：充电机在运行过程中，充电模块、IGBT、开关电源、电能表、控制电路及刷卡电路中存在的开关器件、非线性功率器件、时钟电路及无线通信模块等在信号暂态转换过程中，会产生工作频率在 150kHz 以上的射频干扰信号。

2）测试意义：充电机在工作中产生工作频率在 30MHz 以上频段的射频干扰信号会通过机壳、电源线、信号线、天线等向空间传播。影响空间信道使用和周围其他设备使用，增加了同网的其他电子、电气设备的运行风险，影响公共安全、通信设备使用、公共交通的运行、甚至人身安全等。

3）测试环境要求：工业环境限值见表 2-14。

表 2-14　工业环境限值

频率范围/MHz	准峰值/dBμV（测量距离 10m）
30 ~ 230	40
230 ~ 1000	47

注：1. 频率 230MHz 的准峰值限值值为 40dBμV/m；

　　2. 3m 测试距离是限值减小 10dBμV/m。

民用、商业、轻工业环境限值见表 2-15。

表 2-15　民用、商业、轻工业环境限值

频率范围/MHz	准峰值/dBμV（测量距离 10m）
30～230	30
230～1000	37

注：1. 频率 230MHz 的准峰值限值限值为 50dB（μV/m）；

　　2. 3m 测试距离是限值减小 10dBμV/m。

4）测试环境（温湿度）要求：温度 15～35℃，相对湿度 45%～75%。

5）测试方法：测试场地：半电波暗室（测试 1GHz 以下）；接收机带宽：120kHz；扫频步长：60kHz；测试时间：预扫不低于 10ms，终测不低于 1s；测试部位：整机（含线缆）。测试步骤如下：

① 确定充电机放置初始位置，在初始位置，固定天线的极化方向，如水平，则采用峰值检波方式进行初扫。

② 启动转台使其在 0°～360°范围内旋转，扫频值全频段内进行峰值最大值保持扫描，同时 EMC32 测试软件记录峰值最大值时转台角度 α。

③ 将天线升至 2m 后，启动转台使其在 360°～0°范围内旋转，扫频值全频段内进行峰值最大值保持扫描，同时 EMC32 测试软件记录峰值最大值时转台角度 β。

④ 对步骤②扫频图与步骤③扫频图进行比较，保持最大值。

⑤ 选择典型频率点，软件判断其最大发射值时转台角度 α 或 β，以 α 或 β 为角度中心，左右 γ 角度旋转转台，找出最大发射准峰值及对应转台角度。

⑥ 在天线 1～4m 的范围内进行扫描（可以 2m 为中心上下 2m 进行扫描），找出最大发射准峰值及对应天线高度。

⑦ 记录上述整个扫频过程结果生成并保存报告。

⑧ 换天线另一极化方向重复上述测试过程。

6）充电机工作状态：待机状态和额定负载状态。

7）结果评定：充电机电源端口和通信端口发出的干扰信号不超过测试要求中规定的限值。

第3章

电动汽车充电站变配电系统设计

3.1 电动汽车充电站对变配电系统的要求及用电负荷计算

3.1.1 电动汽车充电站对变配电系统及电能质量的要求

1. 充电站对变配电系统的要求及用电特点

（1）充电站对变配电系统的要求

1）根据充电站用电等级选择供电方式。

① 属于二级电力用户的电动汽车充电站，宜由两回路中压供电电源供电，两回路中压供电电源宜引自不同变电站，也可引自同一变电站的不同母线段。每回供电线路应能满足 100% 用电负荷的供电要求。

② 属于三级电力用户的充电站由单回路中压供电电源供电。

2）根据充电站的规模、容量和重要性，可选择采用不同的供电方式。

① 配电容量大于等于 500kVA 的充电站，宜采用双路 10kV 电源供电方式。

② 配电容量大于等于 100kVA、小于 500kVA 的充电站，宜采用双路电源供电方式，根据具体情况可采用 10kV 或 0.4kV。

③ 配电容量小于 100kVA 的充电站，宜采用 0.4kV 供电方式。

3）供电系统的容量应满足充电站内充电、照明、监控、办公等用电的要求，并留有一定裕量。

4）充电站供电系统应符合 GB 50052—2009 的要求；变压器室、配电室应符合 GB 50053—2013 的要求；低压配电部分应符合 GB 50054—2011 的要求。

5）用于充电站的配电变压器宜采用 Dyn11 接线方式。

6）充电站在公用电网接入点的电能质量应符合以下规定：功率因数应达到 0.9 以上。谐波电压限值不应超过 GB/T 14549—2013 中第 4 章规定的允许值，谐波电流允许值不应超过 GB/T 14549—2013 中 5.1、5.2 的规定。

（2）电网直充站用电特点

电网直充站是指将电网电能经变换后直接对电动汽车进行充电，电网输入功率略大于充电站输出功率。一般每路充电功率在 100kW 以上，具有 12 路充电回路的充电站需要配置 1600kVA 的专用变压器。即使安装一路 100kW 的快速充电设施，一般的企事业单位，居民小区的配电系统也是难以承受。电网直充站用电具有以下特点：

1）电网专线功率较大，投资较高，电网及充电站设备资源利用率较低，尤其是前期电动汽车较少的情况下，绝大部分时间都在闲置，充电站投资难以收回。

2）对电动汽车进行快速充电的功率是间歇的，充电时为全功率 100kW 输出，不充电时又一点不用，充电时间也不确定，但从供电容量、供电线路、变压器、充电站内设备和场地等众多资源都得时刻准备着，设备和功率资源浪费严重。

3）用电高峰重叠，不能削峰平谷。

（3）储能缓冲站用电特点

储能缓冲站是指平时将电网电能储存在储能电池中，为电动汽车充电时，主要由储能电池提供电能。储能充电站可以使用较小的输入功率，平时可以连续使用这些小功率电能为储能电池充电，需要时由储能电池向电动汽车提供快速大功率充电，电动汽车较少时可以利用夜间低谷电能，电动汽车较多时，随用随充，这样电网的利用率非常高，电网电能输出小而连续。储能缓冲站用电具有以下特点：

1）电网输入功率远小于充电站输出功率，即通过储能电池缓冲放大，充电站输出功率比电网输入功率大 5～10 倍。原计划 2000kW 专线的直充站只需 630kVA 变压器即可，基本不用架设专用充电专线，节省了大量电网投资。或原计划 2000kW 的专网将来可以扩展满足 10000～20000kW 的充电需要而不必做任何改动，可以免去增容问题。

2）充电站电力系统运行在高变压器利用率、高功率因数和低损耗的经济状态。

3）为电能获得多样化提供了可能，储能充电站使太阳能、风能、放电能量回收等绿色能源用于大功率电动汽车充电成为可能，储能充电站是能源多样化唯一可行的设计方案。

4）可以夜电昼用，既能削峰平谷，又能增加经济效益。可以充分利用低谷优惠电价，获得经济能源。采用常规设计方案设计的电动汽车充电站，利用低谷电价优惠条件与充电站的运行管理之间存在诸多不协调的问题。特别是公共场所用充电站，大多数需要功率较大的应急充电，一般在用电高峰出现。采用储能充电站可较好地解决这种问题。

5）为动力电池维护中大容量动力电池组放电提供了高效、廉价的能量回收途径。

6）储能充电站的储能电池组可以与电动汽车用的动力电池组互换，亦作为正常维护的动力电池组备件。

7）储能充电站可以与电信网、广播电视网、互联网三网有机融合，及时接收和传递信息数据，能够把电能流、信息流结合在一起，实现传输能源的同时实现数据的采集。通过优化模型对数据进行深度挖掘和分析，预测电能流的情况，如电压变化和用电量分布，为发电、用电各方及监管单位提供信息决策，最终实现清洁发电、高效输电、动态配电、合理用电的智慧电力的目标。

8）小型的储能充电站前期仅需要 30～100kW 的普通三相电源，即可输出500kW，满足同时为四辆电动汽车快速充电的需要。完全不用架设专线，部分地段甚至不用增加变压器，利用现有变压器即可。由于不需要专用电网和建设用地，建站成本大为降低，具有经济投资价值，因而可以大量在城区、郊县和高速公路设置。

9）小型的储能充电站夜间使用 100kW 低谷电力充电，在电动汽车较少时可完全使用储能电池的电能，电动汽车较多时，在白天可适当补充 20～50kW 的充电电力。

10）小型储能充电站可以设计成厢式结构，便于移动；也可以设计成移动充电车，提供应急充电服务。

2. 电能质量要求

（1）供电电压、频率允许偏差

1）供电电压允许偏差。根据充电站用电设备容量大小的不同，充电站可选择高压供电或低压供电。如用电设备容量在 100kW 以上的充电站可采用高压供电，用电设备容量在 100kW 及以下的可直接采用 380V 三相低压供电。充电站变配电系统的供电电压允许偏差应符合要求，10（20）kV 及以下三相供电的电压偏差不得超过标称电压的 ±7%。380V 三相供电的电压偏差不得超过标称电压的 +7%、−10%。在充电站设计中应选用合理的变压器变压比和电压分接头、降低系统阻抗、补偿无功功率、调整三相负荷平衡等减小供电电压偏差的措施。

通过正确选择供电元件和系统结构，就可以在一定程度上减小电压偏差。由于电网各点的电压水平高低不一，因此合理选择变压器的变压比（如选 35±2×2.5%/10.5 的变压比或 38.5±2×2.5%/10.5 的变压比）和电压分接头，即可将变配电系统的电压调整在合理的水平上，但这只能改变电压水平而不能缩小偏差范围。

2）供电频率允许偏差。频率偏差不得超过 ±0.2Hz。

（2）公共电网电压波动、闪变和谐波电压的限值

1）充电站所产生的电压波动和闪变，在电网公共连接点的限值应符合现行国家标准 GB/T 12326—2008《电能质量电压波动和闪变》的有关规定。针对充电站因负荷波动引起的电网电压波动和闪变，宜采用动态无功补偿装置或动态电压调节装置等措施进行改善，对于具有大功率充电机的充电站，可由短路容量较大的电网供电。

2）充电站中的充电机等非线性用电设备接入电网产生的谐波分量，应符合现行国家标准 GB 17625.1—2016《电磁兼容限值谐波电流发射限值（设备每相输入电流≤16A）》和 GB/Z 17625.6—2003《电磁兼容限值对额定电流大于 16A 的设备在低压供电系统中产生的谐波电流的限制》的有关规定。

充电站接入电网所注入的谐波电流和引起公共连接点电压的正弦畸变率应符合现行国家标准 GB/T 14549—2013《电能质量公用电网谐波》的有关规定。公共电网谐波电压的限值为：10（20）kV 三相电压总谐波畸变率小于 5%；380V 三相电压总谐波畸变率小于 4%。当需要降低或控制接入公用电网的谐波和公共连接点电压正弦畸变率时，宜采取装设滤波器等措施进行改善。

（3）功率因数、三相电压不平衡的限值

1）功率因数。保证最大负荷运行时变压器 10（20）kV 侧功率因数不低于 0.95。

2）三相电压不平衡限值。在充电站变配电系统中，公共连接点的三相电压不平衡允许限值应符合现行国家标准 GB/T 15543—2008《电能质量三相电压不平衡》的有关规定。当充电站低压配电系统的三相不平衡度不满足要求时，宜调整接入充电站三相系统的低压单相充电设施使三相平衡。

供电元件的电压损失与其阻抗成正比，在技术经济合理时，减少变压级数、增加线路截面、采用电缆供电可以减少电压损失，从而缩小电压偏差的范围。

合理补偿无功功率可以缩小电压偏差的范围，但过补偿也是不合理的。在三相四线制中，如果三相负荷分布不均（相线对中性线），则将产生零序电压，使零点移位，造成一相电压降低，另一相电压升高，最终增大电压偏差。由于 Yyn0 接线变压器零序阻抗较大，不对称情况较严重，因此应尽量使三相负荷分布均匀。同样，线间负荷不平衡会引起线间电压的不平衡，从而增大电压偏差。

3. 电气计量要求

参考电力行业标准 DL/T 448—2016《电能计量装置技术管理规程》以及国家电网公司企业标准《电动汽车非车载充电机直流计量技术要求》、《电动汽车

交流充电桩计量技术要求》的相关规定，在充电站电气计量设计时应根据充电方式的不同，满足规程对计量系统配置提出了具体的要求，包括电能表的准确度、规格以及安装位置等的要求。

电动汽车充电站需要测量和计量能效部分包括变压器高低压侧进线、充电机回路、充电桩供电回路。准确度的要求应符合 GB/T 50063—2008 和 DL/T 5137—2001（2007）的规定，电动汽车非车载充电计量宜采用直流计量，直流计量应符合下列要求：

1）采用电子式直流电能表（以下简称直流电能表）和分流器时，应安装在非车载充电装置直流端和电动汽车之间，直流电能表的准确度等级应为 1.0 级，分流器的准确度等级应为 0.2 级，电能计量装置的规格配置应符合表 3-1 的要求。

表 3-1　电能计量装置的规格配置

额定电压/V	（100）、350、500、700
额定电流/A	10、20、50、100、150、200、300、500

注：括号中的 100V 为经电阻分压得到的电压规格，为减少电能表规格，350V、500V 和 700V 可经分压器转换为 100V 进行计量，分压器的准确度等级为 0.1 级。

2）根据充电电流的大小，直流电能表的电流线路可采用直接接入或经分流器接入。经分流器接入的直流电能表分流器的额定二次电压为 75mV，直流电能表的电流采集回路应接入分流器电压信号。

3）在充电机具备多个可同时充电接口时，每个接口应单独配置直流电能表，配置的直流电能表应符合国家相关要求。

电动汽车交流充电桩的电能计量应符合下列要求：

1）交流充电桩的充电计量装置应选用静止式交流多费率有功电能表（以下简称交流电能表），交流电能表应采用直接接入，其电气和技术参数应符合下列规定：

① 参比电压 U_n 应为 220V；

② 基本电流 I_b 应为 10A；

③ 最大电流 I_{max} 应大于或等于 4 倍的基本电流；

④ 参比频率应为 50Hz；

⑤ 准确度等级应为 2.0 级。

2）交流充电桩具备多个可同时充电接口时，每个接口应单独配备交流电能表。交流电能表宜安装在交流充电桩内部，位于交流输出端与车载充电机之间，电能表与车载充电机之间不应接入其他与计量无关的设备。

3）交流充电桩应能采集交流电能表数据，计算充电电量，显示充电时间、充电电量及充电费用等信息。交流充电桩应显示本次充电电量，并可将该项清零。

4）交流充电桩应至少记录 100 次充电行为，记录内容包括充电起始时刻、起始时刻电量值、结束时刻、结束时刻电量值和充电电量。交流充电桩从交流电能表采集的数据应与其对用户显示的内容保持一致。

3.1.2　电动汽车充电站负荷预测及计算

1. 负荷预测

充电站主要用电负荷包括充电机、监控装置、通风装置、站内其他动力设备及照明等，根据 GB 50052—2009 和《关于加强重要电力用户供电电源及自备应急电源配置监督管理的意见》（电监安全〔2008〕23 号）中对电力用户性质划分的有关规定，按照充电站在经济社会中占有的重要程度，划分为下列两类电力用户：

1）在政治上具有重大影响，或中断供电将对社会公共交通产生较大影响，在一定范围内造成社会公共秩序严重混乱、造成企事业单位较大经济损失的充电站属二级电力用户；

2）不属于二级电力用户的充电站，则为三级电力用户。

电动汽车充电负荷预测是指预测电动汽车的充电负荷需求，影响电动汽车充电负荷预测的因素主要有电动汽车的保有规模大小、电动汽车充电方式、起始荷电状态（State of Charge，SoC）、电动汽车动力电池的充放电特性、充电功率、充电时间（包括充电开始时间和充电结束时间）、动力电池容量等，而天气情况、温度及公交调度等因素对充电负荷也有影响。

对电动汽车充电负荷进行预测，一方面有利于电动汽车充电站的经济运行及能量管理，并为城市基础设施规划建设等提供参考依据；另一方面有利于电力系统最优潮流、电网经济调度，并对电力市场交易以及发电机组最优组合研究等有着深远的意义。

随着电动汽车大规模的增长，电网负荷会急剧增长，对电网运行和安全带来无法忽视的影响。电网负荷峰谷比日益增大，电网面临的调峰任务和压力日趋严峻，而电动汽车很可能成为未来电网中数量最多的一类负荷，其动态特性将对电网安全、稳定、经济、高效运行以及输配电网的建设提出新的挑战。对电动汽车充电负荷进行预测能够减小新增充电负荷对电网的冲击，为电网的优化运行和规划提供参考。

目前，在对电动汽车大规模应用之后的需求规律及负荷规律研究中，可以利用的历史数据很少，综合考虑影响电动汽车充电的各种因素，对电动汽车无序充电负荷进行预测，主要因素集中在电能补给方式、动力电池类型及其充电特性、电动汽车运行规律，电动汽车保有量等方面，通过对这些因素的分析，建立充电负荷计算模型，并根据所得负荷曲线判断其对电网的影响。

在城市配电网规划、充电站定容选址时，都需要对电动汽车充电负荷进行预测，电动汽车充电负荷时空分布为电动汽车额定续航里程设计、充电设施规划提供重要依据，同时根据负荷的预测曲线，也可以对电网负荷进行调度管理，减少电动汽车大规模无序充电对电网造成的冲击。准确的负荷预测对电力系统规划设计、运行管理和电力市场交易都具有重要的意义。

大中型充电站中的用电设备大多为三相用电，其对公用电网产生的三相电压不平衡度影响比较小，通常均可满足现行国家标准的限值要求。但对于一些采用低压单相充电机的小容量充电站，可能会产生三相电压不平衡度超过限值的问题。对此，可以考虑采用对三相负荷进行调整的办法使之平衡，如将不对称负荷尽可能分散地接到不同供电点，避免集中连接造成不平衡度超标，或将不对称负荷接到更高电压等级上供电，使连接点的短路容量足够大，或采用三相平衡化装置提高分相调节能力。

2. 电动汽车充电负荷特性分析

（1）分布式分散充电桩的充电负荷　使用分布式充电桩进行常规充放电是家庭电动汽车的首选充电方式，随着电动汽车的发展和普及，家庭电动汽车相对其他种类的电动汽车而言，数量相对较大，分布范围很广，运行和充电随机性更强，因其充电的随机性，其充电负荷在一定程度上是可以调控的，因而，可有针对性地对分布式充电桩充电负荷进行调节，有利于改善充电桩规模化建设时电网的负荷特性。

对于家庭电动汽车用户来说，如果没有电价等激励因素，一般都会选择在自己方便的时候给电动汽车充电。由于电动汽车用户的用车目的及频率等因人而异，考虑到用户用车情况及使用习惯的多样化，电动汽车充电时间的选择就是一个随机变量。由于充电时间选择受用户习惯等一些随机因素影响，而这些影响因素的变化在自然状态下是相互独立的，互不干扰，同时也是可以叠加的，因此根据概率论与统计学的相关理论，可以认为电动汽车充电时间（随机变量）是服从正态分布的。

（2）公交车充电站的充电负荷　电动公交车属于大容量型电动汽车，其充电设施建设模式为"一车一位一机"，即车辆数与充电机数基本一致。在充电站规模化发展阶段，可以认为大多数电动公交车都能实现日间行驶夜间充电，只有少量需要直接更换动力电池或快速充电进行日间电能补给。所以公交车负荷可以按可控负荷来处理，且电动公交车行驶线路固定，在自然状态下的负荷需求也是基本固定的。

（3）快充电站的充电负荷　快充电站可以在车辆行驶的间隙为车辆进行快速充电，以满足其运行需要，由于其充电电流较大，所以可能会对区域配电网产生影响。而且快充电站的负荷主要受充电车辆的影响，不确定性很大，还有，电动汽车到快充电站充电，一般都是动力电池电量很低急需充电续航的时候，所以快充电站的负荷随机性大，且不可控性高，并且在充电过程中可能对电网产生诸如谐波、电压等电能质量的影响。

（4）换电站负荷　换电站有多种可行的运营模式，适合推广的换电站运行模式包括集中充电、配送动力电池、在换电门市完成换电。大规模的动力电池充电站可以建在比较偏僻且对于电网来说更易于控制的地方，再通过物流配送的方式送到规划好的各个换电门市，这样既可以避免换电门市在市区占用大量的土地，又可以方便地对动力电池充放电进行管理。在这种模式下，换电站的负荷比较容易控制，可以在电网负荷低谷时集中充电，也可以在电网负荷高峰或是需要备用、调频的时候集中快速放电，起到储能站的作用。但这种换电站充放电负荷的调控受到用户换电需求、动力电池特性等约束，有其调控的上下限。

3. 负荷计算

（1）按充电设施输入视在容量计算　在电动汽车充电站设计时，需要准确分析电动汽车的电能需求，这对未来不同区域的电力配送、负荷预测具有重要意义。因此，在设计充电机台数时，应以电动汽车动力电池充电功率需求为基础。同时，充电站建设必须考虑每台充电机所需的功率，按照电动汽车充电运行机制及每台电动汽车功率需求变化曲线进行分析，最终根据市场上电动汽车的类别与运行规律，规划充电站的建设和对应的充电模式。

在 DB 33/1121—2016《民用建筑电动汽车充电设施配置与设计规范》中，充电机负荷容量可按以下公式计算：

1）单台充电机的输出功率为

$$P = UI \tag{3-1}$$

2）单台充电机的输入视在容量为

$$S = P/\eta/\cos\varphi \tag{3-2}$$

式中，P 为单台充电机的输出功率；U 为充电机的额定充电电压；I 为单台充电机的额定充电电流；S 为单台充电机的输入容量；$\cos\varphi$ 为充电机的功率因数；一般取 0.9；η 为充电机的效率；一般取 0.9。

3）充电站内充电机输入总容量为

$$S_{\Sigma} = K\left(S_1 + S_2 + K + S_n\right) = K\left(\frac{P_1}{\eta_1\cos\varphi_1} + \frac{P_2}{\eta_2\cos\varphi_2} + \cdots + \frac{P_n}{\eta_n\cos\varphi_n}\right) \tag{3-3}$$

式中，P_1，P_2，$\cdots$，P_n 为各台充电机的输出功率；S_{Σ} 为充电机的输入总容量；$\cos\varphi_1$，$\cos\varphi_2$，$\cdots$，$\cos\varphi_n$ 为各台充电机的功率因数，取 0.9；η_1，η_2，$\cdots$，η_n 为各台充电机的效率，取 0.9；K 为充电机同时工作系数，取 0.8。

注：当充电机数量较多时，该公式计算结果偏大，K 值应当适当调整。

目前，充电设施在国内大范围应用还比较少，没有先例可查，同时系数 K 很难选取。K 的选取与以下两方面的因素有关：

1）电动汽车的使用情况，目前电动汽车总体数量不多，充电设施本身的利用率不高，各类充电设施的具体情况各不相同。

2）即使同时充电，各电动汽车之间的动力电池状态、性能等也各不相同，设计人员应结合各地电动汽车的发展情况和工程实际，合理选取。

（2）按电动汽车充电负荷曲线计算 将每一辆电动汽车充电负荷曲线累加，可得到总充电负荷曲线。充电负荷计算的难点在于分析电动汽车起始充电时间和起始荷电状态的随机性。充电负荷计算以天为计算单位，时间间隔精确到分钟，全天共 1440min。第 i 分钟总充电负荷为所有车辆在此时充电负荷之和，总充电功率可表示为

$$L_i = \sum_{n=1}^{N} P_{n,i} \tag{3-4}$$

式中，L_i 为第 i 分钟总充电功率，$i = 1$，2，…；N 为电动汽车总量；$P_{n,i}$ 为第 n 辆电动汽车在第 i 分钟的充电功率。

按充电需求将第 n 辆电动汽车的第 j 种充电行为定义为 $S_{n,j}^{NC}$ 或者 $S_{n,j}^{C}$。第一类充电行为 $S_{n,j}^{NC}$，无充电时长约束，充电过程持续到动力电池充满；第二类充电行为 $S_{n,j}^{C}$，有充电时长约束，在充电时段结束时无论是否充满均停止充电。

以私家电动汽车为例，在单位停车场和居民停车场充电有较长的充电时间，电动汽车能够充满电，为第一类充电行为；在商场、超市停车场充电有充电时长限制，为第二类充电行为，私家电动汽车充电地点及充电类型如图 3-1 所示。

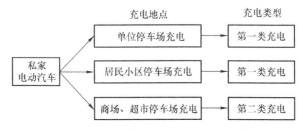

图 3-1　私家电动汽车充电地点及充电类型

3.2　电动汽车充电站变配电系统方案设计及开关设备选择

3.2.1　电动汽车充电站变配电系统方案设计

1. 电动汽车充电站变配电方案

大型电动汽车充电站主要由配电站、充电工作区及营业厅等组成，总建筑面

积一般超过 1500m^2，主要配备大型直流充电设施、中型直流充电设施、小型直流充电设施及交流充电桩，可同时按快充或慢充方式为多台电动公共汽车、电动大客车、电动小客车等提供充电服务，大型电动汽车充电站变配电方案如图 3-2 所示。

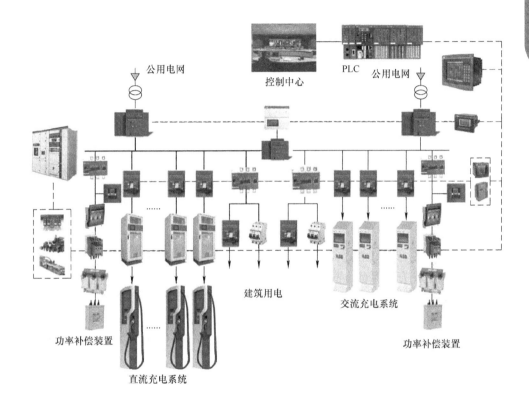

图 3-2 大型电动汽车充电站变配电方案

大型电动汽车充电站对变配电系统的安全可靠性要求高，在设计中应采用双路电源进线单母线分段接线的供电方式。同时，通过软件优化设计，使低压整体配电方案优化，在各级变配电之间实现选择性保护和后备保护，确保电动汽车充电站供电连续性的同时，提升变配电系统的安全性和极限分断能力。

变配电系统为充电站的运行提供电源，它不仅提供充电所需电能，也是整个充电站正常运行的基础。在电动汽车充电站变配电系统设计时，应首先了解当地政府和供电部门的要求及对充电设施配电方式有没有特别的规定，可根据工程实际设计。通常考虑的因素包括容量大小、负荷分布、管理需求、鼓励政策等。如果电价不同，则应加装电力部门认可的二级电能表。

在充电站变配电系统设计时，必须正确选择供电系统中导线、开关设备及变压器等设施，以保证供电系统的安全运行。此外，借助先进的计算机与网络技术，进行充电站通信网络的设计与建设，实现充电站运行与管理的智能化，在实际工程中应该对充电站服务对象进行具体分析、设计，比如：

1）示范区车辆。结合示范区的电网建设，考虑在变电站附近建设充电站。

2）集团车队。可在停车场建立用户变配电室，按照内部车辆类型提供各类电源。

3）社会车辆。根据车辆的不同特点，或建设可靠性高的社会运营的大功率充电站，或充分利用现有的配电资源，就近建设充电站。

4）微型车辆。利用现有的低压电网资源，在自行车停车场、社区服务中心、公共场所、配电间（站）等附近为用户提供交流 220V 的普通充电插座。

2. 充电站对变配电系统主接线的要求

变配电系统主接线是实现电能输送和分配的一种电气接线，变配电系统的主接线是由各主要电气设备（包括变压器、开关电器、母线、互感器及连接线路等）按一定顺序连接而成的接受和分配电能的总电路。对充电站配电主接线有下列基本要求：

1）安全。应符合国家标准有关技术规范的要求，必须在任何可能的运行方式和检修状态下充分保证人身和设备的安全。

2）可靠。应符合电力负荷特别是二级负荷对供电可靠性的要求。

3）灵活。能适应各种不同的运行方式，便于切换操作和检修，并能够通过倒闸操作，做到调度灵活，不中断向用户供电，在扩建时应能很方便地从初期建设到最终接线，且适应负荷的发展。

4）经济。在保证运行操作方便、满足技术条件的要求下，尽量使主接线简单，经济合理，尽量减少占地面积，节省投资和运行费用，并节约电能和有色金属消耗量。比如，简化接线，减少电压层级等。

大中型充电站必须兼顾安全性、可靠性、灵活性和经济性四重约束，确保大中型充电站运行的稳定性；小型充电站要求满足安全性、可靠性的同时尽量减少一次设备投资。电动汽车充电站配电主接线推荐如下：

1）二级负荷的大型电动汽车充电站应采用双路 10（20）kV 供电，10（20）kV 侧配置配电监控装置，监视电压、电流、电量及谐波，不配置后备电源。低压配电系统宜采用单母线或单母线分段接线，低压接地系统宜采用 TN - S 系统。

运行经验证明，低压配电系统采用单母线接线或单母线分段接线都能够满足供电可靠性的要求。由于充电站的用电设备具有非线性特性，在运行时将产生谐波分量，其中 3 次及其整数倍谐波电流在通过 N 线时，会使 N 线带电位，所以宜采用 TN - S 系统，配电电压为 380V/220V。动力（充电机）采用三相四线制、

380V 供电，照明采用单相 220V 供电。

2）总容量较大且布置相对集中时，单独设置变压器，1000kVA 及以下容量可采用箱式变压器，单母线供电，低压配电可采用树干式、放射式。充电机、监控装置以及重要的用电设备采用放射式供电，可保证其供电可靠性，减少其他负荷故障或检修时的影响范围。

3）总容量较大且布置相对集中时，单独设置变压器，1000kVA 以上容量可采用普通变电室，环网供电，低压配电可采用树干式、放射式。

4）总容量不大时可由变电所专线供电，设置总配电箱或干母线，采用树干式、放射式配电。

5）容量较小时可由区域总配电箱配出单独回路供电。

3. 高压配电接线方式

对于电动汽车充电站的专用变配电室，2 路 10（20）kV 电源进线宜采用单母线分段接线方式，通过分段断路器实现互备用，在高压侧装设高压计量柜。2 路 10（20）kV 进线的容量不小于充电站所需容量，正常工作时，高低压侧母线分段断路器均断开，两路电源通过 2 台独立变压器输出，各承担 50% 的工作；当任一母线失去电源时，通过合闸分段断路器从另一供电线路取得电源。可选用下列 10（20）kV 高压开关柜：

1）KYN28□-12 系列铠装移开式交流金属封闭式高压开关柜，适用于三相交流 50Hz 电力系统。用于接受和分配电能并对电路实行控制、保护及监测。本系列产品具有防止带负荷推拉断路器手车、防止误分合断路器、防止接地开关处在闭合位置时关合断路器、防止误入带电隔室、防止在带电时误合接地开关的"五防"联锁功能，既可配用 VS1（ZN63□）-12 型真空断路器，又可配用 VD4、VB2、3AH 等国内外各家厂商的真空断路器，为一种性能优越的配电装置。

2）HXGN□-12（F·R）箱式固定交流金属封闭环网高压开关柜，适用于电动汽车充电站等配电系统，作为户内交流三相 12kV、50Hz 的环网供电单元和终端配电设备，可开断或关合额定负荷电流。负荷开关-熔断器组合电器柜可一次性开断额定短路电流，可用于电动汽车充电站的变配电系统中，作为配电设备的保护、电能的分配和控制用，具有完善的"五防"闭锁功能。

上述配电设计方案适用于一、二级负荷的充电站，其供电可靠性高，配电主接线运行方式灵活，当任一台主变压器或任一电源进线停电检修或发生故障时，通过备自投装置自动闭合母线分段开关，即可迅速恢复对整个充电站的供电。

4. 低压配电接线方式

380V 采用单母线分段接线方式，通过分段断路器实现互备用。来自不同电源的低压进线断路器和低压分段断路器之间应设机械闭锁和电气联锁装置，防止不同电源并联运行。低压侧采用中性点直接接地的三相四线制系统，还应提供独立的接地回路。充电站内容量较大或重要的用电设备宜采用放射式供电。为同一台充电机供电的两回低压线路应分别接入变压器两个低压移相绕组，其他三相用电设备尽量均衡分配在低压侧两个绕组中，照明等单相用电设备应接于星形联结的绕组侧，各单相负荷应尽量平衡设置。接于变压器星形绕组的低压配电系统采用 TN－S 接地系统，接于整流变压器三角形绕组的低压配电系统采用 IT 接地系统。

低压进出线开关、分段开关宜采用断路器，低压断路器具有短路保护和过负荷保护功能，可以带负荷进行投切，其附件能实现模拟量和开关量的输入和输出。低压进线断路器应选用具有三段保护功能（短路瞬时、短路短延时、短路长延时）和接地保护功能的低压进线断路器，以满足保护动作的选择性要求。低压进线断路器宜设置分励脱扣装置，便于电网企业对充电站的统一调度管理。由于电力系统发生瞬间失压，造成大面积甩负荷的事例屡有发生，主要是由于配电变压器低压进线侧加装了失压脱扣装置，因此低压进线侧不宜设置失压脱扣装置。

配电室设有照明消防电源，每路低压母线应配置相应的谐波抑制与无功补偿装置；变配电系统继电保护及自动装置应满足电力行业标准和规定的要求。可选用下列 0.4kV 低压开关柜：

1）GCK、GCL 型低压抽出式成套低压开关柜适用于额定电压 380V、交流三相四线和三相五线系统，用于电动汽车充电站的低压配电系统的受电、馈电、无功功率补偿、电能计量、诣波治理、照明及控制等。

2）GCS 型低压抽出式低压开关柜适用于电动汽车充电站的低压配电系统，是三相交流频率为 50（60）Hz、额定电压为 380V（400V、660V），额定电流为 4000A 及以下的低压配电系统中作为配电、控制、无功功率补偿使用的优选低压成套配电装置。

5. 电动汽车充电站配电无功补偿方案

电动汽车充电机为非线性负荷，充电站中多个充电机一起充电所产生的电压波动和闪变对电网电能质量有一定的损害。根据充电站充电设施和用电设备的特点，由于不含有大型冲击性设备，因此产生的电压波动和闪变比较小。在电压波动和闪变超过限值的情况下，可以采用动态补偿或调节装置直接对波动电压和电压闪变进行动态补偿或调节，以达到快速改善电压的目的。

在大型电动汽车充电站中，由于直流充电机等非线性负荷众多，导致功率因数低，对无功补偿的需求较大。采用无功补偿手段不仅可以提高供电系统的稳定性，同时也会为企业带来一定的经济效益。选用无功补偿装置时可按不同工况下非线性负荷的比例选用不同的整体低压无功补偿方案，以满足电动汽车充电站设备对电能质量的需求。在电动汽车充电站变配电系统中设置的无功功率补偿装置应符合下列要求：

1）无功功率补偿装置宜设置在变压器低压侧，补偿容量宜按最大负荷时变压器高压侧功率因数不低于 0.95 确定。

2）当用电设备的自然功率因数满足变压器高压侧功率因数不低于 0.95 的要求时，可不加装低压无功功率补偿装置。

在电动汽车充电站中，无功功率补偿器 RC/RCR 方案被广泛采用，电动汽车充电站配电无功功率补偿 RC/RCR 方案如图 3-3 所示。

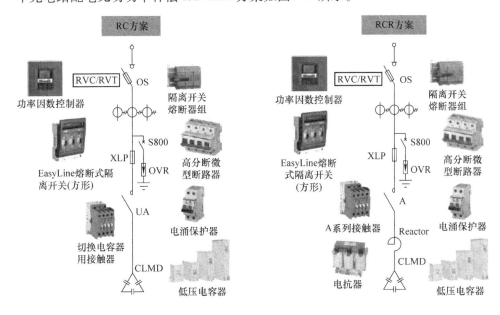

图 3-3　电动汽车充电站配电无功功率补偿 RC/RCR 方案

RC/RCR 无功补偿方案具有以下特点：

1）7% 电抗率。主要用于三相非线性负荷的无功补偿，抑制 5 次及以上谐波。

2）14% 电抗率。主要应用于单相非线性负荷的无功补偿，抑制最低 3 次谐波。

3）易于选型。标准步长及容量为 15kvar ~ 30kvar ~ 45kvar。

4）投切以基波为准，不受谐波影响。

5）RCR 方案具有消谐和保护电容功能。

动态无功补偿装置是在原静止无功补偿装置的基础上，采用成熟、可靠的晶闸管控制电抗器和固定电容器组（即 TCR + FC 的典型结构），准确迅速地跟踪电网或负荷的动态波动，对变化的无功功率进行动态补偿。动态无功补偿装置克服了传统的静态无功补偿装置响应速度慢及机械触点经常烧损等缺点，具有动态响应速度快（小于20ms），控制灵活，能进行连续、分相和近似线性的无功功率调节等优点，可提高功率因数、降低损耗、稳定负荷电压、增加变压器带负荷能力及抑制谐波。

6. 充电站供电的典型配置

1）常规充电。根据目前电动汽车常规充电的数据资料，一般以20~40辆电动汽车来配置一个充电站，这种配置是考虑充分利用晚间谷电进行充电，缺点是充电设备利用率低。若在高峰时也考虑充电，则可以60~80辆电动汽车来配制一个充电站，缺点是充电成本上升，增加高峰负荷。充电站供电的典型配置（前提是充电柜具有谐波等处理功能）如下：

方案一：建设的变电站设计2路10kV电缆进线，2台500kVA变压器，18路380V出线。其中2路为快速充电专用出线，2路为换电设备电源或备用出线，其余为常规充电出线。

方案二：设计2路10kV电缆线，设置2台500kVA用户箱变，每台箱变配4路380V出线，每路出线设置一台4回路电缆分支箱向充电柜供电。

2）快速充电。根据目前电动汽车快速充电的数据资料，一般以同时向8辆电动汽车充电来配置一个充电站。充电站电力配套的典型配置如下：

方案一：建设的变电站设计2路10kV电缆进线，2台500kVA变压器，10路380V出线，供给充电站。

方案二：设计2路10kV电缆线，设置2台500kVA用户箱变，每台箱变配4路380V出线，供给充电站。

3）换电。小型换电站可以结合常规充电站建设同时考虑，根据需要选择更大容量的变压器。大型换电站一般可同时为80~100组动力电池充电，主要适用于出租车行业或动力电池租赁行业，一天不间断可以完成对400组动力电池的充电。充电站电力配套的典型配置（大型换电站）为配电站2路10kV电缆进线，2台1600kVA变压器，10路380V出线。

4）便携式充电：

① 别墅。具备三相四线计量表计，独立的停车库，可以利用已有的住宅供电设施，从住宅配电箱专门敷设一路$10mm^2$或$16mm^2$的线路至车库的专用插座，为便携式充电设备提供电源。

② 一般住宅。具有固定的集中停车库，一般要求地下停车库（充电安全考虑），可以利用小区原有的供电配套设施进行改造，必须根据小区已有的负荷容量来考虑，包括谷电的负荷。具体方案应根据小区的供电设施、方案以及小区的建筑环境等具体确定。

3.2.2　电动汽车充电站变压器选择及配电线路设计

1. 变压器选择

在选择变压器时需要根据实际的需要，即汽车充电站的规模大小和计算负荷、负荷等级、发展规划等，选择出最适合的变压器类型、接线组别、容量及台数。

（1）变压器类型选择　变压器分为干式变压器和油浸式变压器，应用于充电站的变压器类型可根据工程实际情况选定。变压器应采用节能环保型变压器，在满足消防条件下，宜优先选用油浸式变压器。单台变压器的额定容量不宜大于1600kVA，装有两台及以上变压器的二级电力用户充电站，当其中任意一台变压器退出运行后，剩余的变压器容量应能满足全部二级用电负荷的用电。

在不满足消防条件下，推荐选用环氧树脂干式变压器，环氧树脂干式变压器具有良好的电气和机械性能、较高的耐热等级，并且是一种高可靠性、安全性的环保、节能型新产品，能适应多种恶劣环境。

（2）变压器接线组别的选择　在选择充电站变压器的接线组别时，应根据充电站的负荷性质、特性等因素选择变压器的接线组别，目前，Dyn11 接线的变压器最适宜电动汽车充电站，Dyn11 接线有利于抑制高次谐波，也可采用Yd11yn0。在经技术经济比较合理时，可采用移相式变压器。属于三级电力用户的充电站，可选用两台绕组结线分别为 Dyn11 和 Yyn0 的配电变压器，以减小谐波对公用电网的影响。为抑制充电站的谐波，变压器可选用环保型蒸发冷却整流变压器或选用 12 脉冲整流变压器 + 整站谐波处理的方式，也可采用带有源功率因数校正的充电机，以达到谐波抑制的目的。

（3）变压器台数的选择　变压器台数的选择应满足负荷对供电可靠性的要求，若采用集中式充电，设立动力电池经营店运营模式类，则有必要选用两台变压器以保证充电站的高可靠性。若电动汽车充电站像加油站一样较为普遍，则只需一台变压器即可，充电站可靠性的降低由充电站的数量来弥补。若在小区建充电站，则可考虑利用小区配电变压器而不另设变压器，以减少投资。在选择变压器台数时，应根据充电站的负荷等级、用电负荷选择变压器的台数。使得每一台变压器都能够运行在经济负荷线上，不会出现闲置不用的状况，同时也避免资源的浪费。

（4）变压器容量选择

1）充电设施专用变压器容量计算。充电设施专用变压器的容量可计算如下：

$$S_\Sigma = K_t K_x C_n (K_n P_n + K_m P_m) / (\eta \cos\varphi) \tag{3-5}$$

式中，S_Σ 为变压器总安装容量，单位为 kVA；η 为变压器负荷率，取 0.7 ~ 0.75；$\cos\varphi$ 为补偿后功率因数，取 0.95；P_n 为交流充电桩（慢充）安装功率

7kW，（快充）安装功率40kW；P_m 为直流充电桩（快充）安装功率，一般为60kW、120kW；K_n 为慢充停车位配置数量比例系数（即实际慢充停车位数量/小区规划停车位数量），近期系数取0.2，远期系数取0.45；K_m 为快充停车位配置数量比例系数（即实际快充停车位数量/小区规划停车位数量），近期系数取0.02，远期系数取0.045；K_x 为充电桩需要系数，充电桩数量（慢充+快充），5~10个取0.75~0.85；10~50个取0.55~0.65；50个以上取0.4~0.45；K_t 为充电桩同时使用系数，充电桩数量（慢充+快充），5~50个取0.85~0.9；50个以上取0.6~0.7；C_n 为小区规划停车位数量。

K_t 和 K_x 的选取主要与下面因素有关：

① 电动汽车的使用情况。目前电动汽车总体数量不多，充电设施本身的利用率不高；各地具体情况各不相同。

② 即使同时充电，各电动汽车之间的动力电池状态、性能等也各不相同。

③ 小区慢充和快充一般使用时间在不同时段。

2）住宅小区变压器容量测算。设住宅总户数为 n，考虑14%的户数设10kW的慢充桩，考虑3%的户数设60kW快充桩，则

$$\Delta S = n \times 14\% \times 10 + n \times 20\% \times 3\% \times 60 = 1.76n \text{（kW）} \quad (3-6)$$

小区原用电容量为

$$S = n \times 8 \times (1 + 10\%) = 8.8n(\text{kW}) \quad (3-7)$$

占比为

$$\Delta S/S = (K_1 \times 1.76n)/(K_2 \times 8.8n) = 20\% K_1/K_2 \quad (3-8)$$

式中，K_1 为新增容量同时系数；K_2 为用电容量同时系数。

经测算，在交流慢速充电模式下，当电动汽车保有量占总车辆比重低于20%时，绝大多数居民小区无需对10kV配网进行改造。对于直流快速充电而言，若电动汽车保有量占比达到20%，则居民小区需要对配电变压器、10kV线路进行改造。

3）办公建筑变压器容量测算。机动车位总数为 n，充电车位占12%，其中快充占14%。慢充桩按10kW、快充桩按60kW计，则：

$$\Delta S = n \times 12\% \times 10 + n \times 12\% \times 14\% \times 60 = 2.2n(\text{kW}) \quad (3-9)$$

办公建筑原用电量为

$$S = n \times 100 \times 0.08 \times (1 + 5\%) = 8.4n(\text{kW}) \quad (3-10)$$

占比为

$$\Delta S/S = (K_1 \times 2.2n)/(K_2 \times 8.4n) = 26\% K_1/K_2 \quad (3-11)$$

经测算，变压器容量放大一级即可（其他各类建筑大致相同，公共停车场例外）。

2. 充电站配电线路设计

充电站配电线路的设计应符合下列要求：

1）中压电力电缆宜选用铜芯交联聚乙烯绝缘类型，低压电力电缆宜选用铜芯交联聚乙烯绝缘类型，也可选用铜芯聚氯乙烯绝缘类型，照明及插座宜选用聚氯乙烯绝缘护套电线。铜导体具有耐腐蚀、抗老化、载流量大等特点。近年来在城网建设与改造中，多采用铜芯电缆。与聚氯乙烯绝缘电缆相比，交联聚乙烯绝缘电缆具有线芯工作温度高、载流量大的优点。

2）低压接地系统为 TN–S 时，考虑到充电站谐波电流和低压负荷不平衡等情况，基于安全运行的要求，规定三相回路选用五芯电缆，单相回路选用三芯电缆，N 线与 PE 线不共用，要求电缆中性线截面与相线截面相同。低压接地系统为 IT 时，可选用带 PE 保护线的四芯电缆，且电缆中性线截面应与相线截面相同。

3）为防止电缆在施工及运行中可能出现的机械损伤或受到较大的压力，三相用电设备的电力电缆宜采用钢带铠装。单芯电缆不应采用导磁性材料铠装，以避免涡流的损耗。

4）移动式电气设备等经常弯移或有较高柔软性要求的回路，应使用橡皮绝缘等电缆。

5）交流单芯电缆不宜单根穿钢管敷设，当需要单根穿管时，应采用非导磁管材，也可采用经过磁路分隔处理的钢管，防止出现涡流损耗。

6）向成组布置的交流充电桩供电的低压电缆总长度应保证电缆线路正常泄漏电流不使剩余电流保护装置发生误动作。

7）低压电缆截面应满足最大电流工作时导体载流量的要求，并应校验线路允许电压降，以满足电气装置的正常工作。

8）为便于低压供电线路引入、引出充电设施，低压线路的截面不宜大于 120mm²。

3.2.3　电动汽车充电桩配电设计

1. 交直流充电桩对配电系统的要求

1）充电桩的接地系统应采用 TN–S。

2）向充电桩供电的低压断路器应具有短路保护和剩余电流保护功能，其剩余电流保护额定动作电流为 30mA，动作时间不大于 0.1s。

3）向充电桩供电的低压断路器宜带有分励脱扣器附件。

4）成组布置的交流充电桩宜采用链式供电。

5）交流充电桩的配电系统应尽量做到三相负荷平衡、各相负荷矩相等。

6）直流充电桩宜采用放射式，也可采用链式供电。

7）在新建停车场设置充电桩时，充电桩的计算负荷应纳入变压器总容量中。

8）在已建成停车场设置的充电桩时，应对配电站现有变压器进行容量校验，对配电装置进行校核。当不能满足以上要求时，应采取相应的技术改造措施。

直流充电桩解决方案如图3-4所示，交流充电桩解决方案如图3-5所示。

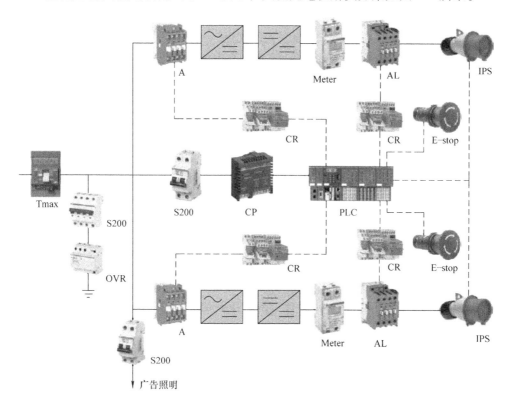

图3-4　直流充电桩解决方案

2. 交直流充电桩配电设计实例

本设计中的交流充电桩选用额定功率为7.2kW的单相充电桩，直流充电桩则选用额定功率为60kW的三相一体式充电桩，采用三级负荷进行配电。充电桩配电系统如图3-6所示，配电进线断路器具有三段式保护功能（短路瞬时、短路短延时、过负荷长延时），并设置电气火灾监控模块作为其接地故障报警功能的补充。此外，进线断路器还设置分励脱扣装置用于火灾时消防联动切断。干线侧需用系数的取值0.75，同时为了今后增设充电车位的可能性，将变电所出线电缆放大至 $4 \times 240m^2 + 120 \ m^2$。因变压器侧充电桩数量大于50个，所以对该部分负荷取同时系数0.5。

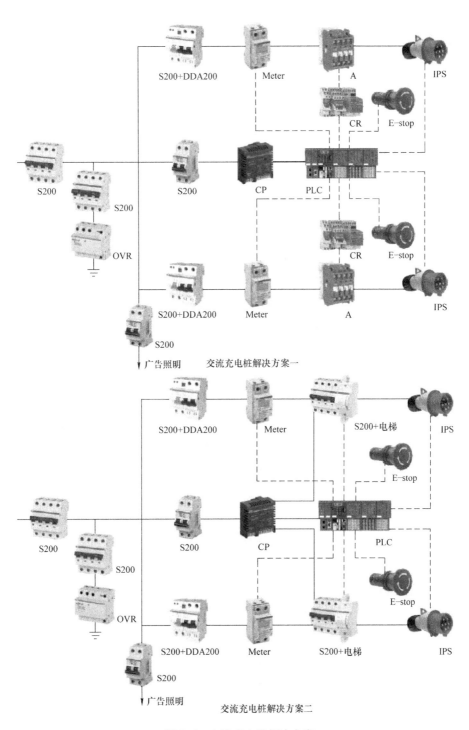

图 3-5　交流充电桩解决方案

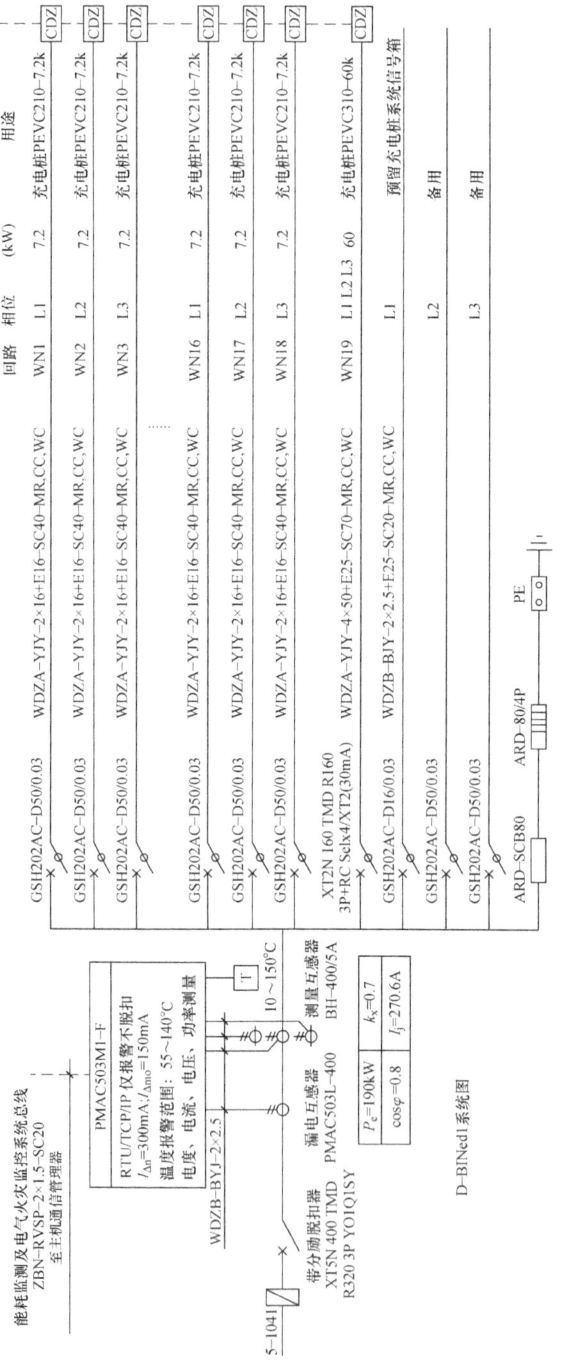

充电桩监测系统总线 ZB-RVSP-2×1.5-SC20
至主机通信管理器

回路	相位	容量(kW)	用途
WN1	L1	7.2	充电桩PEVC210-7.2k
WN2	L2	7.2	充电桩PEVC210-7.2k
WN3	L3	7.2	充电桩PEVC210-7.2k
WN16	L1	7.2	充电桩PEVC210-7.2k
WN17	L2	7.2	充电桩PEVC210-7.2k
WN18	L3	7.2	充电桩PEVC210-7.2k
WN19	L1 L2 L3	60	充电桩PEVC310-60k
	L1		预留充电桩系统信号箱
	L2		备用
	L3		备用

WDZA-YJY-2×16+E16-SC40-MR,CC,WC
WDZA-YJY-2×16+E16-SC40-MR,CC,WC
WDZA-YJY-2×16+E16-SC40-MR,CC,WC
WDZA-YJY-2×16+E16-SC40-MR,CC,WC
WDZA-YJY-2×16+E16-SC40-MR,CC,WC
WDZA-YJY-2×16+E16-SC40-MR,CC,WC
WDZA-YJY-4×50+E25-SC70-MR,CC,WC
WDZB-BJY-2×2.5+E25-SC20-MR,CC,WC

GSH202AC-D50/0.03
GSH202AC-D50/0.03
GSH202AC-D16/0.03
GSH202AC-D50/0.03
GSH202AC-D50/0.03
GSH202AC-D50/0.03
XT2N 160 TMD R160 3P+RC Sclx4/XT2(30mA)
GSH202AC-D16/0.03
GSH202AC-D50/0.03
GSH202AC-D50/0.03

ARD-SCB80　ARD-80/4P　PE

能耗监测及电气火灾监控系统总线
ZBN-RVSP-2×1.5-SC20
至主机通信管理器

PMAC503M1-F
RTU/TCP/IP 仅报警不脱扣
$I_{\Delta n}$=300mA,$I_{\Delta mo}$=150mA
温度报警范围：55～140℃
温度、电流、电压、功率测量

WDZB-BYJ-2×2.5

带分励脱扣器
XT5N 400 TMD
R320 3P YOIQISY

漏电互感器
PMAC503L-400

测量互感器
BH-400/5A

k_x=0.7
I_j=270.6A
P_e=190kW
cosφ=0.8

10～150℃

D-BINed1系统图

图 3-6 充电桩配电系统图

3.3　电动汽车充电设施对电网的影响及改善措施

3.3.1　电动汽车充电负荷对电网构成的挑战

1. 增加电网负荷

随着动力电池技术的长足发展，电动汽车开始逐步走向实用，特别是混合动力电动汽车，已在国内外实现市场化销售，被认为是中长期内最可行的新能源汽车，并将逐渐占据汽车市场的大部分份额。大量电动汽车的充电负荷接入电网，会给配电网相关设备带来较大影响。电动汽车的充电负荷接入电网后，配电网的负荷水平提高，同时使得配电网的线路和变压器等设备的负荷增加，有可能导致变配电设备过负荷运行，严重时甚至可能毁坏设备。

目前，大量的电动汽车充电设施建设将引发新一轮用电负荷增长，对电网升级改造提出更多要求，需要新增装机容量，增加电网建设投资。若电动汽车集中在负荷高峰期充电，则将进一步拉大电网负荷峰谷差，加重电力系统的负担。

随着电动汽车大量投入使用，给电网负荷的调节管理带来挑战。城市用电的特点是峰时和谷时用电相差较大，如果对电动汽车充电负荷不加以统筹管理，任由大量电动汽车在白天进行充电，则将进一步增大电网的峰时负荷，从而增大电网峰谷调节压力。若采取一定调节措施，使大部分电动汽车选择白天行驶、夜间充电的运行方式，则将有利于电网的削峰填谷，改善电网负荷特性，减少为维持电网低负荷运转而引起的调峰费用。

在电动汽车进行集中式充电时，因电量分配的限制性，常对电网形成较大的用电负荷，影响整个电力系统的用电平衡。因此在电动汽车进行大规模的充电时，就应该考虑电力的用电平衡问题。应加大对于电动汽车充电的协调控制，避免线路、区域配电变压器过负荷的情况发生，进而提高配电网的安全可靠性与运行的经济性。

在充电站建设过程中，制定针对供配电方面的一些管理措施，能减轻随着电动汽车数量增加，用电量上升，增加负荷给电网带来的压力。

1）在电动汽车充电站规划设计阶段，需要当地供配电管理部门的高压入网批准，主要是对线路承载能力的考量。

2）电动汽车充电站需要独立设置专用变压器，避免与周边工业用电居民用电产生竞争关系。

3）实行峰谷电价，鼓励电动汽车错峰充电。

2. 加大电网控制的难度和运行风险

电动汽车用户充电时间和空间分布的不确定性，将导致电动汽车充电负荷具有较大的随机性，使得电动汽车充电负荷具有较大的不确定性，这将加大电网控制的难度和运行风险。若大量电动汽车选择在同一时刻充电，则很可能增加配电网的最大负荷，使电网峰谷差率不断加大，规模化的电动汽车集中充电将进一步加大电网的峰谷差率，造成发电成本高、电网运行效率低，很可能造成局部区域电能供应紧张，使当地的配电设施过负荷等问题，增加电网运营管理的难度。

因为电动汽车的充电行为完全从属于车主的意愿，所以使用常规的调度手段来使其按照电网侧的安排进行充电是不现实的。然而，需求侧响应作为可以充分利用价格杠杆的手段，运用得当可以激励电动汽车用户主动对其充电负荷进行有效管理。实施基于需求侧响应的电动汽车充电有序管理，可以在一定程度上有效整合规模庞大却又时空特性分散的电动汽车，进行有序充电，以减小对电力系统的影响，节约车主充电成本，有效提高电网的利用率。

目前，在电动汽车和充电设施快速发展的同时，不断上涨的充电负荷也给城市电网带来了负担。大规模电动汽车充电将给现有配电网带来明显影响，若不对充电负荷采取干预措施，势必增加发电及输配电基础设施投资。在配电网方面，电动汽车充电将加速变压器损耗、提高线损、引发配电网线路拥堵等问题，导致系统可靠性下降。

在不增容的情况下增加充电设施将导致变压器过负荷，已成为了电动汽车规模化运行的主要限制因素之一，电动汽车充电负荷接入造成的负荷变化，可能引发分时段局部变压器过负荷，致使变压器内温度升高，从而导致变压器油劣化变质、变压器内绝缘材料加速老化，从而缩短变压器的寿命。

电动汽车充电机内含整流装置，而整流装置作为非线性负荷会对电网产生谐波污染。慢速充电的功率相对较小，其影响主要集中在变压器及线路容量方面，对配电网的谐波冲击有限，但大型充电站所导致的谐波污染不容忽视。

大规模电动汽车充电对电网带来的影响显而易见，但解决的办法也已清晰。电动汽车可通过需求响应的方式动态调节其充电功率，以实现其在电力系统中的多重应用价值。通过优化充电策略，电动汽车的普及不仅不会给电网运行带来明显冲击，反而可以成为高质量的系统调节资源。

车载动力电池也可作为储能设备用于需求响应，在发达国家已有多种需求响应或电力市场机制，激励电动汽车实现降低系统运行成本、延缓输配电设施升级、调峰填谷、减少线路损耗及提供辅助服务等应用价值。电动汽车有序充电还将起到调峰填谷、降低网损、提高供电质量和供电可靠性等作用。

随着电动汽车与电网双向互动技术标准的完善，电动汽车可作为一种分散式储能设施参与电力系统运行。目前，能够实现双向互动的 V2G 技术引起业界关注，V2G 技术能够实现车辆与电网之间的双向电力互动。国内市场上已出现了具备自放电功能的电动汽车车型，可以实现车与车之间、车与其他负荷之间、车与电网之间的电流双向传输。

采用 V2G 技术的电动汽车可参与供电系统的调节，具有调峰响应速度快、调峰综合效率高、调峰过程网损小、初始投资成本低等优势。具备双向功率调节功能的电动汽车充放电转换可在毫秒内完成，而传统调峰由于考虑到机械原件的寿命，运行状态的切换时间较长。动力电池的充放电效率（85%～95%）比一般抽水能电站（75%）运行的平均综合能效更高。

基于 V2G 技术的大规模电动汽车的接入不仅可以降低新建电力基础设施规模，还可带来调峰、辅助服务等多种系统应用价值。相比传统需求侧调节资源，电动汽车具有较强的充放电调节能力，特别是当电动汽车技术得到普及时，电动汽车可能成为系统最重要的调节资源之一，并将改变现有电力市场结构。不仅增加了一类新的分散式电源，还改变了电网公司与发电个体之间的关系，使电网公司直接与充电具有随机性和利益复杂性的电动汽车用户发生关系。

3. 对配电网规划提出新的挑战

由于电动汽车充电负荷接入配电网，对配电网的规划提出新的挑战，所以大量充电设施的建设将改变配电网用电结构，传统配电网规划准则将无法适用于大规模电动汽车充电负荷接入的场景。电动汽车充电网络的建设对原有配电网的供电能力提出了更高的要求，电动汽车的发展推动了充电设施和充电网络的建设，随着电动汽车保有量的逐步增加，势必对电网的供电容量和能力又提出更高更进一步的要求。

电动汽车集中的地方，充电设施建设密度大，用电负荷也大，如市中心或老城区等，而这些地区一般变电站建设比较早，供电容量有限，设备老化，在这类地区大量增加电动汽车充电设施，需要对配电网进行扩容改造。同时，在老居民小区内增设大量的充电桩，同样也会增加小区原有配电网的供电压力，影响居民用电的可靠性，尤其在小区用电高峰期，大量电动汽车又同时充电的情况下，增加的充电负荷将可能大大超过小区配电网已有的供电能力。

智能电网和电动汽车都是能源工业发展的重点，两者之间存在重要的联系，电动汽车作为建设智能电网中重要的一环，既可以作为需求侧管理的有效手段，又可以作为储能设备在智能电网中使用，在电力需求紧张时释放电动汽车储存电能，在负荷曲线低谷期对电动汽车进行充电，进行储能。

电动汽车既可以作为智能电网中的后备电源，也可以成为调峰、调频、备用的良好手段，从而有效抑制电网波动。因此在智能电网环境下，电动汽车充电负荷的计算及预测，对电动汽车的有序充电以及作为储能设备，对电网进行反馈有很大的利用价值，这对于扩大电力终端用电市场，促进电动汽车产业发展，降低需求侧峰谷差，提高电力供需平衡和电力设备负荷效率都具有重要的意义。

总而言之，电动汽车充电负荷接入电网后，会对电网产生较大的影响。因此在进行充电负荷接入过程中，应注意规避常规电网的负荷高峰期，有效、合理的分散电动汽车的充电负荷，最大限度地降低对电网的冲击影响。为了实现电动汽车和电网两者间的协调发展，就应该对电动汽车的充电进行控制或引导操作，确保电网、电动汽车两者供需平衡，降低对电网的不利影响。

3.3.2 电动汽车充电负荷对电网电能质量的影响

1. 充电设施对电网的谐波污染

充电机是一种非线性设备，电网和电动汽车的电能交换需要经过充电机的整流变换，会对供电系统产生大量谐波，导致功率因数下降，影响电能质量，同时产生电压损耗和三相不平衡，使节点电压偏移较大等问题，减损电气设备（如配电变压器）的使用寿命，影响用户安全用电。

具体讲谐波就是电压传播过程中，夹杂在电压信号中的杂波信号。谐波会影响电网内潮流计算的有效性，提高网络消耗量，对高压设备来讲，会产生额外的消耗。谐波对通信线路的影响主要有两种，分别为电磁干扰影响和静电感应影响。对于不对称的输电线路，需要同时考虑两种影响因素，而对于对称运行的输电线路，仅需考虑高次谐波的静电感应效应。谐波影响从侧面反映出用电端对于电网的污染情况，充电设施的动态污染直接影响着配电网的稳定、安全运行。

传统的线性负荷电流、电压只含有基波（50Hz），没有或只有极少的谐波成分，而非线性负荷会在电力系统中产生可观的谐波。谐波与电力系统中的基波叠加会造成波形的畸变，畸变程度取决于谐波电流的频率和幅值。非线性负荷会产生陡峭的脉冲型电流，而不是平滑的正弦波电流，这种脉冲中的谐波电流会引起电网电压畸变形成谐波分量，进而导致与电网相连的其他负荷产生更多的谐波电流。

在具体的充电负荷接入电网过程中，不同的电动汽车汇聚度，以及不同的接入水平下的充电行为都会影响配电网电压的水平。电压的变化会直接影响到电流的变化情况，电网在低电压情况下运行时，会导致电网的无功功率、有功功率加大，进而增加成本。因此应尽量避免电动汽车的无序接入充电，特别是在负荷高峰期接入充电，更会加剧负荷的峰谷差，进而给区域配电网形成负荷压力，最终影响电能的质量。

电动汽车充电负荷接入对谐波的影响已引起相关部门的重视，做好数据监测，加大监管力度，确保电网电能质量。分析电动汽车充电负荷接入对电网谐波的影响，可以更好地进行变量调控，采取有效的治理措施，让电动汽车行业可以得到良好的发展，促进我国经济的发展。

谐波问题是充电站建设技术方面的研究重点，谐波主要来自充电机的整流模块，非车载充电机的主回路主要由四部分组成，即整流模块、DC – DC功率变换模块、输出滤波模块和功率因数校正模块。充电站的谐波主要是整流模块产生的。对于谐波污染的治理，主要参考两种途径：优化充电机的电路原理，降低谐波分量的产生和输出；对充电站整体增加谐波抑制措施，避免谐波污染传导到电网上。

2. 充电设施谐波特性

（1）充电桩的谐波特性　电动汽车充电时需实现 AC – DC 的变换，三相不可控整流电路在充电桩中普遍得到采用，因此在交流侧产生的谐波特点如下：

1）谐波次数为 5、7、11、13、17、19……且谐波幅值与谐波次数成反比关系，次数越高、幅值越小。

2）滤波电感、高频功率变换电路等效输入电阻、滤波电容和输入电源电压有效值的变化决定了单相电流的基波有效值和各次谐波有效值的特性。

3）谐波电流与基波的比例与负荷的大小有关，并不是一个特定的值。滤波电感越大，谐波电流含量越小，基波电流越大；负荷越轻，谐波电流含量越大，基波电流越小。

4）在滤波电感、滤波电容和输入电源电压有效值一定时，输出功率越大，高频功率变换电路等效输入电阻越小，则谐波电流有效值越大。

5）直流充电桩较多采用三相全波整流，整流电路脉动数为 6，其特征谐波为 $6k \pm 1$ 次，即 5、7、11、13、17、19……谐波次数越低，其谐波幅值越大，谐波幅值与谐波次数成反比。因此充电桩主要的谐波含量为 5、7 次谐波。

6）谐波电流的大小与设备工作时施加在其上的电压幅值有关，系统电压越高，运行点越深入饱和区，空载电流的波形畸变越大，其谐波含量也越高。电动汽车在后半夜充电时，电力系统负荷减少，电压升高，充电设施相应产生的谐波电流也较平时有所增加。

（2）充电站的谐波特性　一般来说，一个充电站中含有许多充电桩，充电桩与公共电网连接之间需要配备变压器。充电站中多台充电桩同时工作时，多台充电桩输入电流之和是供电网输入充电站的总电流。当充电桩输出功率发生变化时，输入电流的某次谐波的幅值和相角都将发生变化。也就是说，同时工作的几台充电桩，当输出功率不同时，各自产生的同次谐波会发生相互抵消的现象，尤其是对于高次谐波，从而使得充电站的各次电流谐波小于所有充电桩的电流谐波之和。充电站谐波具有以下特点：

1）3、5、7、11、13 次为主要谐波次数，其中含有率最高的是 5 次谐波电流，次之的是 7 次谐波电流。

2）当多台充电桩同时工作时，电流总谐波畸变率会变小，主要是因为不同充电桩产生的谐波电流可以相互抵消；同时，电流总谐波畸变率波动小于单台充电桩的波动情况。因此，一般情况下，工作的充电桩台数越多，电流总谐波畸变率越接近某一恒定值。

3）充电机是谐波源，充电站的充电机容量较小时对系统电能质量影响很小，当充电站规模较大时，对 10kV 以下配电网电能质量将产生一定影响，但对 220kV 和 500kV 主网基本没有影响。

4）较大规模充电站（充电机数量较大时）谐波对 380V 母线电压质量影响较大，电压畸变率超标，并且注入 380V 母线的 5 次、7 次谐波电流超标，因此，对于较大规模充电站，不宜直接接入公共 380V 母线。为避免对公用用户的影响，需用专用变压器供电，采用较高电压等级（10kV）供电，与公用用户隔离。

5）充电站 10kV 母线电压质量与充电站并网线路长度以及上级 110kV 母线短路容量有关，充电站应接入并网线短路、接入短路容量较大的系统母线。

6）对于接入背景谐波较高、并网线路较长、短路容量较小的充电站，充电站 10kV 母线电压质量受谐波影响较大，其公共连接点 10kV 母线的谐波电压畸变率可能超标。对此情况可集中安装滤波装置，改善公共连接点电压质量。

3.3.3 电动汽车充电站电能质量的改善方法

1. 谐波抑制措施

电动汽车的发展和普及离不开充电站的建设，而在充电站内的大量充电机同时充电时会向电网注入谐波电流，产生谐波污染，从而影响系统的电能质量。因此，在充电站设计、建设、接入电网运行前有必要加以测试和解决谐波问题。谐波会对电网造成极大的危害，为了抑制谐波以保证较好的电能质量，必须对充电站产生的谐波进行抑制。对谐波的抑制措施主要有：

1）降低谐波源的谐波含量。如增加整流器的脉动数、脉宽调制法、三相整流变压器采用Y／△或△／Y联结。

2）在谐波源处吸收谐波电流。如采用无源滤波器、有源滤波器、静止无功补偿装置等措施。对主要供电负荷为快速充电设施的变压器，一般可在无功补偿电容器处串联5%电抗的失谐滤波器，对5、7次谐波可起到较好的抑制效果。

3）采用功率因数校正技术抑制或消除谐波电流。目前部分高端电动汽车车载充电机已开始采用有源功率因数校正技术，其功率因数接近 1，谐波也得到有效控制。非车载充电机如采用了有源功率因数校正技术及脉宽调制技术（PWM），其功率因数可达到 0.98 以上，谐波含量亦可限制在国标范围内，电磁兼容性及抗电磁干扰能力大大提高。

4）通过增大单台充电机的滤波电感降低单台充电机电流谐波的总畸变率。

5）采用 PWM 整流器获得直流母线电压，为一台或多台充电机提供直流输入。

6）根据负荷特点合理配置无功补偿装置，在用户高峰负荷时使变压器高压侧功率因数不低于 0.95。

7）改善供电环境。如确保三相平衡、采用专门线路供电等。

8）由容量较大的系统供电。

2. 基于充电设施的谐波治理

基于充电设施的谐波治理是从源头上治理谐波的最积极和有效的方式，在充电设施的设计、制造过程中，可采用有效的技术降低充电设施注入电网的谐波电流，同时考虑谐波电流的叠加效应，具体基于充电设施的谐波治理措施如下。

（1）PWM 方法　在所需的频率周期内采用 PWM 方法，为一至多台充电桩提供直流输入，然后将直流电压调制成幅度相等但宽度不等的系列交流电压，并输出电压脉冲，从而实现减少谐波对电网的冲击。采用 PWM 方法可以提高充电机的功率因数，降低注入电网的谐波电流，使总畸变率减少到 5%，装置体积较小，各次谐波电流也小，高频隔离，动态性能好，输出纹波低，变换效率高。

（2）PWM 整流技术　充电机中整流器是谐波主要的来源之一，采用 PWM 整流技术可对功率因数进行调节，还可有效抑制谐波，降低低压侧电流的总畸变率。

（3）增加整流器的脉动数　增加充电机中整流器的整流脉动数，可平滑电流的波形，降低谐波污染。理论分析表明，换流装置在其交流侧与直流侧产生的特征谐波次数分别为 $pk \pm 1$ 和 pk（p 为整流相数或脉动数，k 为正整数）。当脉动数由 $p = 6$ 增加到 $p = 12$ 时，可以有效地消除幅值较大的低频项（其特征谐波次数分别为 $12k \pm 1$ 和 $12k$），从而大大降低了谐波电流的有效值。

（4）采用有源滤波设备　随着有源滤波技术的发展，国家相关标准要求的发布，对谐波的限制要求也引起了相关生产企业的重视，目前已有快速充电设施采用有源滤波设备，其价格约占快速充电设施成本的 15%。末端充电设施采用有源滤波将有利于提高整个充电设施供电系统的效率，减少系统损耗，保证电能计量与计费的准确性，保障充电设施通信系统的稳定性，使电动汽车充电设施更能满足智能电网、物联网通信的发展要求。

3. 基于充电设施设计的谐波治理

在充电站在设计时应重视非线性用电设备对公用电网电能质量产生的影响，并应采取积极有效的防范措施，减小或消除谐波分量。如不能达到国家有关标准规定的谐波控制要求，则应采取有效的谐波治理措施。电动汽车充电机产生的谐波分量应满足 GB 17625.1—2012 和 GB/Z 17625.6—2003 中的规定。

在设计充电设施建设方案时，设计单位应首先模拟并评估充电站投运后可能对电网接入点及区域内配电网络的影响，从接入点选择、变压器容量、充电站接线方式等多方面进行优选。

（1）对电网接入点的选择　从负荷属性来看，充电机属于谐波源负荷，充电时会向公用电网注入谐波电流，影响电网电流和电压的质量。为了确保电能质量和电力系统的安全、稳定、经济运行，需要实施一定的措施来治理注入电网的谐波电流。

当充电站采用公用变压器供电时，充电站注入的谐波电流会流入其他用户，从而危害到 380V 母线上接入的其他低压用户，导致电压畸变。此外，当充电机的功率因数较高时，采用传统无源滤波装置不容易解决问题，甚至导致无功过补现象。因此，电动汽车充电站应采用专用变压器供电，当充电站采用专用变压器供电时，专用变压器高压侧是电能质量考核点最佳的选择位置。如果接入点的电能质量达不到规定的限值，可在接入点采取技术措施进行治理谐波电流。

（2）采用无源型滤波器　所谓无源滤波器，即应用无源元件，如电阻器、电感器和电容器进行组合，构成谐波电流抑制电路，以达到消除谐波的目的。当有多种谐波存在时，可应用一组滤波器，其中每个对应一个不同的频率。

RLC 无源消谐电路的作用主要取决于 R、L、C 元件的额定值及电路的结构（串联还是并联）。RLC 电路调节频率时对谐波电流表现为或高或低不同阻抗，即构成无源调谐滤波器。无源调谐滤波器通常与系统线路并联，电感电容串联，这样在选定的频率时对谐波电流呈现最小阻抗，因此大部分谐波电流在设定的频率处通过滤波器被分流。如有多个频率谐波需要滤除，则必须安装多级滤波器。在应用滤波器时需仔细分析，因为滤波器对谐波源呈串联连接，同时又和电源阻抗形成并联共振电路，一旦发生共振就可能导致电流被放大。

在谐波源附近安装无源滤波器就近吸收谐波电流，是一种比较常用的谐波抑制方法，各谐波源用户可以根据自己的电压等级，谐波源大小灵活采用。滤波器一般分为低通（单调谐）滤波器和高通滤波器，高次谐波在 13 次及以下的，常分别选用多次低通滤波器，对于 13 次以上谐波，可选用同一个共同的高通滤波器。

无源滤波器存在着放大谐波电流的概率，占地面积大，且系统参数往往导致滤波装置不能正常工作等缺点。无源滤波器只能滤除某频率范围内的谐波，无源滤波器对谐波抑制能力有限，采用无源滤波器无法全面治理充电设施产生的谐波问题。

（3）优化运行充电机的台数　充电站中有多台充电机同时运行时，当各充电机谐波电流相位角大多数相反的情况下，充电站的总谐波电流也会变小。但是也存在相同相位角谐波电流相互叠加的情况，这就要求优化充电机运行的数量及充电状态。然而，在实际运营过程中无法统筹调控充电及的工作数量以及谐波电流相位角等，从而无法实现对谐波的全面治理。

由于谐波电流与充电机的充电电流相关，充电负荷越大，谐波电流百分比越高。目前电动汽车充电大多采用阶段性充电，即先恒流后恒压模式，因此对于集中设置管理的充电机，还可通过智能化电能管理系统，分组分时启动充电单元，当一部分充电机转入恒压充电阶段时，其充电电流开始大幅度减小，此时可启动另一组充电单元，这样系统最大的充电电流值就小于所有充电机同步充电时的电流值，相应产生的谐波电流值也较小。

（4）采用有源滤波器　有源滤波器可克服 LC 滤波器等传统的谐波抑制和无功补偿方法的缺点（传统的只能固定补偿），可实现动态跟踪补偿，既可抑制谐波又能补偿无功。有源滤波器有并联型和串联型两种，并联有源滤波器主要是治理电流谐波，串联有源滤波器主要是治理电压谐波。有源滤波器与无源滤波器比较，具有治理效果好，可以同时滤除多次及高次谐波，不会引起谐振等优点。

基于现代电力电子技术和高速数字信号处理器（DSP）处理技术的有源滤波器，由指令电流运算电路和补偿电流发生电路两个主要部分组成。指令电流运算电路实时监测线路中的电流，并将模拟电流信号转换为数字信号，送入高速数字信号处理器中对信号进行处理，并以 PWM 信号形式向补偿电流发生电路送出驱动脉冲，驱动绝缘栅双极型晶体管（IGBT），生成与电网谐波电流幅值相等、极性相反的补偿电流注入电网，对谐波电流进行补偿或抵消，主动消除电力谐波。

有源滤波器不但为有效滤除谐波创造了条件，而且有的滤波器还可对电网谐波、负序电流以及无功功率进行综合性补偿。它可以连续、快速、灵活地调节无功功率，稳定电压和改善功率因数。有源滤波器与无源滤波器主要区别在于有源滤波器是一种能向电网注入补偿谐波电流，以抵消用电负荷产生的谐波电流的主动式滤波装置，有源滤波器还能消除无源滤波器的某些消极影响。与无源滤波器相比，有源滤波器具有以下优势：

1）响应快捷、高度可控，可以补偿各次谐波，同时能够补偿无功功率、抑制电压闪变。

2）性价比高。

3）可自动跟踪谐波的变化并对其进行补偿，自适应性能高。

4）不受系统阻抗的干扰，可避免与系统阻抗发生谐振的危险。

正是因为有源滤波器的多重优势，才使得采用有源滤波装置成为目前针对电动汽车充电设施电能质量问题最佳解决方案。目前充电设施的建设尚处于发展初期，充电设施的设计受充电技术发展的影响，随着高充放率动力电池技术、大电流脉冲充电技术以及无线充电技术的发展，会对充电设施的建设产生较大影响，设计人员在电动汽车充电站变配电系统设计过程中应多关注其发展状况，结合现实情况提出优化方案，使规划设计的电动汽车充电站布局合理、安全便捷、运行高效，为电动汽车产业发展奠定基础。

第4章

电动汽车充电站监控系统及计量解决方案

4.1 电动汽车充电站监控系统构成及管理

4.1.1 电动汽车充电站监控系统构成及要求

1. 充电站监控系统建设的必要性及构成

（1）充电站监控系统建设的必要性

1）保证动力电池充电安全的需要。目前，电动汽车使用较多的动力电池组为多节动力电池单体串并联结构，其对充放电的安全要求高。在动力电池充电过程中，若控制不好会造成动力电池永久损坏，甚至引起动力电池爆炸事故。充电站监控系统的充电监控功能可以监测动力电池和充电机的当前状态，通过充电机的充电保护措施可以有效保证动力电池充电过程的安全。

2）提高充电站运行和管理水平的需要。电动汽车充电站作为保障电动汽车正常运行的能源基础服务设施，因其构成设备数量多，用人工方式来管理这些设备很难实现，所以有必要利用先进的信息技术实现其运行和管理自动化，降低工作人员的劳动强度，提高充电站运行和管理水平。

（2）充电站监控系统构成　由于充电站监控系统的上级监控管理系统可能涉及运营、调度等层面，目前尚没有相关文件对其给出明确规定，因此，将充电站的监控系统定义为站级监控系统，大中型充电站的站级监控系统由站控层、间隔层及网络设备构成，小型充电站的站级监控系统可根据实际需要进行简化，网络结构可以简化为单网。

1）站控层。充电站监控系统的站控层实现充电站内运行各系统的人机交互，实现相关信息的收集和实时显示、设备的远方控制以及数据的存储、查询和统计，并可与相关系统通信。站控层设备有服务器、工作站和打印机。站控层配置应能满足整个系统的功能要求及性能指标要求，主机容量应与监控系统所控制采集的设计容量相适应，并留有扩充裕度。主机系统宜采用单机配置，规模较大的充电站可采用双机冗余配置，热备用运行。应设置时钟同步系统，其同步脉冲输出接口及数字接口应满足系统配置要求。

2）间隔层。充电站监控系统的间隔层采集设备运行状态及运行数据，实现数据上传至站控层、接收和执行站控层控制命令的功能。间隔层设备有充电设备测控单元、变配电设备测控单元和安防设备终端。间隔层网络通信结构应采用以太网或 CAN 总线结构连接，部分设备也可采用 RS 485 等串行接口方式连接，站控层和间隔层之间及站控层各主机之间的网络通信结构应采用以太网连接。

3）网络设备。网络设备有网络交换设备、通信网关、光电转换设备、网络连线、电缆和光缆。

2. 对充电站监控系统的技术要求及布置要求

（1）对充电站监控系统的技术要求

1）充电站监控系统的实时性和可靠性应以满足充电站变配电设备、充电设备和动力电池的安全要求为原则。

2）系统硬件、软件的配置应满足系统基本功能要求和性能指标，保障系统运行的实时性、可靠性、稳定性和安全性，并充分考虑可维护性、可扩性要求。

3）充电站监控系统的局域网与其他信息系统互联时，应采用可靠的安全隔离设施，保证系统网络安全。

4）充电站监控系统的每一个操作功能应设置独立权限，并建立严格的密码管理，确保操作的安全性。

5）充电站监控系统应具有操作日志，记录所有受控操作发生的时间、对象、操作员、操作参数等信息。

6）充电站监控系统的关键设备应采用冗余设计。

7）充电站监控系统应预留以太网或无线公网接口，以实现与各类上级监控管理系统交换数据。

（2）对充电站监控室布置的要求

1）监控室宜单独设置，当监控室布置在综合建筑物时，监控室宜设在一层平面，并且应为相对独立的单元。

2）监控室宜与充电场所毗邻布置。

3）监控室不宜与高压配电室毗邻布置，如与高压配电室相邻，应采取电磁屏蔽措施。

4）监控室应采取防静电措施。

5）监控室门的位置和数目应考虑操作员的人数以及与监控室外的功能区域

的联系，并满足国家有关安全规范（如消防）的要求。

6）窗户设置应在操作员的视野之内，窗户的尺寸大小或视频监视设备的配置应能使监控室的操作者对充电场所的环境一目了然。

4.1.2 电动汽车充电站监控系统子系统

目前，充电站监控系统大多是针对某种充电设施、变配电设备的监控，充电站监控管理机和充电设施之间、监控管理机与变配电设备之间、充电设施与电池管理系统之间的通信协议和通信接口尚无统一的标准可以遵循，各个充电站之间也无信息联系。因此，大量的研究工作仍需要继续进行。电动汽车充电站监控系统作为充电站站内设备的集中监控设施，应具备以下子系统。

1. 充电站监控后台

充电站监控后台通常包括监控工作站、数据服务器等，也可根据需要增加监控工作站与服务器数量，系统内的计算机通过以太网络互联。监控工作站提供充电站监控系统的人机交互界面功能，实现对充电站的监控和数据收集、查询等工作；数据服务器存储整个充电站的原始数据和统计分析数据等，提供数据服务及其他应用服务。

当充电站的规模较小，充电机数量不多时，采用单台监控工作站即可满足监控要求；当电动汽车充电站的规模较大，充电机数量较多时，可以采用两台或两台以上监控工作站，并根据需要选择配置数据服务器。

充电站监控后台主要处理、存储来自充电设施及变配电系统的数据，提供图形化人机界面及语音报警功能，并完成系统的数据展现及下发控制命令，用来监控充电设施及变配电系统的运行。除具有变配电站监控数据采集与监视控制系统（Supervisory Control And Data Acquisition，SCADA）功能外，还具有对充电站的诸如智能负荷调控等高级应用功能，为充电站安全、可靠、经济运行提供保障。

充电站监控后台根据充电站内的数据性质、重要性进行分类存储，当数据量大时，可以根据预定策略保证重要信息的实时传送；提供对变配电设备、充电机和动力电池组遥测、遥信、报警事件等实时数据和历史数据的集中存储和查询功能。

2. 充电监控系统

充电站的充电监控系统是充电站监控系统的核心单元，实现对充电机和动力电池的各种工作状态的实时监控。充电监控系统由充电监控主站、充电监控终端及通信网络构成，充电监控主站实现充电设备相关信息的收集和实时显示，充电设备的远方控制，以及数据的存储、查询和统计等。充电监控终端采集充电设备状态及充电运行数据，上传至充电监控主站，并接收和执行充电监控主站的控制命令。充电监控系统作为充电站监控系统的核心部分应具备以下功能：

1）充电监控系统应具有采用 CAN 总线或工业以太网与充电机通信功能，能够通过以太网、串口等通信方式与上级系统通信。

2）充电监控系统应具备下列数据采集功能：

①采集充电机工作状态的信息有：输入、输出电压（直流母线电压）、电流（输出电流、直流母线电流）、电量、功率因数、温度、充电时间、当前充电模式、舱门开闭状态、充电枪连接状态、功率和故障信号（输入电压过电压、输入电压欠电压、输入电流过电流、输出电压过电压、输出电流过电流、模块温度过高、输入缺相、通信中断、风扇故障等）等。

②采集动力电池的信息有：动力电池单体电压、温度；动力电池组电压、温度；动力电池荷电状态、动力电池电流、动力电池连接状态和故障信号（包括动力电池单体工作参数，如正常工作电压、温度、容量、能量、电压上限和下限报警限制、温度报警上限、最大充电电流及电流报警上限、充电次数、健康指数）、电池管理系统设置信息等。

充电监控系统根据采集到数据计算出动力电池组内动力电池单体最高电压、最低电压、最高温度、最低温度、动力电池容量等统计信息，并提供越限报警和异常报警。

3）充电监控系统应具有的对充电机的控制功能主要包括：向充电机下发控制命令（开始、停止、遥控起停、校时、紧急停机）、远方设定充电参数、向充电机及其连接的电池管理系统下发对时命令。

4）充电监控系统应具有根据上级系统指令以及电池管理系统提供的动力电池信息，调整充电机的充电模式及充电运行参数功能。即根据充电机连接动力电池的类型及其充电特性，操作人员可通过图形画面调整各阶段充电参数，并下发给充电机。

5）充电监控系统应具有数据处理与存储功能。充电监控系统应具备下列数据处理与存储功能：

①充电监控系统应具有充电机的越限报警、故障统计、充电数据存储、动力电池数据存储等数据处理功能。

②充电监控系统应具有充电过程数据统计等数据处理功能。

③充电监控系统应具有对充电机的遥测、遥信、遥控、报警事件等实时数据和历史数据的集中存储和查询功能。

6）充电监控系统应提供图形、文字、语音等一种或几种报警方式，并具备相应的报警处理功能。

7）充电监控系统应具备对设备运行的各类参数、运行状况等进行统计和查询的设备运行管理功能。

8）充电监控系统应具有根据需要规定操作员对各种业务活动的使用范围和操作权限，实现用户管理和权限管理功能。

9）充电监控系统应具备画面显示与操作以及根据用户需要定义各类日报、月报及年报，实现报表管理功能，并实现定时或召唤打印功能。

10）充电监控系统应具备事件顺序记录、充电运行参数记录、操作记录、故障记录、动力电池参数记录等功能。

11）充电监控系统应具备数据库、界面及图形、系统参数维护以及系统自诊断等功能。

12）充电监控系统应具备下列可扩展性：

① 系统应具有较强的兼容性，以完成不同类型充电设施的接入。

② 系统应具有扩展性，以满足充电站规模不断扩容的要求。

③ 充电监控系统可以接受时钟同步系统对时，以保证系统时间的一致性。

13）充电监控系统应结合电能质量与当前设备的实际运行工况，对站内各充电机的运行定值参数和运行状态进行调节，实现系统能量的协调和管理。

14）充电监控系统应对用户账号中的消费信息以及车辆充电过程信息进行管理，如当前的剩余金额及充电历史记录。卡片对应车辆信息管理以及相关动力电池组及动力电池单体若干信息的管理，充电过程的历史电流电压波形。

15）充电监控系统应能自动统计主设备运行小时数、动作次数、事故和故障次数以及相应的时间等，以便考核并合理安排运行和检修计划。

3. 变配电监控系统

变配电监控系统主要完成变配电系统的数据采集和处理、报警处理、事件顺序记录和事故追忆、控制和操作、管理功能、在线统计计算、画面显示功能、制表打印功能、人机接口功能、通信接口、系统的自诊断和自恢复、维护功能、权限管理等，并通过通信管理机与充电站后台系统实现双向数据交换，实现充电站的运营管理和数据共享。

变配电监控系统实时采集和记录供电系统运行信息有：开关状态、主变状态、保护信号、电压、电流、总功率、总电流、总电量、有功功率、无功功率、功率因数和电能计量信息，根据采集的信息对供电状况、电能质量、无功补偿及谐波治理设备运行参数等进行监视和控制。并能控制供电系统负荷开关或断路器的分合，具备变配电系统的越限报警、事件记录和故障统计功能，并应符合现有的变配电自动化系统的相关标准。

变配电监控系统通过以太网、串口等实现充电站供电系统信息的交换和管理，除实现一次开关设备、变压器等供电设备监测和控制，以及常规二次保护、测量、控制、信号等功能外，该系统与充电站中央监控管理系统通信，保证在充电系统出现故障时，配电系统能采取适当的措施进行安全处理。如充电机失控不能停止充电，变配电监控系统则自动切断动力电源。

充电站变配电系统的10kV进线配置的计算机保护测控一体化装置，具备进线变的保护、测量和进线变开关的遥控功能。配置的测控装置完成充电站变配电系统的测控任务，主要负责采集 0.4kV 母线电压、出线开关的位置信号和负荷电流，并具备低压进线开关和联络开关的遥控功能。为了提高充电站变配电系统的自动化程度，实现变配电站无人或少人值班，可在 0.4kV 侧配置分段备自投装置。

根据变配电系统一次方案的不同和对变配电系统自动化程度要求的不同有不同的配置方案。

方案一：主要用于 10kV 侧开关为真空断路器且对自动化程度要求较高的充电站。

1）保护部分。进线变配置的计算机保护具备三段式过电流保护、过负荷保护、低电压侧零序电流保护、超温告警或跳闸、低电压保护等保护功能，0.4kV 开关采用开关自带的过电流保护功能。

2）测控部分。具有配电系统各间隔的电流电压等电气参数的遥测功能、开关位置的遥信功能以及重要开关（10kV 开关、0.4kV 进线开关和联络线开关）的遥控功能。为了提高配电系统的自动化程度，实现配电站无人或少人值班，在 0.4kV 侧配置分段备自投装置。在其中一路电源失电的情况下，备自投装置可以快速地将联络开关合上，提高了充电站供电的可靠性。

方案二：主要用于 10kV 侧开关为负荷开关且造价较低的充电站。

1）保护部分。进线变开关用熔断器保护，0.4kV 开关采用开关自带的过流保护功能。

2）测控部分。具有配电系统各间隔的电流电压等电气参数的遥测功能、开关位置的遥信功能以及重要开关（10kV 开关、0.4kV 进线开关和联络线开关）的遥控功能。0.4kV 侧不配置分段备自投装置，在其中一路电源失电的情况下，需要人工将联络开关合上。

4. 安防监控系统

安防监控系统主要由视频安防监控系统、消防监控预警系统、周界防护预警系统、环境监测预警系统、烟雾/温度预警系统等构成，在充电站发生危及安防的事件时发出声光告警，并能显示、记录、回放事件前后的监控信息，信息保存时间应满足相关管理要求。

安防监控系统一般由摄像机、红外传感器、烟感/温度传感器、门禁系统、辅助灯光、声光报警器、连接电缆、安防监控工作站、嵌入式硬盘录像机、报警主机、综合电源、网络交换机、监控终端等设备组成。中型充电站可简化安防监控系统设计，采用物防、人防和技防相结合的方式。小型充电站的监控系统中可不配置安防监控系统，且网络结构可以简化为单网。

（1）视频安防监控系统　充电站设置的视频安防监控系统的防护级别、防护深度，如监控摄像机的监控目标、监控区域，入侵探测器的安装位置、探测范围、探测手段、报警方式，以及出入口控制设备的安装位置、通行对象、通行时间等应根据充电站的重要等级以及安全管理要求进行设置。充电站安防监控系统的设计应符合现行国家标准 GB 50395—2007《视频安防监控系统工程设计规范》的有关规定，并符合下列要求：

1）可视频安防监控系统由安装在充电站管控终端、高清摄像头、行为探测器和服务器软件等组成，当有告警事件触发系统设置的安全阈值时，通过光纤或3G/4G 移动网络将充电站运行状况的异动图像实时传送给集中管理中心。与此同时，在管控终端的硬盘上录制所采集的多路高清视频数据，以备事后回放和查询使用。

2）视频安防监视系统对整个电动汽车充电站的主要设备及人员进行安全监视，防止发生意外事故，视频安防监控系统与消防监控预警系统联动。

① 对进入充电站的车辆、人员进行监控并提供服务。充电站出入口控制系统的设计应符合现行国家标准 GB 50396—2007《出入口控制系统工程设计规范》的有关规定。根据充电站的安全管理要求，在充电站出入口等位置宜设置出入口控制设备，小型充电站可以不设置。

② 视频安防监控系统可以接受时钟同步系统对时，以保证系统时间的一致性。

（2）消防监控预警系统　消防监控预警系统采用高灵敏度的火情数据传感器，通过布置在充电站内部的数据采集装置，监测环境温度、气体成分等信息，智能判断内部火灾情况，可早期探测到火灾隐患，并按各种警报预案进行报警、录像、上传，以便采取一系列的干预动作（如预降温、传递信号至控制系统）。

（3）周界防护预警系统　为避免人员因环境不熟悉或好奇等因素而产生安全隐患，需要在敏感、危险区域进行周界预警防范措施。当有人员侵入该区域时，实时触发报警信号（震动、红外光波，动态侦测等），通过联动报警广播，对侵入人员进行语音警示，进而制止侵入人员的后续行为。周界防护预警系统的设计应符合现行国家标准 GB 50394—2007《入侵报警系统工程设计规范》的有关规定。根据充电站的安全管理要求，在充电站的供电区、监控室等位置宜设置入侵探测器，小型充电站可以不设置。

（4）环境监测预警系统　环境监测预警系统采用物联网架构设计，结合各传感器、控制器可对各充电站的环境信息进行集中监测采集，不仅实现本地环境信息的可视化，还可通过光纤或 3G/4G 移动网络将充电站周边运行状况的环境信息实时传送给集中管理中心。

（5）烟雾/温度监视预警系统　烟雾/温度监视预警系统主要监视换电站充电区充电架上动力电池的状态，在动力电池充电架中安装了数量众多的烟雾/温度传感器，用于监测动力电池的温度及因过充导致动力电池自燃而释放出的烟雾。烟雾/温度传感器采集的数据上传到充电站的充电监控系统，以保障动力电池安全充电。

5. 辅助监控子系统

（1）动力电池维护监控子系统　当动力电池长时间使用后，动力电池包中的动力电池模块可能存在一致性问题，需要通过专门的动力电池维护设备对动力电池进行维护、评估，来决定是否对动力电池进行重新配组。在大型充电站中，需要通过专门的动力电池维护设备对动力电池进行定期维护，在维护过程中，系统将采集到的维护数据存入充电站监控系统数据库，形成动力电池的完整数据档案，便于对动力电池进行整体评估。

（2）快速更换设备监控子系统　在具备动力电池快速更换设备的换电站中，可通过充电站监控系统对动力电池快速更换设备下发具体动力电池更换命令，让快速更换设备在指定轨道位置更换动力电池架上指定位置的动力电池包。换电站监控系统可采集快速更换设备当前轨道位置、设备状态等信息。

4.1.3　电动汽车充电站监控系统管理

1. 电动汽车充电站监控系统的技术管理

1）电动汽车充电站监控系统一经投入运行，运行人员必须做好运行记录（在运行日志上记录当班系统是否正常，以及出现的异常情况），交接班时要检查、确认监控系统的运行工况是否正常。

2）监控主机经验收合格投入运行后，如无特殊情况不得退出监控程序。

3）运行人员严禁修改监控系统数据、配置。

4）运行人员应仔细观察和分析监控系统运行中出现的各种异常现象，发现后应立即上报相关责任部门。

2. 电动汽车充电站监控系统运行管理

1）在监控主机上不得使用、安装同监控系统无关的计算机软件。

2）监控系统的网络应为独立专用网络，未经维护部门批准，严禁将任何计算机联入该网络。

3）为了生产上的需要，电动汽车充电站监控系统专用网络与局域网、自动化专网的连接，应遵循监控系统安全防护总体要求。

4）运行部门应定期对电动汽车充电站监控系统进行数据备份，监控系统及数据库应有不少于两份的可用备份，并存放于不同介质与不同地点。

5）各运行单位应制定相应的系统和数据备份制度，确保备份的完整性、可用性和及时性。

6）运行管理部门应配备必要的备品、备件和检修工具、仪表、仪器，并分类存放，备品、备件应定期进行检测。

7）监控系统在现场应有齐全的运行资料，如监控系统装置缺陷记录，主要设备的技术说明书、监控装置接线原理图等。

8）监控系统的图纸、技术资料、档案文件等应统一存放，专人管理。

3. 监控系统的安全管理

监控系统需要较高的系统安全保障和稳定性，安全保障主要是防止来自系统内外的有意和无意的破坏，网络安全防护措施包括信道加密、信源加密、登录防护、访问防护、接入防护、防火墙等。稳定性是指系统能够 $7 \times 24h$ 不间断运行，即使出现硬件和软件故障，系统也不能中断运行。

1）不得修改、增加、删除监控主机的文件，及进行与工作无关的计算机操作。

2）严禁带电拔插主机、打印机、显示器连线，在未退出监控程序情况下开机、关机。

3）监控系统设备附近严禁堆放易燃、易爆及有腐蚀的物品和使用电炉等电热器具。

4）监控系统各装置由维护人员负责清洁。

5）监控系统的专用不间断电源为计算机监控系统专用，未经许可，不得在此电源上接入其他用电设备。

6）明确运行人员在监控计算机上操作的权限，每位运行人员应严格按照本人的权限进行操作，严禁用他人的名字和权限进行本人不允许的操作，运行人员需对自己的密码负责。

7）运行中的计算机监控软件系统，未经批准不得更改参数设定。

8）监控系统软件、相关应用软件未经批准不得随意复制，严禁外流扩散。

9）监控软件系统使用新引入的应用软件前，应首先进行安全评估，确定无病毒感染、木马及后门漏洞后，方可投入使用。

4. 监控系统定时巡检

1）操作人员需对监控系统各设备进行定时巡检，及时发现监控系统异常情况，并及时汇报处理。

2）巡检内容应包括监控系统各主机是否运行正常，各设备运行指示灯指示是否运行正常，监控程序数据是否正常刷新，和各监控装置、智能设备通信是否运行，监控功能是否正常。

3）监控系统接入各装置上的电源指示灯是否正常，运行指示灯是否正常显示，装置无死机现象和异常情况。

4）对监控系统的各种运行报表、业务报表进行检查，发现异常和错误数据应及时通知相关部门进行处理。

5）操作人员应及时对监控系统主机报告的事项进行检查，发现有异常情况时应与充电站现场核对，并报告相关责任部门。

6）监控系统正常运行时，所有现场有人工参与的充换电操作，操作人员在执行充换电远程遥控操作前，必须与充换电现场人员进行确认，并获得批准后，方可在监控系统上进行遥控操作。

7）监控系统正常运行时，无人工参与的充换电操作，操作人员在执行操作时必须按照预先制定的操作指令流程，核对相关远动信号，确认信号正确并做记录后，在监控系统执行遥控操作。

8）对充电站内常规充换电操作，应制定常规充换电操作业务流程表。所有由监控系统发起的充换电操作必须根据充换电操作业务流程表进行，由一名操作员发出命令申请，另外一名操作员完成命令核对后下发命令。对危及人身和设备安全的情况，操作人员可按照紧急规程进行处理，处理完毕后立即向相关管理部门汇报。

9）凡影响电动汽车充电站监控系统设备正常运行的检修、试验、故障处理等工作，工作前要事先向相关责任部门进行申请，并开具工作票，征得相关责任部门同意及系统运行人员许可后方可进行。

10）操作人员可按照现场运行规程的规定，对监控系统装置进行断电复位等简单缺陷处理工作。

11）运行人员如果发现监控装置设备紧急故障，如设备电源起火、冒烟等现象，应立即断开监控装置电源，缓解故障情况后，及时通知相关责任部门进行处理。

12）电动汽车充电站一次设备检修试验工作完毕后，运行人员应核实自动化数据和现场是否一致，不一致时首先应通知检修人员核查；仍未发现故障原因时，值班人员应通知自动化人员进行核查。

4.2　电动汽车充电网络及充电设施通信网络建设

4.2.1　电动汽车充电网络建设

1. 电动汽车充电网络属性及结构

（1）电动汽车充电网络属性　电动汽车充电网络集能源网、交通网、信息网三种属性于一身，使其成为城市能源、交通、信息等基础设施融合的先导领域，将创造和产生巨大的综合价值。充电网络具有以下三重网络属性：

1）能源网属性。电动汽车充电网络连接电网，具有能源网属性。电动汽车是移动储能单元，通过充电网络可实现与电网能量双向互动，有利于提高电网灵活调节能力，将成为全球能源互联网在城市落地的重要终端。绿色能源的发展离不开分布式储能的发展，而充换电站就是一个分布式的储能站，在目前的动力电池比能量技术条件下，每个站的储能容量可达到1MW·h，充电网络也就自然成为能源网的储能系统。

2）交通网属性。充电网络兼具车辆引导、车辆停泊和车辆信息服务等功能，是现代交通网的重要组成部分，具备明显的交通网属性。城市交通网包括静态交通网和动态交通网两部分，动态交通网主要包括道路资源，静态交通网则主要包括各类停车资源。充电网络不仅会像传统加油站一样与高速公路、城市主干道、城市支路实现结合，成为动态交通网的一部分，更会进一步深入各类停车场站，与静态交通网密切融合。

3）信息网属性。电动汽车是移动信息互联终端，可以向车联网平台发布自身动力电池容量、车辆位置、用户行为特征等信息，从车联网获取充电网络及其辅助服务等信息。充电设施相当于固定信息互联终端，可以向车联网发布充电桩参数、桩体位置、使用状态等信息，因此，充电网络具有信息网属性。车联网未来还可以进一步与能源互联网、智慧交通、智慧城市的信息体系实现交互，成为整个城市信息网体系的一个重要组成部分。

（2）电动汽车充电网络结构　在充电网络中，充电网络管理中心负责整个充电设施的运行、调度，充电网络管理中心下设充换电站、动力电池配送中心、动力电池会员店。充换电站可按照充电方式的不同进行设计，配备自动充电设备、动力电池更换设备，为电动汽车提供专业化和规范化的充电服务，同时还可提供动力电池租赁服务。动力电池配送中心可为充换电站和动力电池会员店提供动力电池，可为加入会员店的会员提供动力电池租赁、动力电池更换服务，上门服务。城市充电网络结构示意图如图4-1所示。

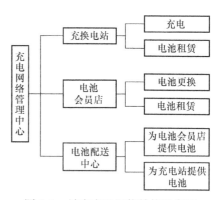

图4-1　城市充电网络结构示意图

充电网络既要提供充电服务，实时跟踪动力电池流向，还要对动力电池及各个充换电站、配送中心以及动力电池会员店进行有效的统一管理，合理分配资源，提高充电设施的运营经济效益和社会效益。为此，充电网络管理中心应具有以下功能：

1）基本信息管理。主要是对充换电站和动力电池配送中心的基本信息、管理员信息、工作人员信息等初始数据的录入、查询和打印。

2）动力电池管理。对各个站点的动力电池进行统一管理，确保动力电池的有效利用，以实现资源的合理配置。

3）用户管理。用来存储和保存会员基本资料，以及对会员信息的录入、查询、更新等，对会员的统计、分析可为站点的合理分布与资源的合理配置提供技术决策。

4）报表查询管理。用来查询各种必要的信息以及各种灵活多变的统计报表，实现数据分析及打印功能。根据站点的实际情况，自动生成充换电站充电、动力电池更换的统计报表和费用报表。

5）数据库管理。主要是对数据库的数据备份、恢复、优化，保证数据库中的数据协调一致。

6）系统安全管理。为管理员或用户设置不同的账号，系统根据不同账号为不同角色的人设置不同的权限，以适应管理的需要。系统还对主要操作留有详尽的日志记录，能够自动跟踪监督每个环节，定期进行汇总、统计、分析，产生工作记录集。

在一个城市的充电网络中，充换电站和动力电池会员店的布局、数量和充电方式应该合理设计和部署，使电动汽车在充电网络中能方便、及时的充电，保障电动汽车的正常运行，从而推动电动汽车行业快速发展。

2. 充电网络管理

1）站级管理系统。站级管理系统可对充电网络内所有的充电站统一监控、控制与管理，随时掌握所有充电站运作情况，实时获知充电站故障情况，集发卡管理、会员管理、计费管理、结算管理为一体，实现灵活多变、无人值守的一站式服务，满足充电网络所有运营管理需要。

2）中心级管理系统。中心级管理系统囊括"站级系统"所有功能，可个性化运作与集中管理多个充电设施，拥有全面的充电设施综合运营管理解决方案，如电子地图、机房监控、运维管理等一系列功能模块，轻松满足充电设施运营与管理每个方面的需求。

① 电子地图功能。电子地图显示区域分布，调用电子地图数据包，可根据站点经纬度自动在地图中定位所处的位置，并用红色显示有告警的站点，可直观地观察各个站点的告警情况。可进行在线配置，不中断系统正常运行。

② 智能终端 APP。智能终端 APP 基于独立研发的电动汽车充电设施营运管理系统云平台，不但方便了车主的出行，还提供了车主与充电设施的便捷的交互途径，大大地增强用户黏性，为运营者的市场扩张带来巨大优势。

③ 多层级可视化管理。多角色权限功能展示，满足功能简捷、操作不越权的需求，充电设施可视化管理系统可用 3D 视图显示充电设施外观，管理犹如身临其境。

④ 实时故障告警提醒。实现弹出消息、多媒体声音、手机短信、电话语音、本地声光、e-mail 等报警方式，根据不同的等级告警设置不同报警方式，可同时设置多种告警并发出。

⑤ 智能监控保证运作。实时监测充电站的运行状态、电流、电压、温度等，且能控制充电站启动、停止充电、计费等基本操作，为整个系统合理实现资源管理、故障管理、配置管理和安全管理等安全性运维。

⑥ 全自动统计与计费。自动化计费、折扣设置页，支持会员、充电卡、商品管理，并实现库存预警，支持建立多条规则联合计算，直观、丰富、灵活的销售数据统计展示，随时了解销售情况。

3. 换电网络管理、规划及运行

（1）换电网络 换电模式作为电动汽车充电设施的一种，凭借占地小、效率高等优势，在出租运营等细分市场拥有很高的运行性价比，近年来已重新进入人们的视野。换电模式是一种匹配电动汽车续航、动力电池安全管理等特有问题的完整解决方案。换电模式是基于动力电池更换和电能共享两种理念结合的模式，通过建立分布式的集中换电网络可以实现三种服务：

1）快换服务，解决电动汽车全范围无间断续航，解决无固定车位充电难的问题。

2）管家服务，通过集中、智能、全面的动力电池管理，实现动力电池的安全、健康和价值管理。

3）共享服务，通过储能资源、富余里程和梯度利用等共享方式，对动力电池价值进行深度挖掘，实现动力电池全生命周期价值的最大化利用。

换电网络就是实现电动汽车全域续航、全面动力电池管理和全局价值共享的平台。换电网络是交通网和能源网络的连接纽带，一方面为电动汽车提供能源补给服务，另一方面向能源网络提供削峰填谷和能源消纳服务。与此同时，换电网络利用自身的储能功能，结合光伏、风力发电产品可构建分布式微型电网，构建再生能源、电动汽车、分布储能技术绿色产业链。

在换电网络中包含集中型充电站、换电站、配送站等，其中集中型充电站承担大规模的动力电池充电功能，充满电的动力电池被配送至具有小规模充电能力和动力电池更换功能的充换电站及仅具备动力电池更换功能的换电站，从而实现对电动汽车用户的动力电池能量供应。

国网公司提出的"换电为主、插充为辅、集中充电、统一配送"的商业运营模式，开展了有关智能充换电服务网络运行管理系统的开发，并开展充换电网络的示范运营和动力电池租赁试点。我国提出要探索新能源汽车及动力电池租赁、充换电服务等多种商业模式，并鼓励成立独立运营的充换电企业，逐步实现充换电设施建设和管理的市场化、社会化。

换电网络集动力电池的充电、物流调配以及换电服务于一体，这种一体化的运营结构将有利于动力电池企业的标准化生产，有利于能源供给企业的集约化管理，能够显著降低运营成本。换电模式要求统一动力电池等标准，但是这并不妨碍其成为未来电动汽车可能的重要发展模式之一。

（2）换电网络管理　换电网络的运营管理体系由管理系统和服务系统两部分组成，管理系统主要是对换电网络、动力电池和换电车辆进行管理。服务系统一方面为用户提供换电服务，提升用户体验；另一方面帮助车企部署配套的换电基础设施，提升车辆的销量；还要满足对动力电池溯源等管理要求。两个系统依靠大数据运营管理平台强有力的支撑，确保了安全可靠高效的运行。

换电网络管理系统是保证电动汽车运营高效有序，提升电动汽车能源供给网络的智能化水平，是电动汽车大规模推广的前提和保障。在电动汽车示范运行期间，由于有较为固定的行驶路线，因此无须对换电网络进行控制就可保证车辆的正常运行。但当电动汽车大规模推广运行时，因电动汽车换电具有较强的随机性，可能会造成一部分换电站及配送站较为拥挤，而另一部分换电站和配送站较为清闲，所以，需要解决换电网络规模化后换电车辆的动态优化控制问题。

在换电网络运营时，换电站的动力电池需求、物流优化调度和充电负荷之间密切相关、相互牵制，对充电站而言，换电站的动力电池需求为间歇性的电量需求，而该需求受物流能力限制，最终到充电站须转化为对电网的功率需求，在此基础上还要考虑电网优化运行的需求，因涉及变量众多，故其优化运行极为复杂。

（3）换电网络规划

1）动力电池组需求规划。动力电池是电动汽车运行的能量来源，其本质是储能，即通过对动力电池在一定的时间内充电，使动力电池存储额定的电能。电动汽车的换电需求能否满足与动力电池组储备数量密切相关，在进行动力电池组需求规划时，除了考虑电动汽车自身携带的动力电池组，还需有一定的冗余度以满足电动汽车在动力电池耗尽时的换电需求。由于动力电池购置费用高，冗余度太高会导致经济性下降，而冗余度过低则无法满足电动汽车正常的换电服务。

2）换电站规划。换电站作为一种特殊的电网负荷，其规模和选址要权衡电网投资的经济性与安全性，一方面要满足市场的换电需求；另一方面也要顾及电网要求，将其纳入电网规划中进行综合优化。

（4）换电网络运行　换电网络运行包括充电优化管理、物流优化（运力优化与路径优化）、动力电池需求优化等，以及三者之间的综合优化，既要考虑对用户需求的满足和对电网的影响，又要考虑各单元的约束。

1）动力电池调配。在整个充电站网络内，可配送的动力电池数量是十分庞大的，所以及时、准确地配送数量庞大的可更换动力电池，不仅能够保证整个充电站网络的正常运行，还将大大降低配送过程中的人力、物力成本。

2）充电管理。在换电模式下，通过对集中型充电站或换电站进行充电管理，可实现动力电池的统一调度和监控。规模化的动力电池可作为巨大的储能单元，有效地参与负荷管理和系统调峰，提高电网负荷率，最大限度地减少谐波污染等对电网的不利影响，从而提高系统整体运行的效益。

对更换下来的动力电池箱为单箱充电，即每台充电机仅对一箱动力电池充电，并和该箱的电池管理单元通信，完成充电控制。采用这种方式有利于提高动力电池组的均衡性，延长动力电池的使用寿命。采用主从结构的电池管理系统可实现多箱动力电池组并行充电，从而提高动力电池的充电效率。为解决动力电池组不均衡充电带来的性能退化问题，可通过荷电状态、内阻等参数来判断各箱动力电池是否需要进行重组。

换电模式由于具有众多优点，目前已发展成为电动汽车的重要能源供给模式，但依然面临动力电池技术与投资成本、安全性与责任界定、标准体系建设等众多问题。换电模式是否能取得突破性进展，主要取决于这些难题是否可以得到合理解决。因此，在电动汽车发展初期，建立以分散停车位慢充为主的充电网络，对公交、出租、环卫等行驶习惯相对固定的用户采用换电模式。在产业发展成熟阶段，在适时推出换电为主、充电服务并存的能源供给模式。

（5）换电网络节点（换电站）　数量少、规模小、布局不合理的换电网络根本无法支撑未来大规模的电动汽车商业化、产业化的运营，分布合理、数量众多、昼夜服务的换电网络是电动汽车商业化的必备条件之一。它的发展直接决定了各式电动汽车的应用和推广，进而也成为推动换电网络实现商业化运营的基础。

换电网络节点应满足在用户端能方便使用，在整车端能方便应用，在运营实施端能方便实施。如奥动电巴推出的 3.0 版集成式的换电站，具有占地少（设备占地只有 $60m^2$，加上进出车道也不过 $100m^2$ 左右，满足在城市中布局和建站要求）、扩展性强（模块化设计，可复制能力强）、能力强 [每天至少满足 300 次的换电能力，可满足超过 100 辆出租车（每辆车 400km/天）的能量补充需求]、部署快（不动用过多土建工程）等优点。换电过程全自动，车辆从进站到换电完成出站整个过程只要 3min，与加油的速度相当。

4.2.2　电动汽车充电设施通信网络建设

1. 电动汽车充电设施通信方式

电动汽车充电设施属于配电网侧，其通信方式往往和配电网自动化一起综合考虑。通信是配电网自动化的一个重点和难点，区域不同、条件不同，可应用的通信方式也不同，具体到电动汽车充电设施，其通信方式主要有有线方式和无线方式。

（1）有线方式

1）有线以太网（RJ45 线、光纤）。有线以太网主要优点是数据传输可靠、网络容量大，缺点是布线复杂、扩展性差、施工成本高、灵活性差。

2）工业串行总线（RS 485、RS 232、CAN 总线）。工业串行总线（RS 485、RS 232、CAN 总线）优点是数据传输可靠，设计简单，缺点是布网复杂、扩展性差、施工成本高、灵活性差、通信容量低。

（2）无线方式　无线方式主要采用移动运营商的无线网络数据接入业务，如 GPRS/CDMA/TD – SCDMA/WCDMA/EVDO 以及更新的 4GLTE 网络等。无线方式的优点是成本低廉、建设工程周期短、适应性强、扩展性好、维护方便并且扩展容易。但采用移动运营商的移动数据接入业务存在以下缺点：

1）采用移动运营商的移动数据业务需要将电动汽车充电设施内网的设备接入移动运营商的移动数据网络，需要支付昂贵的月租和年费，随着充电设施数量的增加费用将越来越大。

2）同时数据的安全性和网络的可靠性都受到移动运营商的限制，不利于设备的安全运行。

3）移动运营商的移动接入带宽属共享带宽，当局部区域有大量设备接入时，其接入的可靠性和每个用户的平均带宽会恶化，不利于充电设施群的密集接入、大数据量的数据传输。

2. 电动汽车充电设施通信网络建设要求

作为电网配用电侧的电动汽车充电设施，其结构的特殊性决定了自动化通信系统的特点是被测点多且分散、覆盖面广、通信距离长。并且随着城市的发展，网络拓扑要求具有灵活性和扩展性的结构，因此，选择电动汽车充电设施通信方式时应考虑如下问题：

1）通信的可靠性。通信系统要长期经受恶劣环境和较强的电磁干扰或噪声干扰，以保持通信的畅通。

2）建设费用。在满足可靠性的前提下，综合考虑建设费用及长期使用和维护的费用。

3）双向通信。不仅能实现信息上传，还要实现信息下达。

4）多业务的数据传输速率。随着以后终端业务量的不断增长，主站到子站、子站到终端之间通信对实现多业务的数据传输速率要求越来越高。

5）通信的灵活性和可扩展性。由于充电设施具有控制点多、面广和分散的特点，要求采用标准的通信协议，随着"ALLIP"网络技术的发展以及电力运营业务的不断增长，需要考虑基于 IP 的业务承载，同时要求便于安装施工、调试、运行、维护。

3. CAN 总线简介

CAN 总线是控制器局域网络（Controller Area Network，CAN）的简称，是德国 Bosch 公司在 1986 年为解决现代汽车中众多的控制与测试仪器之间的数据交换而开发的一种串行高速数据通信总线，并最终成为国际标准。CAN 总线也被认为是电动汽车最佳的通信总线。CAN 总线采用了 ISO/OSI 模型的七层结构中的物理层和数据链路层，具有较高的可靠性、实时性和灵活性。

CAN 总线解决方案为嵌入式设计提供了通信与连接，使其进入崭新阶段。CAN 总线协议是一款高速可靠的通信协议，创建最初用于汽车应用，如今已广泛用于需要达到 1Mbit/s 比特率的稳健通信网络。在产品设计中集成 CAN 总线协议将是在恶劣电气环境下实现高度实时通信功能的低成本的可靠途径。

CAN 总线的一个最大特点是废除了传统的站地址编码，取而代之的是对通信数据块进行编码。采用这种方法的优点可使网络内的节点个数在理论上不受限制，数据块的标识码可由 11 位或 29 位二进制数组成，因此可以定义 2 或 2 个以上不同的数据块，这种按数据块编码的方式，还可使不同的节点同时接收到相同的数据，这一点在分布式控制系统中非常有用。数据段长度最多为 8 个字节，可满足通常工业领域中控制命令、工作状态及测试数据的一般要求。同时，8 个字节不会占用总线时间过长，从而保证了通信的实时性。

CAN 总线协议采用 CRC 检验并可提供相应的错误处理功能，保证了数据通信的可靠性。CAN 总线卓越的特性、极高的可靠性和独特的设计，特别适合工业过程监控设备的互联，因此，越来越受到工业界的重视，并已公认为最有前途的现场总线之一。CAN 总线具有以下独特的优点：

1）CAN 总线能以多主方式工作，网络上任意一个节点均可以在任意时刻向网络上其他节点发送信息，而不分主从，通信方式灵活。

2）CAN 总线可以实现点对点、一点对多点及全局广播等方式传送和接收数据，通信介质采用双绞线、同轴电缆或光纤，选择灵活，通信距离最远可达 10km/5kbit/s，通信速率最高可达 1Mbit/s/40m。CAN 总线上节点数取决于总线驱动电路，实际可达 110 个。

3）CAN 总线节点在错误严重的情况下，具有自动关闭输出功能，切断它与总线的联系，以使总线上其他操作不受影响。采用 NRZ 编码/解码方式，并采用位填充技术。用户接口简单、编程方便，很容易构成用户系统。

4）CAN 总线采用非破坏性仲裁技术，当两个节点同时向网络上传送信息时，优先级低的节点主动停止数据发送，而优先级高的节点可不受影响地继续传输数据，有效避免了总线冲突。

5）CAN 总线采用短帧结构，每一帧为 8bit，传输时间短，受干扰的概率低，每帧信息都有 CRC 校验及其他检错措施，保证了数据的出错率极低。

6）CAN 总线通信稳定。在电动汽车充电站通过 CAN 总线与电动汽车电池管理系统的控制及信息交互是产品的核心功能，所以在这 CAN 总线通信过程中不丢帧是至关重要的。CAN 总线经过优化设计，能做到总线高负荷率情况下不丢帧。

7）支持远程应用升级。通信系统采用以太网冗余传输结构，在升级应用程序及系统时，可通过以太网进行远程统一升级。

由于以上优点，CAN 总线成为《电动汽车充电系统技术规范》中规定的标准充电控制网络。管理中心通常具有以太网管理数据存储、计费、打印等功能，这就需要管理中心计算机与 CAN 总线要进行协议转换，来配合管理计算机对充电设施进行控制。

4. 基于 CAN 总线的分布式管理系统

电动汽车充电设施的管理系统要实现不同类型的多种功能，集中或中央处理方式无法满足安全性要求，自然要采用分布式结构。电动汽车充电设施管理系统的工作环境恶劣，常处于强电磁干扰及脉冲电流的干扰下，为了确保可靠性，应考虑采用高性能 CAN 总线作为通信系统；而且 CAN 总线在汽车上已使用很久，具有很强的抗干扰性，同时该技术比较成熟，已成为电动汽车充电站使用通信的标准。因此，在电动汽车充电设施管理系统的内部通信以及跟外部通信都可采用 CAN 总线来实现。管理系统的主要功能包括数据采集、通信显示及电量估计等。

（1）数据采集　由于 80C552 具有 8 路 10 位 A – D 转换功能，因此，采集模块先采用线性光耦法测量动力电池单体的电压，通过其 4 个 A – D 口将模拟量转换为数字量存入存储器，温度测量采用单总线技术，使用 Dallas 数字芯片来测量温度，该芯片具有 12 位的精度等级，能非常准确地测量到系统的温度。总电压、电流信号通过特殊的传感器将其信号转换为 0 ~ 10V 的信号，通过 14 位的 A – D 转换器件转换为数字量存入系统。

（2）通信显示　通信显示模块提供了双 CAN 总线通信接口，能够与系统内各个模块及外部整车系统通过 CAN 总线进行数据传输；同时系统提供 RS 232 接口，能够实现与计算机通信；模块还提供 5 寸半液晶显示驱动功能及按键进行人机友好操作；模块还设有电压、电量、电流及温度的上下限报警及自检功能，保证系统的安全性，各个系统模块的基本结构框图如图 4-2 所示。

（3）电量估算　电量估算采用实时电流积分安时法进行基本估算，然后通过对影响动力电池电量的温度、自放电及老化等各种参数进行修正，并考虑各单体动力电池间的不一致性，从而得到精确的动力电池组电量，动力电池电量估算框图如图 4-3 所示。

（4）CAN 总线设计　CAN 总线总体结构如图 4-4 所示，在总线的两端配置了两个 120Ω 的电阻，其作用是总线阻抗匹配，可以增加总线传输的稳定性和抗干扰能力，减少数据传输中的出错率。CAN 总线节点结构一般分为两类：一类

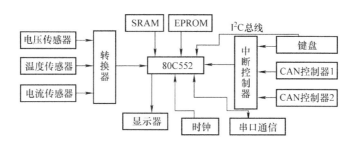

图 4-2　各个系统模块的基本结构框图

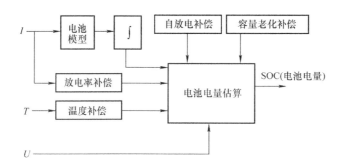

图 4-3　动力电池电量估算框图

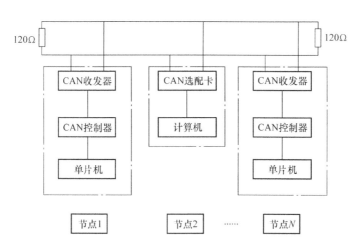

图 4-4　CAN 总线系统结构图

采用 CAN 总线适配卡与 PC 机相连，实现上位机与 CAN 总线的通信；另一类则是由单片机、CAN 总线控制器及 CAN 总线驱动器构成的，作为一类节点与 CAN

总线进行数据传输。在本系统中，CAN 总线控制器采用 PHILIPS 公司生产的 SJA1000 和 82C200，它作为一个发送、接收缓冲器，实现主控制器和总线之间的数据传输；CAN 总线收发器采用 PCA82C250 芯片，它是 CAN 总线控制器和物理总线的接口，主要可以提供对总线的差动发送能力和对 CAN 总线控制器的差动接受能力。

（5）CAN 总线的软件设计　CAN 总线的三层结构模型为物理层、数据链路层和应用层。其中物理层和数据链路层的功能由 SJA1000 完成，系统的开发主要在应用层软件的设计上，它主要有三个子程序，即初始化子程序、发送数据和接收数据程序。同时，还包括一些数据溢出中断以及帧出错的处理。

SJA1000 在上电硬件复位之后，必须对其进行软件初始化才可以进行数据通信，初始化过程主要包括对其复位模式下配置时钟分频寄存器 CDR、总线定时寄存器 BTR0 和 BTR1、验收代码寄存器 ACR、验收屏蔽寄存器 AMR 及输出控制寄存器 OCR 等，实现对总线的速率、验收屏蔽码、输出引脚驱动方式、总线模式及时钟分频进行定义，CAN 总线初始化程序框图，如图 4-5 所示。

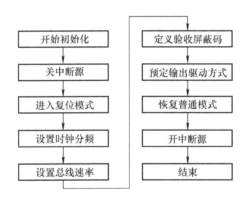

图 4-5　CAN 总线初始化程序框图

SJA1000 发送数据的基本过程为：主控制器将数据保存到 SJA1000 发送缓冲器，然后对命令寄存器的发送请求 TR 标志位进行置位开始发送。

SJA1000 接收数据的基本过程为：SJA1000 将从总线上接收到的数据存入接收缓冲器，通过其中断标志位通知主控制器来处理接收到的信息，接收完毕之后清空缓冲器，等待下次接收。

（6）采用 P8xC592 芯片的 CAN 总线系统　P8xC592 是由 PHILIPS 公司开发生产的 8 位微处理器，主要包括：

1）具有 1 个 80C51 中央处理单元（CPU）；

2）具有 2 个标准的 16 位定时/计数器；

3）具有 4 个捕获和 3 个比较寄存器的 16 位定时器/计数器；

4）具有 8 路模拟量输入的 10 位 A – D 变换器；

5）具有 2 路分辨率为 8 位的脉冲宽度调制输出。

6）具有 2 级优先权的 15 个中断源。

7）具有 5 组 8 位 I/O 端口和 1 组与 A – D 变换器模拟量输入共用的 8 位输入口。

8）具有与内部 RAM 进行 DMA 数据传送的 CAN 总线控制器。

9）具有总线故障管理功能的 1Mbit/s CAN 总线控制器。

10）具有与标准 80C51 兼容的全双工 UART。

P8xC592 共有 68 个管脚，其中包括 6 个 8 位 I/O 口，P0 ~ P3 与 80C51 相同，但 P1 可以用作一些特殊功能，包括 4 个捕获输入端、外部计数器输入端、外部计数器复位输入端和 CAN 总线接口的 CTX0 和 CTX1 输出端。并行 I/O 口 P4 的功能与 P1、P2 和 P3 相同。P5 口是有输出功能的并行输入口，主要用作 A – D 变换器的模拟量输入端。

P8xC592 内含 CAN 总线控制器，包括为实现高性能串行网络通信所必需的所有硬件，从而能够控制通信流顺利通过 CAN 总线协议的局域网。为了避免出现混乱，芯片中增加的 CAN 总线控制器，对于 CPU 是作为能够双方独立工作的存储器映像外围设备出现的，即可以把 P8xC592 简单设想为两个独立工作器件的集成体。如果关闭 CAN 总线控制器的部分功能，则该芯片可以仅作为带有模拟量 A – D 转换的普通 8 位单片机使用。

启用 CAN 总线控制器的功能，主要借助四个特殊功能寄存器（SPR）实现，CPU 对 CAN 总线控制器的控制及其访问都通过它们完成，CPU 和 CAN 总线控制器接口如图 4-6 所示。这四个特殊功能寄存器分别为：

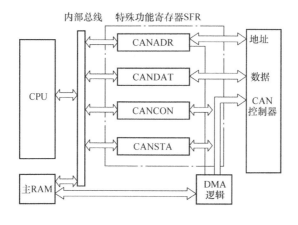

图 4-6　CPU 和 CAN 总线控制器接口

1）地址寄存器（CANADR），CPU 通过 CANADR 读/写 CAN 总线控制器的验收码寄存器。

2）数据寄存器（CANDAT），CANDAT 对应由 CANADR 指向的 CAN 总线控制器内部寄存器。

3）控制寄存器（CANCON），它具有两个功能，读 CANCON 意味着访问 CAN 总线控制器的中断寄存器，写 CANCON 意味着访问命令寄存器。

4）状态寄存器（CANSTA），它具有两个功能，读 CANSTA 是访问 CAN 总线控制器的状态寄存器，写 CANSTA 是为后续的 DMA 传输设备内部数据存储器 RAM 的地址。此外，DMA 逻辑允许 CAN 总线控制器与 CPU 在片主 RAM 之间的高速数据交换。

在芯片初始化阶段，CPU 通过向 CANCON 和 CANSTA 写入内容，完成 CAN 总线控制器的功能初始化。在实际通信过程中，CPU 则利用四个寄存器使 CAN 总线控制器接收和发送数据信息。

CAN 总线通信程序包含若干子程序，其基本程序结构如图 4-7 所示。当通信程序触发后，P8xC592 的 CAN 总线控制器根据命令字执行相关任务。当上位机请求数据时，将各项运行参数传输给整车系统；当上位机查询节点状态时，将当前 CAN 总线节点状态等数据发送出去；当上位机要求修改运行参数时，将接收的数据参数存入数据存储器。

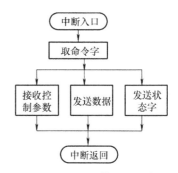

图 4-7　CAN 通信服务程序

CAN 总线通信网络的引入为电动汽车车载动力电池充电优化控制提供了条件，电动汽车的每个子系统都因此成为整个控制中的智能节点。采用集成 CAN 总线控制器的 P8xC592 单片机作为控制核心，不仅安全稳定性高，还能够充分参与整车的数据交换和控制。对于采用不同 CAN 总线协议的电动汽车，只需适当修改控制程序中有关 CAN 总线通信的部分程序段，就可以顺利接入整车系统，使电动汽车的充电设施具有更强的通用性。

5. 应用实例

电动汽车充电站的各种充电方式都由充电管理系统控制，充电管理系统通过以太网来连接充电站内的各个功能部分，如计费和打印等。对于充电的指示和监控则是由可靠性和实时性更好的 CAN 总线来管理的，所以电池管理系统和充电桩都是具有 CAN 总线接口的，电动汽车充电桩 CAN 总线网络结构如图 4-8 所示。

在电动汽车充电桩 CAN 总线网络结构上，要求有网关能实现以太网和 CAN

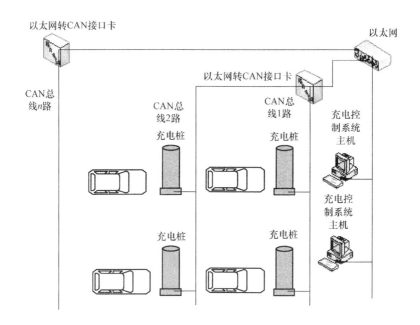

图4-8 电动汽车充电桩 CAN 总线网络结构

总线的数据转换，通常在 CAN 总线和以太网之间加入转换接口。如加入中继器、网桥、路由器等专门的硬件设备，硬件设备还可以是一块智能接口板，来完成现场总线智能设备与以太网中央监控计算机之间的数据通信。一般来说这种转换接口的工作原理就是借助这些专门的硬件设备获取 CAN 总线上的数据信息，然后封装成 UDP/TCP 包，再通过以太网传输。

以标准帧和 UDP 为例，当数据从 CAN 总线向以太网转换时，假设 CAN 总线协议使用标准帧格式。网关取出 CAN 总线数据，将仲裁字段中 11 位标识符由高到低转换为以太网应用层的高 8 位设备 ID 和低 8 位设 ID。数据字段由高到低分别写入命令字、数据标识和数据中。子系统标识是根据设备 ID 查询其属性，填入其优先级、局级优先级、系统标识、子系统标识，加上校验码，完成 CAN 总线数据帧向以太网应用层协议的转换，如图4-9 所示。

以太网应用层数据向 CAN 总线数据帧转换时，将设备的高 8 位设备 ID 和低 8 位设备 ID 写入 CAN 总线数据帧的前两个字节，数据的前 2 个字节参加滤波，在 CAN 总线中用来识别设备。后面的 8 位命令字、8 位数据标识和 16 位的数据写入后 4 个字节，如图4-10 所示。

6. CAN 总线应用问题

在硬件方面必须考虑合理的供电，注意对各个 CAN 总线器件的电源、地之

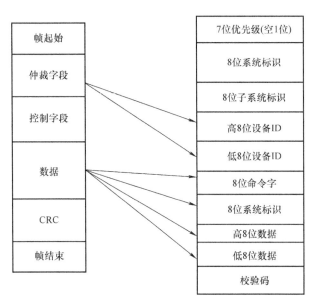

图 4-9　CAN 标准帧转换成以太网帧

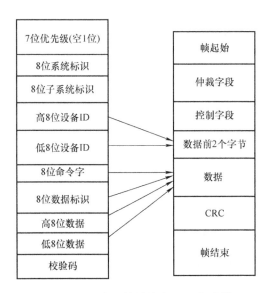

图 4-10　以太网帧转换成 CAN 标准帧

间的滤波，以及复位电路的设计；同时在进行印刷电路板的设计时，应合理布线，要加强地线，以增强系统的抗干扰性。

在软件设计时，CAN 总线定时器的设置非常关键，BTR0 决定传播时间段、相位缓冲段 1 和相位缓冲段 2；BTR1 决定同步跳转宽度和分频值。在位定时寄存器中，TSEG1，TSEG2，SJW 和 BRP 设定的值要比其功能值小 1，因此设定范围是（$0\cdots N-1$）而不是（$1\cdots N$）。所以位时间可以由（$TSEG1+TSEG2+3$）t_q 或者（同步段 + 传播段 + 相位缓冲段 1 + 相位缓冲段 2）t_q 得到，其中，t_q 由系统时钟 t_{SCL} 和波特率预分频值 BRP 决定：$t_q = BRP/t_{SCL}$。同时，还要注意由于不同节点的 CAN 总线系统时钟是由不同振荡器提供的，每个节点的实际 CAN 总线系统时钟频率与实际位时间有一误差，环境温度的变化和振荡器老化影响起始误差，为确保准确地进行数据传输，必须保证每个节点对 CAN 总线系统时钟频率都在特定的频率误差限值以内，因此，在选择振荡器时要以对振荡器误差范围要求最高的节点为准。而且，在一个可以扩展的总线结构中，最大节点延迟和总线最大长度必须考虑，一般情况下，延迟为 $5.5ns/m$。

在实际运行中，经常会遇到 CAN 总线不通或 CAN 总线突然关闭现象，其主要原因是由于在数据传输过程中出现丢帧现象，从而引起出错，当错误计数器达到一定时会自动关闭总线，因此，必须在软件设计的过程中，及时对其错误状态 ES 位进行判别，在出现错误时应对 SJA1000 进行软件复位，恢复通信。

4.3 电动汽车充电桩（站）计量与保护（监控）解决方案

4.3.1 充电桩（站）计量与计费系统

1. 充电桩的电能计量与计费系统

电动汽车充电桩需要安装计量、计费装置以便对充电电量和费用进行记录。充电桩的电能计量计费系统主要由计量部分和计费部分组成。

1）计量部分由端口电能表、直流电能表、交流电能表（含三相表与单相表）以及充电站计量管理机组成；充电桩的电能计量部分包括：

① 充电桩和电网之间的计量。充电桩与电网之间的电能计量由供电单位按照国家标准实施。

② 充电桩和电动汽车之间的计量。交流充电桩应选用符合国家计量标准的交流电能表计量，安装在交流充电桩和电动汽车之间。非车载充电机宜选用符合国家计量标准的直流电能表计量，安装在非车载充电机直流输出端和电动汽车之间。

2）充电桩的计费部分主要由计费工作站与服务器组成。

2. 充电站的电能计量与计费系统

充电站的计量点的设置分为两类：

1）电力营销管理系统计量，用于电网与充电站间的贸易结算。电力营销管理系统计量点应设置在电源进线侧，电能表宜选用电子式三相交流电能表，准确度等级为有功 0.5S 和无功 2.0 级。电压互感器等级为 0.2 级，电流互感器等级为 0.2S 级。

2）充电计量，用于充电站与电动汽车使用者间的贸易结算。充电计量点电能表宜安装在充电机或交流充电桩输出端与电动汽车充电接口之间，电能表宜选用直流电能表或单相交流电能表，准确度等级为 1 级。

充电站内由用电采集终端负责采集各个端口电能表、直流电能表、交流能电表的实时电量信息，通过本地工业以太网与计费工作站通信，将整个充电站的总电量、各充电机的每次充电电量传送到后台进行处理，并把电量和计费信息存储到数据库服务器中；通过充电站计量管理机完成与用电信息采集系统或上级监控中心的通信，确保上级系统能够实时获取充电站内的电量信息。

充电计量系统应自动或手工进行时钟或对终端设备或电能表进行对时，充电计量系统应自动检测采集终端、电能表以及通信信道等运行情况，记录故障发生时间、故障现象、维护情况等信息。并具有数据查询、电能量统计、电能质量分析等功能。

直流充电模式的计量、计费装置设置在直流充电机输出端，计量、计费装置属于充电机的部件。直流充电机的计量、计费装置采用 kW·h 计量，分辨率应小于或等于 0.01kW·h，准确度应小于或等于 1%。

交流充电模式的计量、计费装置设置在交流充电桩的输出端，计量、计费装置属于交流充电桩的部件。交流充电计量、计费装置采用有功电量（kW·h）计量，分辨率应小于或等于 0.01kW·h，准确度应小于或等于 1%。

图 4-11 所示的充电桩计量与控制解决方案，可为各类充电站及系统集成商提供一整套集配电系统监测、充电电能计量、远程智能控制及防雷保护的解决方案。

4.3.2　充电桩计量与保护解决方案

1. 交流充电桩计量与保护解决方案

交流充电桩通过安装交流电能表和断路器实现计量和保护功能，交流充电桩计量与保护解决方案如图 4-12 所示，交流充电桩计量与保护设备技术参数见表 4-1。

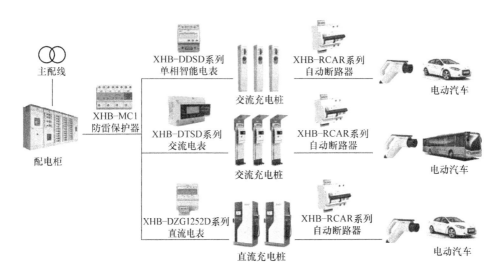

图 4-11　充电桩计量与控制解决方案

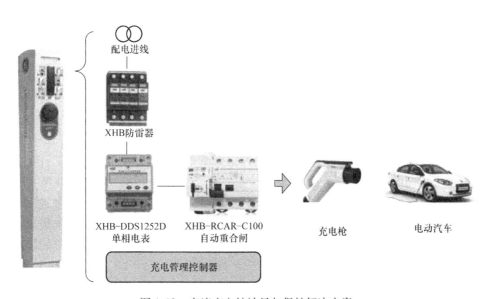

图 4-12　交流充电桩计量与保护解决方案

表 4-1　交流充电桩计量与保护设备技术参数

用电种类	型号	产品图片	主要功能
单相交流电表	XHB－DDSD 1252D 系列		单相电能、电流规格 20（80）、RS 485 通信接口、MODBUS/DLT 645 协议、全电参量测量，导轨式安装

（续）

用电种类	型号	产品图片	主要功能
交流防雷器	MC2 系列		20kA ~40kA 电涌保护、遥信报警接口、失效检测指示、漏流小标准模块化安装、内置过电流断路装置、可插拔更换防雷模块
自动重合闸断路器	XHB – RCAR – C100 系列		开关量控制及输出、220V 交流供电、远程控制、自动重合、可编程
自动重合闸断路器	XHB – RCAR 系列		RS 485 通信接口、开关量输入输出、24V 直流供电、远程控制、自动重合、可编程

2. 小功率直流充电桩计量与保护解决方案

直流充电桩也称快速充电桩，小型直流充电桩一般功率在 12kW 左右，往往安装在公共场合，其目的是让待充电车辆在较短时间内补充 50% ~ 60% 以上的电能，直流充电桩计量与保护解决方案如图 4-13 所示，直流充电桩计量与保护设备技术参数见表 4-2。

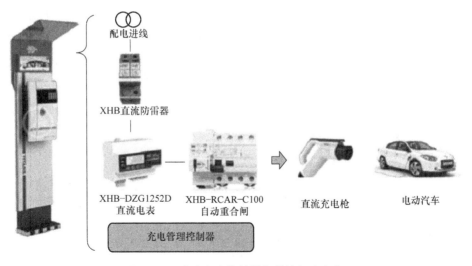

图 4-13　直流充电桩计量与保护解决方案

表4-2　直流充电桩计量与保护设备技术参数

用电种类	型号	产品图片	主要功能
直流电表	XHB – DZG1252D 系列		直流电压、电流、功率、电能、RS485 通信接口，导轨式安装
直流防雷器	MD 系列		40kA 电涌保护、积木式模块可插拔更换、遥信报警功能
自动重合闸断路器	XHB – RCAR – C100 系列		开关量控制及输出、220V 交流供电、远程控制、自动重合、可编程
自动重合闸断路器	XHB – RCAR 系列		RS 485 通信接口、开关量输入输出、24V 直流供电、远程控制、自动重合、可编程

3. 大功率直流充电桩计量与保护解决方案

大功率直流充电桩的功率较大，通常在 200kW 左右，在大功率充电桩的进线端配置防雷器，用于雷电防护。进线回路同时设置三相导轨式交流电能表，用于充电电能计量。充电管理控制器负责外部人机接口、充电控制、读取电能表的电能数据、控制充电输出断路器的分合闸等。大功率直流充电桩计量与保护解决方案图 4-14 所示，大功率直流充电桩计量与保护设备技术参数见表 4-3。

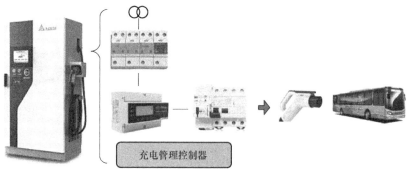

充电管理控制器

图 4-14　大功率直流充电桩计量与保护解决方案

表 4-3　大功率直流充电桩计量与保护设备技术参数

用电种类	型号	产品图片	主要功能
三相交流电表	XHB – DTSD 系列		电流规格 20（80）、0.5S 级准确度、RS 485 通信接口、MODBUS/DLT645 协议、可编程、全电参量测量，导轨式安装
交流防雷器	MC1 系列		60kA ~ 80kA 电涌保护、电涌保护、遥信报警接口、失效检测指示、漏流小标准模块化安装、内置过电流断路装置
交流防雷器	MC2 系列		20kA ~ 40kA 电涌保护、遥信报警接口、失效检测指示、漏流小标准模块化安装、内置过电流断路装置、可插拔更换防雷模块
自动重合闸断路器	XHB – RCAR – C100 系列		开关量控制及输出、220V 交流供电、远程控制、自动重合、可编程
自动重合闸断路器	XHB – RCAR 系列		RS 485 通信接口、开关量输入输出、24V 直流供电、远程控制、自动重合、可编程

4.3.3　充电桩计量与监控解决方案

1. 交流充电桩计量与监控解决方案

交流充电桩一般功率在 7kW 左右，总进线回路配置电能质量分析仪，对整个充电桩供电回路电能质量进行监测。进线回路同时设置电气火灾监控装置，充电管理控制器，负责充电计费控制。设置的单相导轨式交流电能表，用于充电电能计量，电能数据由充电管理控制器通过 RS 485 通信口读取。进线侧配置带漏电保护功能的断路器，充电侧配置微型断路器等。交流充电桩计量及监控解决方案如图 4-15 所示，交流充电桩计量及监控解决方案的产品选型见表 4-4。

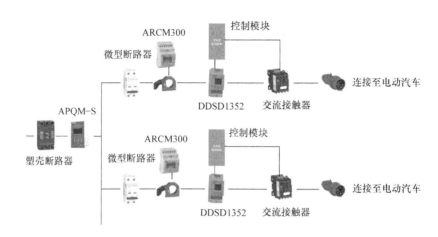

图 4-15　交流充电桩计量及监控解决方案

表 4-4　交流充电桩计量及监控解决方案的产品选型

设备名称	图片	型号	主要功能
电能质量检测装置		APQM－S 或 ACR330ELH	单三相回路输入，稳态、暂态数据监测，统计功能，指标越限及记录，设置功能，通信功能，开入和开出
电气火灾监控装置		ARCM－300J1	单回路剩余电流监测，3 路温度检测、1 路继电器输出、LCD 显示、RS 485/Modbus 协议
单相导轨电能表		DDSD1352－C	电流规格 10（60）A、可编程、复费率电能统计、电能脉冲输出、RS 485 通信接口、Modbus 协议或 DL/T645 规约

2. 小功率直流充电桩计量与监控解决方案

小功率直流充电桩的功率一般在 12kW 左右，总进线回路配置电能质量分析仪，对整个充电桩供电回路电能质量进行监测。进线回路同时设置电气火灾监控装置，接入火灾监控后台系统。充电回路采用三相供电，其进线配置带漏电保护功能的微型断路器。充电管理控制器负责外部人机接口，充电控制、读取直流电能表的电能数据，控制直流充电输出断路器的分合闸等。嵌入式直流电能计量表配合外置霍尔传感器或分流器实现对充电电能的计量，霍尔传感器为非接触测量和分流器相比，能具有更高的安装便利性和电气安全性能。小功率直流充电桩计量及监控解决方案如图 4-16 所示，小功率直流充电桩计量及监控解决方案的产品选型见表 4-5。

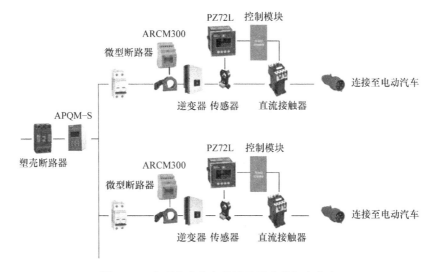

图 4-16　小型直流充电桩计量及监控解决方案

表 4-5　小功率直流充电桩计量及监控解决方案的产品选型

设备名称	图片	型号	主要功能
电能质量监测装置		APQM – S	单三相回路输入、数据监测、电能统计、指标越限及记录、开关量输入与输出、RS 485/Modbus 协议
电气火灾监控装置		ARCM300J1	单回路剩余电流监测、3 路温度检测、1 路继电器输出、LCD 显示、RS 485/Modbus 协议
直流电能表		PZ72L – DE	电流规格 10（60）A、全电参量测量、单相复费率电能计量、可编程、RS 485（Modbus 协议或 DL/T645 协议可选）、导轨安装

（续）

设备名称	图片	型号	主要功能
霍尔电流传感器		AHKC – BS（30A）	孔径：20.5mm × 10.5mm，输入：30A，输出：5V，工作电源 15V

3. 大功率直流充电桩计量与监控解决方案

大功率直流充电桩的功率通常在 200kW 左右，总进线回路配置电能质量分析仪，对整充电桩供电回路电能质量进行监测。同时设置电气火灾监控装置，充电回路采用三相供电，其进线采用交流塑壳断路器。三相主回路配置剩余电流继电器，提供间接接触的触电保护。大功率直流充电桩的功率大，故在其三相交流回路配置导轨式电能表用于计量总电能，配合直流电能表对整个充电桩的运行效率进行监控。充电管理控制器负责外部人机接口，充电控制、读取直流电能表的电能数据，控制直流充电输出断路器的分合闸等。大功率直流充电桩的计量及监控解决方案如图 4-17 所示，大功率直流充电桩的计量及监控解决方案的产品选型见表 4-6。

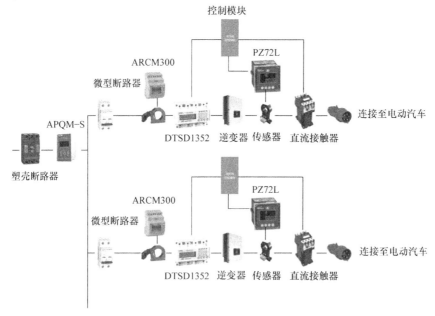

图 4-17 大功率直流充电桩计量及监控解决方案

表 4-6　大功率直流充电桩的计量及监控解决方案的产品选型

设备名称	图片	型号	主要功能
电能质量监测装置		APQM – S	单三相回路输入、数据监测、电能统计、指标越限及记录、开关量输入与输出、RS 485/Modbus 协议
电气火灾监控装置		ARCM300J1	单回路剩余电流监测、3 路温度检测、1 路继电器输出、LCD 显示、RS 485/Modbus 协议
三相电能表		DTSD1352 – C	电流规格 1.6（6）A、5（20）A、10（40）A、20（80）A 可选、全电量测量、四象限电能计量、复费率、最大需量统计、RS485（Modbus 协议或 DL/T645 规约可选）
		DTZ1352	电流规格 1.6（6）A、全电参量测量、四象限电能计量、符合国网标准、复费率、最大需量统计、RS 485（Modbus 协议或 DL/T645 规约可选）
直流电能表		PZ72L – DE	电流规格 10（60）A、全电参量测量、单相复费率电能计量、可编程、RS 485（Modbus 协议或 DL/T645 协议可选）、导轨安装
霍尔电流传感器		AHKC – BS（30A）	孔径：20.5mm × 10.5mm，输入：30A，输出：5V，工作电源 15 V

第5章 电动汽车充电站安全防护

5.1 电动汽车充电站安全防护及安全要求

5.1.1 电动汽车充电站安全防护及影响充电安全的因素

（1）安全防护及保护手段

1）安全防护。安全防护，即安防，所谓安全，就是没有危险、不受侵害、不出事故；所谓防护，就是防备、戒备，而防备是指做好准备以应付攻击或避免伤害，戒备是指防备和保护。

综合上述解释，给安全防护下如下定义：做好准备和保护，以应付攻击或者避免伤害，从而使被保护对象处于没有危险、不受侵害、不出现事故的安全状态。

显而易见，安全是目的，防护是手段，通过防范的手段达到或实现安全的目的，就是安全防护的基本内涵。安全问题是一个涉及多种技术学科，多维度的科学问题，在安全性问题上，还有一些问题需要进一步探讨。

2）保护手段。保护手段可以是自动的，也可以是手动的，例如充电桩上的急停按钮，当感知到危险发生的时候，通过急停按钮保护人、车、桩的安全。最后，还需要有手段实现"戒"的目的，可以考虑的内容有安全警示标志、产品安全要求、各种管理规定及技术措施等。

① 防止事故发生的安全技术措施。防止事故发生的安全技术措施是指为了防止事故发生，采取的约束、限制能量或危险物质，防止其意外释放的安全技术措施。常用的防止事故发生的安全技术措施有消除危险源、限制能量或危险物质、隔离、安全设计、减少故障和失误。

② 减少事故损失的安全技术措施。防止意外释放的能量引起对人的伤害或对物的损坏，或减轻其对人的伤害或对物的破坏的技术措施称为减少事故损失的安全技术措施。该类技术措施是在事故发生后，迅速控制局面，防止事故的扩大，避免引起二次事故的发生，从而减少事故造成的损失。常用的减少事故损失的安全技术措施有隔离、设置薄弱环节、个体防护、避难与救援。

（2）充电安全　我国在快速推进充电设施标准化和建设的前提是必须保证电动汽车充电的安全性，充电安全问题应及早考虑，避免在建设中后期出现安全隐患，给国家和人民带来不必要的损失。电动汽车充电设施有其独特的安全需求，它直接或者间接与百姓生活相关，在充电设施设计中，针对安全性需要考虑的因素比传统工业设备更多、更复杂。

从安全检测方面保证充电设施的安全，从设计、规划、建设、使用、运行的全过程以及全方位来控制充电设施的质量和监督检查，以保证充电设备本体的安全、连接的安全和充电过程的安全。在使用现场保证安全运营维护，从安全运行、日常检查、周期检查等解决安全隐患、性能降低等问题。

针对充电设施的安全首先考虑必要的预防措施，即本体安全，但只有本体安全是不够的，因为充电设施在运行过程中，可能有异常发生，在这种情况下，需要考虑一些保护手段，当危险发生或者即将发生的时刻采取必要的措施，截断事故链条，将当前状态拉回到安全状态。

在充电设施建设的过程中，安全是第一位的，充电设施的安全是电动汽车市场稳妥发展的基础。充电设施本身的安全问题是因漏电、接地故障或绝缘老化等原因造成的安全风险，因此，可在充电设施本身的外绝缘防护方面、漏电保护方面和充电过程绝缘监测方面，以及接地持续性的监测方面开展工作，防止人身触电。

在充电设施的运行过程中，因供电设施会遇到雷击、浪涌等电压异常情况，如果其内部的控制电路没有进行隔离，会造成内部电路损坏，从而造成充电设施短路或者人体触电伤亡等危险事件的发生。在国标中对充电设施应承受的浪涌（冲击）抗扰度有明确规定：充电机应能承受 GB/T 17626.5—2008 第 5 章规定的试验等级为 3 级的浪涌（冲击）抗扰度试验，浪涌抗扰度试验等级见表 5-1。

表 5-1　浪涌抗扰度试验等级

等级	开路试验电压（±10%）/kV	等级	开路试验电压（±10%）/kV
1	0.5	4	4.0
2	1.0	X	特定
3	2.0		

注："X" 可以是高于、低于或在其他等级之间的任何电压。

充电设施内部电路有相对较低的安全电压，也有近千伏的危险电压，不同电压等级、不同功能的电气回路之间以及各带电回路对地是需要隔离的（部分电路与地之间形成特殊功能回路的除外，如防雷器，用于对地过电压保护的压敏电阻、气体放电管，测量对地阻抗的绝缘监测回路等）。无电气联系的各回路对地以及无电气联系的各回路之间隔离的方法一般从两方面来解决：

1）采用足够的电气间隙和爬电距离；

2）使用满足稳态和瞬态过电压要求的绝缘材料。

充电设施的充电接口关联充电机和电动汽车，充电接口可能会因为积尘、触头磨损等引起燃烧，或者锁止机构不完善导致带电插拔的危险，可以通过设置机械锁、电子锁和增加传感器等手段增加安全防护，以通过这些措施防止充电接口燃烧和带电插拔。

针对动力电池因过充、过温等原因导致燃烧及车辆存在带枪启动的风险，可以通过动力电池管理优化、车辆控制流程优化等手段提高安全防护，以保证动力电池安全，防止车辆带枪启动。信息安全可通过一些安全隔离，如防火墙，在插卡时候进行数据加密和密锁输送信息传输等措施，以及"硬件 + 软件"安全防护来提高运营系统的安全，防止重要信息泄漏和用户的支付风险。

5.1.2 电动汽车充电站安全要求

1. 充电机防护要求

（1）外壳防护能力　在 GB/T 18487.1—2015 第 7.2 节中规定：所有充电模式下，外壳的防护等级为 IPXXC。最后一个字母 C 表示是否会给使用工具带来危害（A 表示手背，B 表示手指，C 表示工具，D 表示金属线），另外对连接器在连接和非连接状态下的防护也有考虑。

（2）允许温度　在 40℃ 环境温度下，充电机可用手接触部分允许的最高温度应为：金属部分 50℃，非金属部分 60℃。可以用手接触但不必紧握的部分，在同样条件下允许的最高温度应为：金属部分 60℃，非金属部分 85℃。

以 GB/T 18487.1—2015 第 11.6 节（温度要求）的极限温升和允许表面温度要求为例，极限温升主要防止过高温度带来绝缘材料老化加速，影响绝缘效果，给人体和设备带来危害。而允许表面温度除了有绝缘材料老化问题外，还有对人体的伤害问题。

标准除了对温升有要求外，还对温度异常采取了保护措施，比如 NB/T 33001—2018 第 6.11 节建议车辆插头具备温度监测功能，当监测到车辆插头温度超过允许值时，充电机宜停止充电并发出告警提示，防止充电过程中由于车辆插头接触不佳导致温度异常，给绝缘造成破坏，甚至引发火灾。

（3）电击防护　充电机的电击防护应符合 GB/T 18487.1—2015 第 9 章的要

求，充电机的电气间隙和爬电距离应符合表 5-2 的规定。主要是考虑产品在设计、安装工艺等方面，设备运行可能出现的因过电压造成绝缘击穿，从而导致设备工作异常或损坏。

表 5-2　电气间隙和爬电距离

额定绝缘电压 U_1/V	电气间隙/mm	爬电距离/mm
$U_1 \leqslant 60$	3	3
$60 < U_1 \leqslant 300$	5	6
$300 < U_1 \leqslant 700$	8	10

注：1. 当主电路与控制电路或辅助电路的额定绝缘电压不一致时，其电气间隙和爬电距离可分别按其额定值选取。

2. 具有不同额定值主电路或控制电路导电部分之间的电气间隙与爬电距离，应按最高额定绝缘电压选取。

3. 小母线、汇流排或不同级的裸露的带电导体之间，以及裸露的带电导体与未经绝缘的不带电导体之间的电气间隙不小于 12mm，爬电距离不小于 20mm。

（4）接地要求　充电机的接地设施应能满足以下规定：

1）充电机的金属壳体应设置接地螺栓，其直径不得小于 6mm，并应有接地标志。

2）所有作为隔离带电导体的金属隔板、电气元件的金属外壳以及金属手柄等均应有效接地，连续性电阻不应大于 0.1Ω。

3）充电机的门、盖板、覆板和类似部件，应采用保护导体将这些部件和充电机主体框架连接，此保护导体的截面积不得小于 2.5mm²。

4）接地母线和壳体之间的所有连接应躲开（或穿透绝缘层）喷漆层，以保证有效的电气连接。

（5）介电强度　介电强度是衡量材料作为绝缘体时的抗电强度的量度，验证绝缘材料最高介电强度时，介电强度定义为绝缘材料所能承受的最低击穿电压。绝缘材料所能承受的介电强度越高，它作为绝缘体的抗电强度就越好。在 GB/T 18487.1—2015 第 11.4 节规定了绝缘材料在充电设施中使用时，其介电强度必须达到基本要求。

（6）绝缘电阻　绝缘能力是一个双向的安全性能，一方面是设备正常工作时，对外部造成的影响，另外一方面是外部的过电压等对设备内部器件的影响。良好的绝缘对于保证电气设备与线路的安全运行，防止人身触电事故发生是最基本和最可靠的手段。按表 5-3 规定的电压，充电机非电气连接的各带电回路之间、各独立带电回路与地（金属外壳）之间的绝缘电阻不应小于 10MΩ。

表 5-3 绝缘测试电压等级

额定绝缘电压 U_1/V	绝缘电阻测试仪器的电压等级/V	介电强度测试电压/kV	冲击耐压测试电压/kV
$U_1 \leqslant 60$	250	1.0 (1.4)	1.0
$60 < U_1 \leqslant 300$	500	2.0 (2.8)	5.0
$300 < U_1 \leqslant 700$	1000	2.5 (3.5)	12.0

注：1. 括号内数据为直流介电强度测试值。

2. 出厂测试时，介电强度测试允许电压高于表中规定值的 10%，测试时间 1s。

充电设施在正常环境、潮湿环境、高原低气压环境中运行时，要保障充电设施的绝缘电阻满足功能要求、性能要求和安全要求。绝缘电阻值是评估充电设施是否安全的一项重要指标，在 GB/T 18487.1—2015 第 11.3 节中规定了绝缘电阻不能小于 10MΩ，这个要求是对充电设施绝缘电阻的最低要求。

（7）工频耐压 充电机非电气连接的各带电回路之间、各独立带电回路与地（金属外壳）之间，按其工作电压应能承受表 5-3 所规定历时 1min 的工频耐压试验（也可采用直流电压，试验电压为交流电压有效值的 1.4 倍），试验过程中应无绝缘击穿和闪络现象。

（8）冲击电压 充电机各带电回路、各带电电路对地（金属外壳）之间，按其工作电压应能承受表 5-3 所规定标准雷电波的短时冲击电压试验。试验过程中应无击穿放电。冲击耐压的测试电压采用波形参数为 1.2/50μs 的标准雷电波，按照 GB/T 18487.1—2015 第 11.5 节规定的开路电压分别进行正负极性的测试。

需要注意的是冲击耐压与电磁兼容试验中的浪涌（冲击）抗扰度试验是不同的。从原理上来讲，浪涌测试同样采用波形参数为 1.2/50μs 的浪涌（冲击）波形，但与冲击耐压的电压等级不同；从测试项目考察的内容来讲，浪涌是为了考核设备在运行过程中，出现浪涌（冲击）时设备是否能够抵抗外来的干扰，而冲击耐压则是为了验证装置无电气联系的各回路之间以及无电气联系的各回路对地的电气间隙、绝缘介质是否会在这种瞬时过电压时绝缘击穿或产生放电现象。不同额定绝缘电压的回路在验证冲击耐压时，应采用规定的电压进行测试。

标准中定义了额定电压大于 300V 的直流充电机，冲击耐压的试验电压使用 ±6kV，而在冲击耐压试验的 IEC 标准和国家标准中，试验电压值为 12kV，表述方式没有采用 ±12kV 的方式，而是在试验方法中提到了正、负方向都是 12kV，因此应该是在 GB/T 18487.1—2015 制定过程中，直接将原来的 12kV 改写成 ±6kV 所致。

（9）环境要求 充电设施在使用过程中需要经历春夏秋冬、风霜雨雪等不同的天气和应用环境。在使用期内受到多种因素（如温度、电和机械的应力、振动、有害气体、化学物质、潮湿、灰尘和辐照等）的影响，而温度通常是对绝缘材料和绝缘结构老化起支配作用的因素。

充电设施耐环境要求涉及三防（防潮湿、防霉变、防盐雾）、防锈（防氧化）、防风和防盗保护问题。其中，三防对于设施的印制电路板和接插件比较重要，主要是防霉菌、防潮湿、防盐雾。其中，盐雾与设备电器元件的金属物发生化学反应会使原有载流面积减小，生成的氧化物则会使电气触点接触不良，这将导致电气设备故障或毁坏。三防除了防止绝缘等电性能下降外，也有防止机械性能下降的作用。

国标对充电桩防水性能有明确要求，在户外应达到 IP54 防护等级。防水防潮是充电桩户外使用必须注意的，一些技术上不达标的充电桩，很容易出现充电桩内部水渍明显、机身内壁大片水滴分布、信息显示屏内部进入水汽、无法清晰观察相关信息等情况，影响操作使用，带来漏电安全隐患。因此，使用防水防潮的充电桩密封胶密封是非常有必要的。

在 GB/T 18487.1—2015 第 14.1.4 节中，对充电设施安装的海拔高度提出要求，但就目前检测而言，都是按 2km 以下海拔考虑的。实际上，中国有很多地区的海拔高度超过 2km，如果不考虑这个因素，把充电桩安装在 2km 以上地区，则很有可能出现绝缘击穿问题，损坏设备或者伤人。针对这些应用场景，必须按照 GB/T 16935.1—2008《低压系统内设备的绝缘配合 第 1 部分：原理、要求和试验》的要求进行换算。

2. 充电机应具备的保护功能

充电机在运行过程中若有异常情况发生时，必要的保护措施可以确保充电机和操作人员的安全。充电机应具备以下保护功能：

1）充电机应具备电源输入侧的过电压、欠电压保护，并应具备输出过电压保护。

2）充电机应具备输出过电流和短路保护。

3）充电机应具备内部过温保护，当内部温度达到保护值时，采取降功率或停止输出。

4）充电机应具备动力电池反接保护和防止动力电池电流倒灌功能。

5）充电机应具备急停保护，急停开关是操作员在判断设备出现故障却没有自动停止的情况下，紧急做出停止充电机运行的开关，在发生无法判断的紧急情况下可立即操作此开关。当充电机在充电过程中发生下列情况时，充电机应能在200ms 内断开直流输出接触器，且直流输出电压应在 1s 内下降至 60V 以下：

① 启动急停开关；

② 与电池管理系统通信故障；

③ 控制导引故障。

6）充电机应具备防雷击浪涌保护，尤其对露天安装的充电桩来说十分重要。当电气回路或者通信线路因外界的干扰突然产生尖峰电流或者电压时，浪涌保护器能在极短的时间内导通分流，从而避免浪涌对回路中其他设备的损害。户外充电桩的雷击浪涌防护多采用陶瓷气体放电管做一级防护，压敏电阻作为二级防护。

3. 充电机应具备的充电安全功能

1）充电机应具备软启动功能，软启动时间为 $3 \sim 8s$，充电机在启动充电时应由人工确认启动。充电机应具备限制冲击电流功能，冲击电流不应超过额定输入电流的 110%。

2）充电机应具备充电枪插拔保护，充电机在充电过程中应具有防止充电连接器意外脱落的锁止装置，锁止装置应通过专用方式（如机械或电子方式）才能打开。

3）充电机应具备预充电功能。当充电机检测到电动汽车直流接触器闭合后，充电机应检测动力电池端电压，检测到动力电池端电压后需进行预充，将功率模块输出电压升到与动力电池端电压测量值之差小于 10V 后，方可闭合充电机输出接触器。

4）充电机必须保证充电机输出接触器闭合发生在车辆直流充电接触器闭合之后，其时间间隔不得低于 500ms。

5）充电机在充电过程中应具有明显的状态指示和文字提示，防止人员误操作。

6）充电机在每个充电周期内进行接触器触点烧结检测，当检测到接触器触点出现粘连的情况后，充电机不得继续工作。

7）充电机在充电停止状态下，应保证直流输出回路处于断开状态。

4. 对充电机连接器的基本要求

1）连接器手柄应采用高强度阻燃绝缘材料制作，连接器应具有锁紧装置、防反接功能。

2）在有直流负载电流通过高压插接端子的情况下，不允许拔开连接器。

3）为保障工作人员和设备的安全，连接器应具有闭锁功能，以防止在正常工作过程中连接器发生分离。

4）当高压端子带负载分离时，要求高压插接端子应能够自动灭弧，不会产生连续电弧。

5）连接器拔插寿命应大于 1000 次，并应不超过 6 个月进行一次安全试验。正常使用期限不得超过 1 年，并应在使用期限内及时更换连接器高压插接端子。

6）连接器插接端子的连接和分离顺序：

① 连接顺序：要求接地保护端子和高压插接端子先于连接控制和通信插接端子连接。

② 分离顺序：要求控制和通信插接端子先于高压插接端子和接地保护插接

端子分离。

接地保护端子和高压插接端子的连接、分离顺序暂不做要求。

7）连接器的电磁兼容性应符合 GB/T 18487. 2—2017 第 9 章的要求。

5. 充电站应配备安全防护用品

充电站应按照相关规定配备绝缘棒、绝缘服、绝缘手套、绝缘鞋、绝缘垫、安全帽、护目镜等安全防护用品。充电站的管理人员应定期对各类安全防护用品进行检查，及时更换不符合要求的安全防护用品，保证其完好有效，并做好记录。

充电站管理人员应督促操作人员正确使用安全防护用品，防止意外事故发生。操作人员进行作业前必须正确使用安全防护用品，并接受管理人员监督。

6. 信息安全防护

电动汽车充电设施网络化、信息化、互联互通发展迅速，电动汽车充电设施网络信息安全事关人民生活和经济发展。为此必须提升电动汽车充电设施系统信息安全防护水平、保障系统安全。在电动汽车充电设施运营以及从事电动汽车充电设施系统规划、设计、建设、运维、评估中，对信息安全防护总体要求是分区分域、安全接入、安全可信、动态感知、精益管理、全面防护。

（1）信息安全防护的技术要求　针对不同安全保护等级的要求，从物理安全、终端安全、应用安全、网络安全、主机安全、数据安全等方面进行技术保护。

1）电动汽车充电设施采用安全软件需经过电动汽车充电设施生产和运营企业的授权和安全评估，并基于风险评估为电动汽车充电设施选择具有相应安全措施的安全软件。

2）运营平台安全软件需经过电动汽车充电设施运营企业授权和安全评估，具有支持充电设施和移动终端安全防护需求的安全能力，形成一体化防御体系。

3）在电动汽车充电设施体系架构设计中，采用网络分段和隔离技术。对不同网段进行边界控制，对电动汽车充电设施内部控制网络的数据和文件进行安全控制和安全监测。

4）电动汽车充电设施与外部通信采用安全接入方式，并可对业务进行划分，通过不同的安全通信子系统接入网络。

5）运营平台需具备防火墙、入侵检测等安全功能，对电动汽车充电设施的全部访问点进行配置，访问限制，拆除主机上不必要的接口。

6）移动终端 APP 采用具有安全防护措施的安全软件，且相关安全软件需经过电动汽车充电设施生产和运营企业授权和安全评估。

（2）信息安全防护的管理要求

1）针对不同安全保护等级的要求，从安全管理制度、安全管理机构、人员安全管理、系统建设管理、系统运维管理、网络安全管理等方面进行管理。

2）建立并维护电动汽车充电设施系统配置清单，留存边界设备的访问日志、充电关键业务的日志，时间不少于 6 个月，并定期进行配置审计。

3）对重大配置变更制定变更计划，并进行影响分析，配置变更实施前进行严格安全测试。

4）密切关注电动汽车充电设施重大安全漏洞，及时采取补丁升级措施。在安装补丁或升级前，需对补丁或升级进行严格的安全评估和测试验证。

5）如需远程升级，升级过程需要在具有系统安全的条件下进行，具备通信安全，以及异常监测、响应的能力，并需要获得用户确认，且升级过程需记录完整的日志信息。

（3）身份认证　在电动汽车充电设施启动登录、移动终端登录、运营平台访问等过程中使用身份认证管理。在关键业务场景下，采用多因素认证方式。强化电动汽车充电设施、移动终端及访问点等的登录账户及密码，强制更改默认口令，避免使用弱口令，定期更新口令。

在电动汽车充电设施间的数据通信过程中，使用身份认证机制，电动汽车充电设施需对远程访问的端口进行严格控制，关闭不必要的端口。确定远程访问的关键业务场景，采用安全措施进行加固，对访问时限进行控制，并采用身份认证、数据安全传输、访问控制等机制。保留电动汽车充电设施系统的相关访问日志，并对操作过程进行安全审计。建立防病毒和恶意软件入侵管理机制，对电动汽车充电设施临时接入的设备采取病毒查杀等安全预防措施。

（4）安全监测和管理　建立电动汽车充电设施安全监测体系，及时发现、报告并处理网络攻击或异常行为。电动汽车充电设施应具备包监测、数据监测等功能，限制违法操作。

制定安全事件响应预警，当遭受安全威胁导致电动汽车充电设施出现异常或故障时，应立即采取紧急防护措施，防止事态扩大，并逐级报送属地主管部门，同时注意保护现场，以便进行调查取证。定期对电动汽车充电设施的应急响应预案进行演练，必要时对应急响应预案进行修订。

对在电动汽车充电设施中采集、传输、存储的数据，定期开展风险评估。关键业务数据和用户信息须在存储和传输过程中使用安全机制，并在使用过程中采用访问控制策略。

对用户信息的采集、存储、传输和使用，必须经过用户的明确授权，定期备份关键业务数据。在选择电动汽车充电设施规划、设计、建设、运维或评估、产品及服务供应商时，优先选择通过安全评估的产品，优先选择具备安全服务经验的企事业单位，并要求供应商做好相应的保密工作，防止敏感信息的外泄。

建立充电设施网络安全防护评估制度，采取自评估为主、检查评估为辅的方式，建立电动汽车充电设施网络信息安全管理体系。在电动汽车充电设施投入运营前或发生重大变化时进行安全评估，并对投入运行的电动汽车充电设施定期进行安全评估。

通过建立完善电动汽车充电设施安全管理机制、成立信息安全协调小组等方式，明确信息安全管理责任人，落实安全责任制，部署安全防护措施。针对不同安全保护等级的要求，从安全管理制度、安全管理机构、人员安全管理、系统建设管理、系统运维管理、网络安全管理等方面进行管理。

5.2　电动汽车充电站操作安全防护

5.2.1　电动汽车充换电操作步骤及注意事项

1. 充电操作步骤及注意事项

（1）充电操作步骤　电动汽车采用整车充电方式的充电操作步骤如下：

1）检查充电机三相输入和直流输出线的连接插头是否可靠。

2）选择是否在电池管理模式下运行，根据动力电池特性设定合适的充电总电压、单体限制电压和充电电流等参数，第一次设定好参数后无特殊情况请勿擅自改动设定的参数，下次充电时能自动显示最近一次的充电参数。

3）插上充电插头后，车载设备（包括车载监控、电池管理系统）自动供电，正常运转。

4）闭合充电机控制电源。

5）确认监控室与充电机、车载监控、车载电池管理系统之间 CAN 总线网络已经建立。

6）确认动力电池状态正常后，设置充电参数，参数设置返回成功后启动充电机开始充电。

7）若接触器、液晶屏显示、风扇等工作不正常，勿开机，应等待维修处理。

在操作过程中如果出现故障，必须排除故障之后才能继续操作。

（2）充电操作注意事项

1）在充电过程中应密切监控充电机的运行状态，包括充电电流，充电电压和动力电池温度，如有电池管理系统运行还须检测动力电池单体电压的变化。

2）动力电池接近饱和后其电压上升较快，应密切观测及时停止充电。在充电过程中如发现异常应立即停机处理，记录故障现象并及时反馈给相关人员，待相关人员处理。

3）若动力电池出现温度过高、冒烟、着火或爆炸等情况，则应按照应急预案执行相关措施。

4）在充电过程中如发现充电机内部响声异常、电流电压显示异常、充电机内有不正常气味或烟雾产生、液晶显示异常、各信号指示灯显示异常等应立即停机处理，以免造成更多的元器件损坏。

5）在充电过程中严禁靠近充电机和动力电池，禁止在充电过程中突然断开电源或负载电源插头。

6）充电车间要有良好的通风设备，充电时应确保车间内通风正常，并定期检查风扇是否工作正常。如有问题应及时上报维修，保证通风装置的正常使用。

7）若某台充电机在运行过程中如发生异常，则应将同属于该充电架上的充电机全部停机，切断该充电机架的三相电源总开关后才能维修。

8）严禁非专业人士拆开充电机，所有操作人员及维修人员需进行专业培训后才能上岗。如发生故障，为避免充电机电容储能危害人身安全，应在故障发生后 15min 才能拆开充电机维修，维修时应做防静电措施。

9）充电机应做好绝缘措施，严禁在充电机上堆放其他物品，充电现场应配备相应的灭火器材。

10）充电车间内必须杜绝一切可能产生火花的因素。

11）保养、维修充电设施时，必须挂警示牌，作业时禁止其他人员触动充电设施开关。

2. 换电安全操作及注意事项

（1）换电安全操作

1）换电应由两人操作（一位操作人员，一位监护、检查人员），在换电操作前应确认车辆已经停在指定的位置，打开车辆动力电池箱盖，检查动力电池箱外观。

2）确保作业时在作业范围内不得有其他任何人员（除必要的工作人员外）。

3）任何人不得在机器人（采用机器人的换电操作）与车辆、机器人与动力电池架之间行走（紧急情况除外）。

4）若采用机器人进行换电操作，则在机器人前后移动时，操作人员必须按规程操作，并得到监护人确认，方可移动机器人。

5）故障诊断。更换动力电池前，必须仔细翻阅车载监控装置故障记录，检查车载动力电池在运营过程中是否故障。如果有故障记录，则记录故障信息（包括故障位置和类型），区分故障动力电池和无故障动力电池，然后清除故障记录。

6）更换动力电池。首先断开电动汽车的高低压供电，然后才能卸载动力电池。在卸载动力电池时，将故障动力电池和无故障动力电池分开摆放；卸载完毕后，将已经准备好的动力电池装车。

7）故障诊断。充满电的动力电池装车后，接通电动汽车的高低压供电，再进行一次故障诊断，确保更换动力电池后的电动汽车运行正常，检测电动汽车运行正常后，确认电动汽车上的动力电池盒电磁锁已经所好，关动力电池箱门，挂好动力电池箱门的保险绳，关闭自动解锁电源，关闭车辆后门，将车驶出更换动力电池区。

8）对机器人运行程序的修改，必须先做试运行再做实际操作。

9）严格按照规定维护保养机器人，记录机器人工作记录。

（2）换电操作注意事项

1）严格带电接近高压电极。

2）在进行动力电池、动力电池盒的维护前必须切断电源。

3）若换下的动力电池温度过高或更换动力电池时发现动力电池的极柱有烧黑、熔毁现象，则应执行应急预案的相关措施。

4）从动力电池架上取下动力电池前，托盘必须全部缩回到位，设备停在 0°或者 180°，工作托盘上不能有动力电池。左右移动需把托盘和缸缩回到位，高度不超过 300mm。

5）在对车辆进行动力电池更换或动力电池盒维护保养之前，确认车辆停稳，并在所工作的车辆前放置"停车牌"。作业完毕后，让司机签字确认，然后移开"停车牌"。

5.2.2　电动汽车充电站故障操作安全防护

1. 雨天应急操作

1）因雨天进行充电操作会有一定的危险性，故充电人员在雨天进行充电操作一定要穿好绝缘鞋和雨衣，戴好绝缘手套。如果绝缘工具已到了年审日期，则应立刻上报主管部门，并根据主管的指示送去年审，如当日无法拿走，则应贴上纸条提醒其他充电工不要随便动用已到期的绝缘工具。

2）在雨天雨水容易进入充电枪口，充电人员必须检查枪口是否进水，如果充电枪口不慎进水，不能徒手拭擦充电枪口内部的充电组件，应将充电枪挂在枪架上，在确保充电枪不碰到地面、不再次进水的情况下自然风干。

3）因雨天空气湿度较大，应将充电机先接通电源，待充电机工作 30min 后才能开始充电。

2. 充电机有烧焦味、冒烟及起火等状况下的应急操作

（1）发现充电机有烧焦味时的应急操作

1）当发现某个充电机有焦味时，应该立刻检查气味源自哪个充电机，如充电机处于运行状态，则应马上关闭有焦味及临近的充电机，并上报主管部门。

2）在未排查出故障前，充电机应该挂上"有故障，请勿合闸"字样挂牌。

3）确认充电机断电后，充电工需检查充电机哪个部件发生烧熔现象，明确部件后反映给主管部门，由主管部门安排更换工作。

4）更换部件后需要重新上电再次排查其他部件是否存在隐患。

（2）发现充电机冒烟时的应急操作

1）在确保人身安全的前提下按下急停按钮，并立刻上报主管部门。

2）在未排查出故障前，充电机应该挂上"有故障，请勿合闸"字样挂牌。

3）应由相关技术人员负责进行故障诊断和处理。

4）故障处理后需要重新上电，再次排查是否存在故障隐患。

（3）充电机出现明火时的应急操作

1）在确保人身安全的前提下按下急停按钮，如果明火没有熄灭，则应马上切断电源，并立即上报主管部门。

2）切断电源后马上用二氧化碳灭火器进行灭火（人与火源需要隔4m距离）。

3）扑灭明火后需上报主管部门，由主管部门前来检查确认。

4）在主管部门未确认前，应在充电机应挂上"有故障，请勿合闸"挂牌，且不能重新上电。

3. 充电站发生火灾时的应急操作

1）在充电站发生火灾时，应首先切断生产区的电源，同时保证消防设施的正常运转。立即报火警（报警人员应向消防部门详细报告火灾的现场情况，包括火场的单位名称和具体位置、起火的物品、人员围困情况、联系电话和姓名等信息），并上报主管部门。同时安排人员到路口接消防车，以使消防队员了解火灾情况并尽快抵达，以利于采取相应的灭火措施，抓住救灾时机。

2）在岗员工应立即启动消防预案，调集全体人员利用身边的灭火器材赶到火灾现场参加扑救，使用灭火器要注意以下要点：先拉开保险销，操作者站在上风位置，侧身作业，手按压柄，距火点2m位置将胶管对准火源扫射。

3）做好火灾现场人员秩序维护和无关人员的疏散撤离工作。

4. 高压电气设备发生火灾的应急操作

1）在确保人身安全的前提下切断起火设备电源，同时应迅速组织人员进行扑救，立即报火警，并上报主管部门。

2）高压电气设备发生火灾时，应用二氧化碳灭火器或干粉灭火器灭火。

3）当电缆沟中的电缆起火燃烧时，如果与其同沟并排敷设的电缆有明显的着火可能性，则应将这些电缆的电源全部切断。

4）由于电力电缆起火燃烧会产生大量的浓烟，因此在扑灭电缆火灾时，扑救人员应佩戴相应的护具进行灭火。为防止扑救过程中有人身触电，扑救人员还应戴绝缘手套和穿上绝缘靴，若发现高压电缆与地面相接，则扑救人员应遵守：室内不得进入距故障点 4m 以内，室外不得进入距故障点 8m 以内，以免跨步电压及接触电压伤人。

5）扑灭电缆火灾也可使用干砂或黄土覆盖，不能用水灭火（不管是否断电），禁止用手直接触摸电缆钢铠和移动电缆。

5. 发生触电事故应急操作

1）当发生人员触电时，在场人员在保证自身安全的情况下，首先要确认触电者接触的电源是高压电还是低压电，然后迅速组织人员使触电者脱离电源，立即采取相应急救措施，并拨打急救电话，事后要立即向主管部门汇报情况。

2）如果人员触电位置离电源开关较近，则应立即切断电源开关。如果离电源开关太远，不能立即断开，救护人员可用干燥的衣服、手套、绳索、木板、木棒、绝缘杆等绝缘物作为工具，拉开触电者或挑开电源线使触电者脱离电源。如果触电者因抽筋而紧握电线，则可用干燥的木柄斧、胶把钳等工具切断电线，或用干木板、干胶木板等绝缘物插入触电者身下以隔断电流。

3）触电者脱离电源后，应尽量在现场救护。当伤员脱离电源后，应立即检查伤员全身情况，特别是呼吸和心跳，发现呼吸、心跳停止时，应立即就地抢救。

6. 发生后台断网的应急操作

充电设施运营管理后台正常使用的必要条件是网络通信畅通，由于存在一些不可控因素，可能出现网络连接异常、充电设施断网等情况。为确保在断网情况下充电设施能正常充电和计费，保障客户正常的生产经营活动，在断网故障发生后的应急操作步骤如下：

1）断网故障的判定。在充电站出现少量充电设施断网时，多为设备故障，可能是 SIM 卡或通信模块等故障造成的，为非断网故障。在充电站出现批量充电设施断网时，可初步判定为发生断网故障。

2）在初步判定充电设施发生断网故障后，应在充电站现场使用充电卡进行离线充电。

3）引发充电设施发生断网故障的原因有：有线网络故障、无线网络故障、SIM 卡套餐设置问题等，若出现此类问题应立即通知当地运营商或发卡运营商，由其派人排查故障。

4）若断网故障是由云服务提供方的服务升级割接、服务器配置问题等引起的，则应由云服务提供方提供解决方案。

5.3　电动汽车充电站接触安全防护

5.3.1　电动汽车充电站接触安全防护要求

1. 接触防护

接触防护包括直接接触防护和间接接触防护，由于用电设备的外露导电部分正常时不带电，而故障时才带电，因此这种防护是间接的，所以接触防护又称为间接防护。在国家标准中规定，用电设备的外壳，特指金属外壳或者用电设备的外露导电部分必须接地。

人体接触带电体有电流通过人体时，称为人体触电，通过人体的电流称为接触电流。接触电流是指当人体或动物接触一个或多个装置或设备的可触及零部件时，流过他们身体的电流。接触电流的测量则是通过测量流经网络（代表人体阻抗）的电流值来实现的。接触电流超过了人体所能承受的限值，可能对人体造成不适或者伤害时，必须要采取保护措施来防止对人体造成触电伤害。按照人体触电的原因可分为：

1）直接触电。是指人体直接触及带电体（如触及相线），导致的触电。

2）间接触电。是指人体触及正常情况下不带电，故障情况下带电的金属导体（如触及漏电设备的外壳），导致的触电。

根据触电的原因不同，对触电所采取的防触电措施分为：

1）直接接触保护。直接接触保护一般可采用绝缘、防护罩、围栏、安全距离等措施。

2）间接接触保护。间接接触防护措施有以下几种：

① 自动切断供电电源（接地故障保护）；

② 采用双重绝缘或加强绝缘的电气设备（即Ⅱ级电工产品）；

③ 将有触电危险的场所绝缘，构成不导电环境；

④ 采用不接地的局部等电位连接保护，或采取等电位均压措施；

⑤ 采用安全特低电压；

⑥ 实行电气隔离；

安全是电动汽车充电设施建设第一准则，在国标中重点明确了电动汽车充电设施的基础性、通用性、安全性要求。还对充电温度监控、机械锁与电子锁联动、绝缘检测和泄放电路等进行了规定。随着充电设施建设的快速推进，各种充电设施企业的进入，对此应树立起严格的行业安全门槛，把充电安全作为企业的重要责任，加强技术创新，并要协同动力电池、充电机、模块、电网等企业构筑更有效的安全管理机制。

在国标中重点考虑了充电的安全性和兼容性，增加了充电桩过载和短路保护等安全措施，提高了充电桩等相关配套设施的防水、防漏电等安全可靠性，无论是在露天还是在封闭的环境下，都能对充电桩使用起到绝对的安全保障。不少充电桩厂家已经着手通过技术创新提升产品安全性。为提高充电桩安全性，采用强弱电分离技术、全面热保护自诊断、双系统全独立控制、高压热插拔切断等核心安全技术。

2. 电动汽车传导充电系统中直接接触防护和间接接触防护

（1）防电击保护　防电击保护是由 IEC 60364 – 4 – 41—2017 的 411 部分定义的"在正常和误操作情况下提供的保护措施"，或由 IEC 60364 – 4 – 41—2017 的 412 部分定义的"正常操作下的保护（直接接触防护或基本防护）"和由 IEC 60364 – 4 – 41—2017 的 413 部分定义的"误操作的提供保护（间接接触防护）"。在正常条件下或在偶发故障条件下，充电设施外露导电部分不应该带电、危险带电部分应该避免被触及。

（2）直接接触防护　直接接触防护提出防止在正常条件下和危险带电部分接触的一个或多个措施：

1）带电部分的可触及性。电动汽车充电设施的设计和结构应保证当与电网相连接时，危险带电部分不能被触及，即便是在有些不用工具就能拿开的部分被打开后，其中危险带电部分也不应该能被触及。若与电动汽车车体相连接的电压特别低的辅助电路是可触及的，则在使用非绝缘隔离的充电机给电动汽车动力电池充电时，要对电压特别低的电路绝缘隔离提出要求。

2）存储的能量（电容器的放电）。当电动汽车和充电设施断开 1s 以后，在任何可触及的导电部分之间和任何可触及导电部分和地之间的峰值电压应低于 42.4V（方均根值为 30V），并且储存的能量应少于 20J（IEC 60950）。如果峰值电压高于 42.4V，或能量为 20J 或更高，则应在合适的地方贴警告标签。

（3）间接接触的防护　间接接触防护应包含一个或多个可被认可的措施，根据 IEC 60364 – 4 – 41—2017 用于故障保护可被认可的专用措施如下：附加或加强绝缘措施、保护性等电位连接、保护性屏蔽、自动断开电源、简单的隔离。

3. 电动汽车传导充电系统中的辅助措施

（1）必需的附加保护　在电动汽车传导充电系统中应提供电击的附加保护措施，以防止基本保护措施失效或由于用户疏忽造成危险。在电动车辆传导供电设备的接地系统中，应该设置漏电流保护（漏电流 $I_{\Delta n} \leqslant 30mA$）。在绝缘系统中用于监视一个电路对地的绝缘情况的监视设备，应该能在出现故障时自动断开与电源的连接。

（2）可选的附加保护措施

1）在特殊的环境条件下，电动汽车充电时的保护可以通过使用附加的装置或部件来加强保护，例如，控制导引、接地监视设备。

2）动力电池。如果动力电池是和电动汽车的可导电的车体连接在一起的（ELV 动力电池可能就是该种情况），那么充电系统应该提供动力电池和电源总线之间的电流隔离。

3）在正常工作、误动作或一个单纯故障的条件下，充电设施应该设计成能防止交流、直流谐波和非正弦电流的串入，这些电流可能会影响漏电流装置或其他设备的功能。

4. 电动汽车充电设施应设置的保护

1）过电流保护。很多电子设备都有额定电流，不允许超过额定电流，不然会烧坏设备。过电流保护是在电流超过设定电流后自动断电，来保护设备不被烧坏，避免设备故障。为避免更换不便，充电设施中的过电流器件能够优先考虑具备自复能力的。

2）短路保护。短路不仅容易损坏电源，严重时甚至会引发火灾。一旦发现短路故障，应立即切断电动汽车充电设施的电源。

3）漏电保护。漏电事故一般发生在操作过程中，对人体伤害很大，很小的电流虽然短时间不会有什么影响，但是时间一长，还是会引起心室颤动，引发心脏停搏。在漏电流超过漏电保护设定值时，应立即切断电源。

4）过电压保护。当电压超过设定的最大值时，应立即降低电压或直接切断电源。

5）欠电压保护。欠电压一般是由短路引起的，会给电动汽车充电设施的线路和设备本身带来损害。当电压低于设定的欠压保护值时，应立即切断电动汽车充电设施的电源。

5.3.2 电动汽车充电站间接接触安全操作防护要求

1. 变配电系统间接接触安全操作防护要求

1）变电所应设置安全护栏、警示牌、安全信号灯及警铃。

2）高压配电室和变压器室门外或变电所安全护栏上应悬挂"止步，高压危险"警示牌，警示牌的标示必须朝向围栏的外侧。

3）高压配电装置上应有显著的操作指示说明，设备的接地点应有明显可见的标志。

4）高压配电室和变压器室室内应有明显的"安全通道"或"安全出口"标示牌。

2. 充电设施统间接接触安全操作防护要求

1）为保证充电设施操作人员的安全，根据充电设施各回路不同的电压等级选择不同的绝缘电阻表的电压等级，对充电设施、进出线电缆进行绝缘测试。

2）充电设施在通电投运前的调试、测试报告及安装情况须经质检部门、充电设施投资方确认后方可送电。

3）有经审批的安全防护方案。

充电设施具体的保证安全措施有：

1）充电设施应配置漏电保护、过电流保护和防雷等防护设备，室外安装的充电设施应安装防盗锁。

2）充电设施必须配备急停开关。

3）充电设施必须满足防水要求，国标对充电设施防水性能有明确要求，在户外应达到 IP54 防护等级。外壳设计应防尘、防潮、防锈、防腐蚀，绝缘等级符合标准要求，输入、输出对地绝缘达 $10M\Omega$。

4）充电机应具备相应的标识信息，包括设备铭牌和安全警示标识。国标有设备铭牌的强制要求，对安全警示标识也有强制要求，没有的为不合格产品。

5）充电设施充电线缆属于易盗品，有以下四种安全措施可供选择：

① 通过充电设施端进行锁止，必须刷卡获取权限后方可解锁拔出。

② 通过车辆端充电接口对线缆进行锁止，只有用车辆钥匙解锁后方可拔出。

③ 充电设施自带充电线缆，两者形成一体，无法从充电设施上取走充电线缆。

④ 通过充电接口自带电磁门将充电插头锁住，无权限状态下无法取出充电插头。

6）在充电过程中带电插拔充电插头会有触电隐患，国标对控制引导提出规范，同时确保充电设施未充电时充电插座不会带电。

7）充电设施应具备倾倒停机断电功能，避免出现意外碰撞事故对人员造成二次触电伤害。

8）电动汽车直流充电设施的输入、输出对地施加 AC 2000V、1min 无击穿，充电枪连接器寿命大于一万次。

5.4　电动汽车充电站防雷解决方案

5.4.1　电动汽车充电站防雷设计标准及变配电系统防雷设计

1. 防雷设计标准

电动汽车充电站防雷设计标准：

1）建筑物防雷设计规范 GB 50057—2010。

2）建筑物信息通信系统防雷技术规范 GB 50343—2012。

3）建筑物防雷—防雷装置保护、级别的选择 IEC 61024 – 1 – 1—1993。

4）质量管理体系认证 ISO 9001。

5）民用建筑电气设计规范 JGJ/T 16—92。

当防雷器安装于最终系统时，必须执行标准 GB 4943. 1—2011（EN 60950，IEC 60950）的所有要求。

2. 充电站变配电系统防雷设计

根据 GB 50343—2012《建筑物信息通信系统防雷技术规范》中有关防雷分区的划分，针对重要系统的防雷应分为三个区，分别加以考虑。只做单级防雷可能会带来因雷电流过大而导致的泄流后残压过高，破坏设备或者保护能力不足而引起设备损坏。充电设施的电源系统采用多级保护，可防范从直击雷到工业浪涌的各级过电压的侵袭。

电源防雷系统主要是为了防止雷电波通过电源线路对用电设备造成的危害，为避免高电压经过避雷器对地泄放后的残压过高，或因更大的雷电流在击毁避雷器后继续毁坏后续设备，以及防止线缆遭受二次感应，应采取分级保护、逐级泄流原则。一是在充电站的电源总进线处安装放电电流较大的首级电源避雷器，二是在充电设备的电源进线处加装次级或末级电源避雷器。

为了确保电源系统在遭受雷击时，高电压首先经过首级电源避雷器，然后再经过次级或末级电源避雷器，首级电源避雷器和次级电源避雷器之间的距离应为 5～15m，如果两者间距不够，则可采用带线圈（退耦）的防雷箱，这样可以避免次级或末级电源避雷器首先遭受雷击而损坏。

（1）第一级电源防雷设计 根据国家有关低压防雷的有关规定，外接金属线路进入建筑物之前应埋地穿金属管槽 15m 以上的距离进入建筑物，且要在建筑物的线路进入端加装低压防雷器。必须做到在电源总进入端安装低压端的总电源防雷器，将由外部线路可能引入的雷击高电压引至大地泄放，以确保后接用电设备的安全。

对于三相电源 B 级防雷器，三相进线的每条线路应有 60kA 以上的通流容量，可将数万甚至数十万伏的过电压限制到几千伏以内，防雷器并联安装在配电室进线端，做直击雷和传导雷的保护。可选用箱式三相电源防雷器，型号为 YF – X380B120（或选用模块式三相电源防雷器，型号为 YF – M380/120），此级防雷器并联安装，标称通流容量为 60kA（8/20μs），对后接用电设备的功率不限，可以对通过线路传输的直击雷和高强度感应雷实施泄放保护。

（2）第二级电源防雷设计 虽然已经在总电源进线端安装了第一级防雷器，可将绝大部分雷电流由地线泄放，但是当较大雷电流进入时，剩余的雷电残压还是相当高，因此第一级防雷器的安装可以减少大面积的雷击破坏事故，但是并不能确保后接设备的万无一失。若由配电室总电源至用电的设备电源线路全部为三相配线，则也会存在感应雷电流和雷电波的二次入侵的可能，需要在分配电柜安装电源第二级防雷器。

第二级防雷器作为次级防雷器，可将几千伏的过电压进一步限制到 2kV 以内，雷电多发地带二级防雷器需要具有 40kA 的通流容量，将第一级防雷器泄放后出现的雷电残压以及电源线路中感应的雷电流给予再次泄放。三相线路选用 YF – X380B80 箱式三相电源防雷器，标称通流容量为 40kA；单相线路可选用 YF – X220B80 箱式单相电源防雷器，标称通流容量 40kA；此级防雷器并联安装，对后接设备的功率不限。

（3）第三级电源防雷设计　　这也是系统防雷中最容易被忽视的地方，现代的电子设备都使用很多的集成电路和精密元器件，这些元器件的击穿电压往往只是几十伏，最大允许工作电流仅是 mA 级，若不做第三级的防雷，则经过一、二级防雷而进入设备的雷击残压仍将有千伏之上，这将对后接设备造成很大的冲击，并导致设备损坏。作为第三级的防雷器，三相线路选用 YF – X380B40 箱式三相电源防雷器，标称通流容量 20kA，此级防雷器并联安装，对后接设备的功率不限。单相的用电设备可以选用 YF – X220B40 箱式单相电源防雷器，标称通流容量 20kA，作为第三级电源雷电防护。

（4）末级电源防雷设计　　针对充电站的控制、监控系统设备，虽然电源已做到了三级防雷，但仍有一些雷击残压进入设备，为防止设备因雷电流的冲击而损坏，应采用防雷插座，型号为 YF – CZ/6，最大通流容量 10kA。

（5）变配电系统防雷设计注意事项　　电源线路防雷与接地应符合以下规定：

1）进、出充电站的电源线路不宜采用架空线路。

2）充电站的设备由 TN 交流配电系统供电时，配电线路必须采用 TN – S 系统的接地方式。

3）配电线路、设备的耐冲击过电压额定值应符合相关规定。

4）在直击雷非防护区（LPZOA）或直击雷防护区（LPZOB）与第一防护区（LPZ1）交界处应安装通过 I 级分类试验的浪涌保护器或限压型浪涌保护器作为第一级保护；第一防护区之间的各分区（含 LPZ1 区）交界处应安装限压型浪涌保护器，直流充电设施应视其工作电压安装适配的直流电源浪涌保护器。

5）浪涌保护器应有过电流保护装置，并具有劣化显示功能。

6）浪涌保护器安装的数量应根据被保护设备的抗扰度和雷电防护分级确定。

7）用于电源线路的浪涌保护器标称放电电流参数值宜符合相关规定。

（6）充电站低压电源系统防雷器选型安装方案　　充电站低压电源系统防雷器选型安装方案如图 5-1 所示，在电源防雷器选型时应注意以下事项：

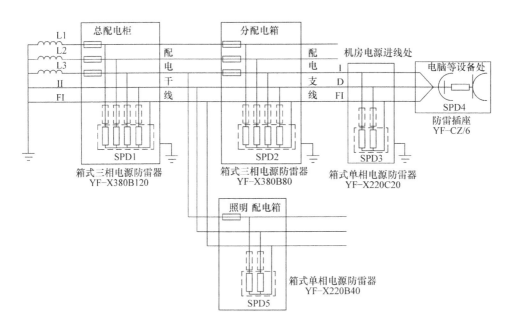

图 5-1　电源系统防雷器选型安装方案

1）应收集相关必要的信息。收集的信息包括该地区雷暴强度 N_g 以及最大放电电流发生的概率 P，被保护设备耐受冲击水平，被保护设备价值（应根据国家经济水平而定），被保护设备的重要性。

2）确定不同保护电压 V_p 和放电电流的电源防雷器。

3）供、配电情况及其配电系统接地形式，供电线路进入建筑物的方式。

4）了解电源防雷器关键参数含义：

① 最大放电电流 I_{max}。使用 $8/20\mu s$ 波冲击防雷器一次，能承受的最大放电电流。可根据当地的雷暴强度 N_g（或年均雷暴日 T_d）以及环境因素作适当选择。

② 最大持续耐压 $V_{c(rms)}$。指防雷器在此电压值下能连续工作而不影响其作为防雷器的参数。V_c 与保护电压 V_p 成非线性正比。

③ 残压 V_r 和保护电压 V_p。残压 V_r 是指在额定放电电流 I_n 下的残压值，保护电压 V_p 与 V_c 电压和 V_r 有关，$V_r < V_P$，保护电压的选择与被保护设备的耐压值有关。根据氧化锌压敏电阻特性，当选用的压敏电阻的 V_c 值高时，其 V_p 和 V_r 也会相应提高，如在放电电流为 $10kA$（$8/20\mu s$）时：

$$V_c = 275V, \quad V_r \ (10kA, \ 8/20\mu s) \leqslant 1200V$$

$$V_c = 385V, \quad V_r \ (10kA, \ 8/20\mu s) \leqslant 1600V$$

$V_c = 440\text{V}$，V_r（10kA，8/20μs）$\leqslant 1800\text{V}$

5）了解电源防雷器的分类。

① 电源防雷器按放电电流分为：

a. 耐受 10/350μs 波产品。10/350μs 波形是模拟直击雷波形，波形能量大，目前有空气间隙型和压敏电阻型产品。

b. 耐受 8/20μs 波产品。8/20μs 波形是模拟感应雷波形，是目前使用较多的波形。常见放电电流参数有 100kA，80kA，60kA，40kA，20kA 等，目前有氧化锌压敏电阻产品。

② 按保护级别区分：

a. 单级式。根据雷电防护级别，此种防雷器仅实现单级保护功能，每一级均需安装相应级别防雷器后，才能实现了雷电防护的完整防护。

b. 复合式。由于防雷器设计具有能量协调功能，能够协调不同级别之间的能量配合，因此可同时实现一、二级或一、二、三级的雷电防雷护，而无须用退耦器。

③ 按外形结构区分：

a. 模块式。可根据电网接线方式自由组合，选择不同数量和种类防雷器。

b. 箱式。将一组或两组模块式防雷器置于一个防雷箱体中，适用于配电箱或设备柜空间不足的场合。

6）选择合适的防雷器。针对被保护设备所在的环境位置，选择合适的防雷器，同时应考虑每一级防雷器之间的能量协调问题。

（7）安装电源防雷器（SPD）应注意的问题

1）各级防雷器之间的安装距离。一般情况下，第一级与第二级防雷器之间的线路长度应不小于 10m，第二级与第三级防雷器之间的线路长度应不小于 5m。当达不到以上要求时，应在两级防雷器之间加装退耦装置。当防雷器具有能量自动配合功能时，防雷器之间的线路长度不受限制。

2）防雷器安装的位置和连接导线要求如下：

① 电源线路的各级防雷器应分别安装在被保护设备电源线路的前端，防雷器各接线端应分别与配电柜内线路的同名端相线连接。防雷器的接地端与配电柜的保护接地线（PE）接地端子板连接，配电柜接地端子板应与所处防雷区的等电位接地端子板连接。各级电源防雷器连接导线应平直，其长度不宜超过 0.5m。

② 带有接线端子的电源防雷器应采用压接；带有接线柱的防雷器宜采用线鼻子与接线柱连接。

③ 电源防雷器（SPD）的连接导线最小截面积宜符合表 5-4 的规定。

表 5-4　电源防雷器的连接导线最小截面积

防护级别	SPD 的类型	导线截面积/mm²	
		SPD 连接相线铜导线	SPD 接地端连接铜导线
第一级	开关型或限压型	16	25
第二级	限压型	10	16
第三级	限压型	6	10
第四级	限压型	4	6

注：组合型 SPD 参照相应保护级别的截面积选择。

3）选用和使用 SPD 时应注意以下事项：

① 在选用电源 SPD 时要考虑变配电系统制式、额定电压等因素。

② SPD 保护必须是多级的，例如对电子设备电源部分雷电保护而言，至少需要泄流型 SPD 与限压型 SPD 前后两级进行保护。

③ 各级 SPD 之间要做到有效配合，当两级 SPD 之间电源线或通信线距离未达规范时，应在两级 SPD 之间采用适当退耦措施。

④ 在选用过电压型 SPD 时应考虑供电电源不稳定因素，选用合适工作电压的 SPD。

⑤ SPD 的安装应严格依据厂方的要求进行安装，只有正确安装 SPD 才能达到预期的效果。

5.4.2　电动汽车充电站信息通信系统防雷设计

由于信息通信系统的电磁兼容能力低下，抗雷电电磁脉冲过电压的能力十分脆弱，在闪电环境下易损性较高，因此，雷电已成为信息技术应用中的一大公害。为了消除这一公害，在部分工程设计中虽然采用了各种防雷保护措施，但是其结果是有的取得了预期的防雷效果，保证了信息通信系统的安全；而有的则反遭雷击，损失更大。其原因是信息通信系统的雷电防护工程的保护对象、保护重点、保护措施、方法都与常规雷电防护截然不同，如不能正确应用各种防雷保护措施，必然会造成不良的后果。

1. 信息通信系统的防雷特点

电子信息设备不同于一般的电气设备，因为电气设备具有较高的抗感应脉冲过电压的能力，而电子信息设备则截然不同，其原因有：

1）电子信息设备抗感应脉冲过电压的能力低下，易受感应脉冲过电压的袭击。电子信息设备是集计算机技术与集成微电子技术于一身的产品，随着集成微电子技术的发展，芯片的尺寸越来越小，系统的信号电压也越来越低，现已降到 10V 以下，有的已降到 5V 以下。这种产品的电磁兼容能力很差，很容易受感应脉冲过电压的袭击。

2）电子信息设备受雷击的概率较高。一般电气设备主要是受直击雷的危害，直击雷的概率相对较低，而电子信息设备不但要受直击雷的危害，而且还要受感应雷的危害，而感应雷的概率要比直击雷高得多。因为感应雷除由直击雷产生外，还包括远处放电的电磁脉冲感应，而且直击雷所产生的感应雷的作用达数百米之远，所以电子信息设备受闪电危害的概率较大。

3）信息通信系统是由信息采集、加工处理、传输、检索等众多环节组成的。由于系统环节多、接口多、线路长等原因，给雷电的耦合提供了条件。例如，一个信息系统不但有电源进线接口，还有信号输入输出接口、天线馈接口等。这些接口的线路较长，若符合闪电耦合的条件，则将导致感应脉冲过电压侵入，这也是感应脉冲过电压波侵入的主要通道，所以信息通信系统的致命弱点是电磁兼容能力差，易受闪电的危害。

对通信系统进行防雷保护，选取适当保护装置非常重要，在选用通信接口避雷器时应考虑的主要因素如下：

1）线路上可能感应的浪涌形式（例如波形、时间参数和最大峰值）；

2）接口电路模拟雷电冲击击穿电压临界指标；

3）保护对象在正常工作状态下的数据信号电平；

4）保护装置在模拟雷电冲击下的残压参数指标；

5）保护装置的耐冲击能力；

6）系统的工作频率；

7）保护对象的接口方式；

8）工作电压。

由于信号电平不断趋向低压化，易受到过电压的侵害，同时电子产品的种类繁多，所以在选用防雷器时，应充分考虑防雷产品与设备相匹配，才能保证信号稳定传输，通常应考虑保护信号设备的类型和相关参数：

1）了解保护信号的种类。高频（微波/无线通信），计算机局域网、广域网络，工业自动化控制信号，现代办公通信网络（数据专线等），视频系统（CATV/CCTV）。

2）了解保护设备的相关参数。数字量/模拟量，工作电压，工作频率，传输速率，接口形式，使用场合。

3）选择合适的信号防雷器。

① 根据保护设备信号的类型，选择相应的信号防雷器，如计算机网络 SPD、视频信号 SPD、控制信号 SPD、天馈信号 SPD 等。

② 根据设备工作电压，选择合适保护电压的防雷器，如控制信号 SPD 工作电压通常有 5V、12V 和 24V。

③ 根据设备对于防雷器插入损耗的要求，选择不同频宽的防雷器。

④ 根据设备接口种类、公制、英制的要求，选择不同接口的防雷器，如视频信号 SPD 接口类型有 BNC：JJ/JK、通信线路 SPD 接口类型有 RJ11 或接线端子等。

2. 通信接口保护

1）控制模块 RS 485 接口的保护。控制模块 RS485 接口的保护配置如图5-2所示，在图 5-2 中，GDT 为 3R090 – 5S，FUSE 为 SMD1210P050TF，TVS 为 SM712。

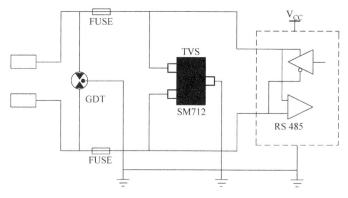

图 5-2　控制模块 RS 485 接口的保护配置

2）控制模块 RS 232 接口的保护。控制模块 RS 232 接口的保护配置如图5-3所示，在图 5-3 中，GDT 为 3R090 – 5S，FUSE 为 SMD1210P050TF；TVS 为 SMC12。

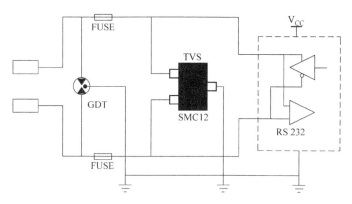

图 5-3　控制模块 RS 232 接口的保护配置

3）控制模块 CAN 接口的保护。控制模块 CAN 接口的保护配置如图 5-4 所示，在图 5-4 中，GDT 为 3R090 – 5S，FUSE 为 SMD1210P050TF，TVS

为 SMC24。

4）控制模块 USB 接口的保护。控制模块 USB 接口的保护配置如图 5-5 所示，在图 5-5 中，TVS 为 SR05。

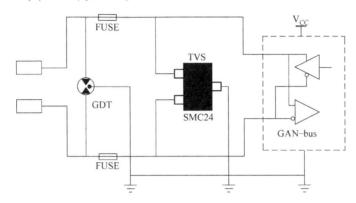

图 5-4 控制模块 CAN 接口的保护配置

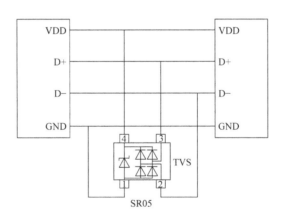

图 5-5 控制模块 USB 接口的保护配置

5）通信 100M 接口的保护。通信 100M 接口的保护配置的集成元件方案如图 5-6a 所示，在图 5-6a 中，GDT 为 3R090 - 5S，FUSE 为 SMD1210P050TF，TVS 为 SLVU2.8 - 4；分立元件方案如图 5-6b 所示，在图 5-6b 中，GDT 为 3R090 - 5S，FUSE 为 SMD1210P050TF，TVS 为 LC03CI。

3. 汽车充电站整体防雷方案

汽车充电站整体防雷方案如图 5-7 所示，在充电站的数据采集、监控系统中，有视频、信号、电源等多种线路，在相应线路上必须选用匹配的防雷保护产品。充电站的数据采集，由控制中心的网络交换机进行汇集，应在网络交换机输入端安装 AS05J - 24 型串联电源防雷箱。对于 485 控制线的防雷，可选用 AS12Y

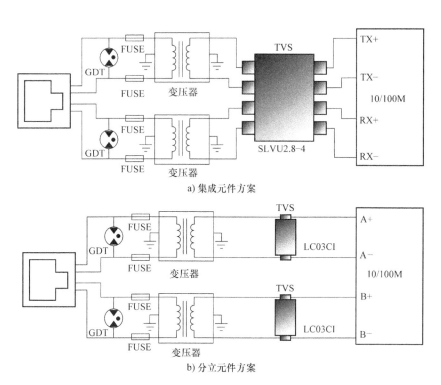

a) 集成元件方案

b) 分立元件方案

图 5-6 通信 100M 接口的保护方案

型控制信号防雷器。

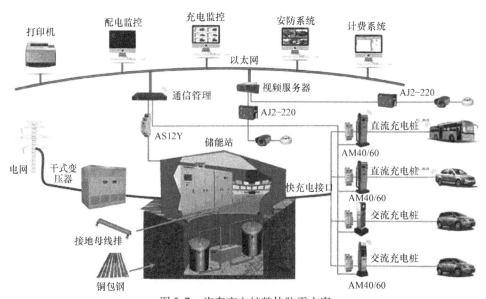

图 5-7 汽车充电桩整体防雷方案

5.5　充电机安全及防护指标测试

5.5.1　充电机安全指标测试

1. 抗电强度测试

指标定义：抗电强度测试是为了符合安全要求，在充电机输入与输出端、输入与大地端、输出与大地端之间施加所要求的电压进行绝缘性能测试。充电机在规定的耐压和时间条件下，是否产生电弧，其泄漏电流是否满足标准要求，是否会对充电机造成损伤。

使用仪器设备：耐压测试仪。

测试条件：环境温度：25℃；RH：室内湿度。依据标准要求：耐压值、操作时间和漏电流值；充电机不工作，如有防雷电路应去掉，充电机输入、输出端应全部短接。

测试框图：抗电强度测试框图如图 5-8 所示。

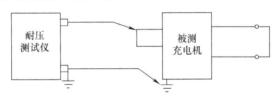

图 5-8　抗电强度测试框图

测试方法：按图 5-8 所示的抗电强度测试框图把充电机各被测极（输入或输出或大地）分别短接，开启耐压测试仪（输出处于关闭），依据标准要求设定好耐压值、操作时间、泄漏电流值。把耐压仪两极的夹子分别可靠的夹在充电机被测端（注意夹子夹稳，勿触碰任何导电物体，特别是人体）。启动测试钮，慢慢提升测试电压，如无异常情况或超漏，一直提升到所要求的测试电压，然后保持 1min，观察是否有产生电弧及泄漏电流是否过大。并记录漏电流值，即可复位测试仪，把耐压仪输出回复到 0。

耐压测试主要为防止由输入串入的高压影响使用者安全，测试时电压必须由 0V 开始调升，并于 1min 内调至最高点。放电时必须注意测试器仪的时间设定，于 OFF 前将电压调回 0V。在进行耐压测试时应注意以下事项：

1）操作者脚下垫绝缘橡皮垫，戴绝缘手套，以防高压电击造成生命危险。

2）耐压测试仪必须可靠接地。

3）在连接被测体时，必须保证高压输出"0"及在"复位"状态。

4）测试时，耐压测试仪接地端与被测体要可靠相接，严禁开路。

5）切勿将输出地线与交流电源线短路，以免外壳带有高压，造成危险。

6）尽可能避免高压输出端与地线短路，以防发生意外。

7）电压表、泄漏电流表、计时器应完好，一旦损坏，必须立即更换，以防造成误判。

8）排除故障时，必须切断电源。

9）耐压测试仪空载调整高压时，泄漏电流指示表头有起始电流，均属正常，不影响测试准确度。

10）耐压测试仪避免阳光正面直射，不要在高温潮湿多尘的环境中使用或存放。

2. 泄漏电流测试

指标定义：泄漏电流是指在没有故障施加电压的情况下，充电机中带电相互绝缘的金属部件之间，或带电部件与接地部件之间，通过其周围介质或绝缘表面所形成的电流称为泄漏电流。即输入、机壳间流通的电流（机壳必须为接大地时）。

泄漏电流包括两部分，一部分是通过绝缘电阻的传导电流 I_1；另一部分是通过分布电容的位移电流 I_2，后者容抗为 $X_C = 1/2\pi fC$ 与电源频率成反比，分布电容电流随频率升高而增加，所以泄漏电流随电源频率升高而增加。

使用仪器设备：泄漏电流测试仪。

测试条件：I/P：$U_{inmax} \times 1.06$（TUV）/50Hz；U_{inmax}（UL1012）/50Hz；O/P：空载/满载；Ta：25℃。

测试框图：泄漏电流测试框图如图5-9所示。

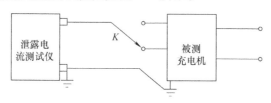

图5-9　泄漏电流测试框图

测试方法：将被测充电机的需要测量端接入泄漏电流测试仪输出端，启动泄漏电流测试仪，将测试电压升至被测物额定工作电压的1.06倍（或1.1倍），切换相位转换开关，分别读取两次读数，选取数值大的读数值。当转换开关K与零线接通时，泄漏电流测试仪所采样的是中线与外壳间的泄漏电流；当K与相线接通时，测试的是相线与外壳间的泄漏电流。必须注意的是：K与零线接通或 K 与相线接通，泄漏电流不一定相同。这是因为绝缘弱点的位置是随机的。因此，泄漏电流测试应通过 K 转换极性，取其中的较大值作为被测充电机的泄漏电流值。在进行泄漏电流测试时应注意以下事项：

1）在工作温度下测量泄漏电流时，如果被测充电机不是通过隔离变压器供电，被测充电机应采用绝缘性能可靠的绝缘垫与地绝缘。否则将有部分泄漏电流直接流经地面而不经过泄漏电流测试仪，影响测试数据的准确性。

2）泄漏电流测量是带电进行测量的，被测充电机外壳是带电的。因此，测试人员必须注意安全，应制订安全操作规程，在没有切断电流前，不得触摸被测充电机。

3）应尽量减少环境对测试数据的影响，测试环境的温度、湿度和绝缘表面的污染情况，对于泄漏电流有很大影响，温度高、湿度大，绝缘表面严重污染，测定的泄漏电流值较大。

3. 绝缘阻抗测试

指标定义：绝缘阻抗是通过在被测两极（输入、输出或大地）之间，施加 DC 500V 或 DC 1000V 电压计算出来的电阻值；测试目的是测量待测充电机带电部件与输出电路之间和带电部件与胶壳之间的绝缘阻抗值。

使用仪器设备：绝缘阻抗测试仪。

测试条件：环境温度：25℃；充电机不工作，施加标准要求直流电压、测试的时间，测试的绝缘阻抗值要高于标准要求值。

测试框图：绝缘阻抗测试框图如图 5-10 所示。

测试方法：按图 5-10 所示的测试框图连接好测试线路，用绝缘电阻测试仪测试电源输入、输出及大地三者之间的绝缘电阻值。确认好电气性能后，在绝缘阻抗测试仪中设定好施加的电压和测试的时间，将待测充电机输入端和输出端分别短路连接，然后分别连接测试仪对应端进行测试，再将待测充电机输入端和外壳之间分别与测试仪对应端连接进行测试，确认待测充电机的测试绝缘阻抗值是否高于标准要求值。

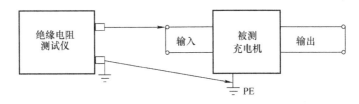

图 5-10　绝缘阻抗测试框图

使用绝缘电阻测试仪测量绝缘电阻时应注意的事项有：

1）应按被测充电机的电压等级选择绝缘电阻测试仪，若用额定电压过高的绝缘电阻测试仪去测量低压绝缘，则可能把绝缘击穿。

2）绝缘电阻测试仪引线应用多股软线，而且应有良好的绝缘，两条引线应为单根线（最好是两色），应不使引线与地面接触，以免因引线绝缘不良而引起误差；接线柱与被试品之间的两根导线不能缠绞在一起，应分开单独连接，以防止引线绝缘不良而影响读数。

3）测量充电机的绝缘电阻时，必须先切断电源，对具有较大输入电容的充电机必须先进行放电。

4）绝缘电阻测试仪应放在水平位置，在未接线之前，应首先鉴别绝缘电阻测试仪的好坏，在未接被测充电机时，先摇动绝缘电阻测试仪，其指针应上升到"∞"处，然后再将两个接线端钮短路，慢慢摇动绝缘电阻测试仪，其指针应指到"0"处，符合上述情况说明绝缘电阻测试仪是正常的，否则不能使用，对于半导体型绝缘电阻测试仪不宜用短路校检。

5）用绝缘电阻测试仪测量绝缘电阻时应由两人进行；在测量时，一手按着绝缘电阻测试仪外壳（以防绝缘电阻测试仪振动）。当表针指示为 0 时，应立即停止摇动，以免损坏绝缘电阻测试仪。

6）在被测回路的感应电压超过 12V 时，或雷雨天气时禁止进行绝缘电阻测量。

7）在摇测绝缘时，应使绝缘电阻测试仪保持额定转速，一般为 120r/min。当被测量充电机的电容量较大时，为了避免指针摆动，可适当提高转速（如 150r/min）；测量时转动手柄应由慢渐快并保持 150r/min 转速，待调速器发生滑动后，即为稳定的读数，一般应取 1min 后的稳定值，如发现指针指零时不允许连续摇动，以防线圈损坏。

8）被测充电机表面应擦拭清洁，不得有污物，以免漏电影响测量的准确度。

9）在绝缘电阻测试仪未停止转动或被测设备未进行放电之前，不要用手触及被测部分和仪表的接线柱或拆除连线，以免触电。

10）禁止在潮湿天气和在邻近有带高压电设备的情况下，用绝缘电阻测试仪测量充电机绝缘。只有在设备不带电，而又不可能受到其他感应电而带电时，才能进行测量。

11）绝缘电阻测试仪在不使用时应放在固定的地方，环境温度不宜太热和太冷，切勿放在潮湿、污秽的地面上。并避免置于含有腐蚀性气体、长期剧烈振动的环境中，长期剧烈振动将使表头轴尖、宝石受损而影响刻度指示。

4. 接地电阻测试

指标定义：接地电阻是在充电机接地端子与接地母线之间，通过施加一规定大小的电流测量得到的电阻值。充电机接地端和接地母线之间的电阻值必须小于标准要求值。

使用仪器设备：携带式直流单双臂电桥。

测试条件：环境温度：25℃。

测试框图：接地电阻测试框图如图 5-11 所示。

图 5-11　接地电阻测试框图

测试方法：如图 5-12 所示连接好测试电路，在电桥的电池盒内放入需要的电池，或者接上外接电源，二者不可同时有。若使用的是 QJ31 型携带式直流单双臂电桥单电桥，开关置于"单"处，此时电源电压为 6V，电路串接限流电阻 10Ω。使用双电桥时，开关置于"双"处，电源电压为 1.5V，线路串接限流电阻 0.5Ω。需外接电源时，开关置于"关"处，内附电源即切断。

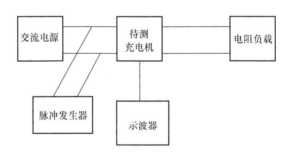

图 5-12　噪声免疫力测试框图

使用内接检流计时，先将"G"端钮上的连接片放在"外接"位置。调节检流计上方指零旋钮，使指针指零，每次测量之后，应检查指针是否偏离。为提高在高阻值测量中的精度，需外接高灵敏度检流计（如 AC15 型直流复射式检流计）时，应将连接片放在"内接"位置，外接检流计接在"外接"两端钮上。

状态选择开关放到需要位置上，此时指零仪电源也接通，等稳定后（约 5min）调节指零仪指针指在零线上，在测量过程中，发现指零仪指针偏离零位，可以随时调节指针零位，再进行测量。

双臂电桥接在四接线柱上，C1、C2 为电流端，P1、P2 为电位端。单臂电桥接在两接线柱上，P1、P2 之间为被测电阻。

估计被测电阻大小，选择适当量程倍率，测量电阻的步骤如下：先按下"B"按钮，再按下"G"按钮，调节平滑读数盘，使指零仪指零。双桥时，B不可长时间按下。被测量电阻值按下式计算：

$$被测量电阻值(R_x) = 量程倍率 \times 比较臂读数示值(\Omega) \tag{5-1}$$

使用携带式直流单双臂电桥测量接地线电阻时应注意的事项如下：

1）接地线要与充电机接地端断开，接地线要与接地母线连接可靠，以保证测量结果的准确性。

2）当测量低值电阻时，工作电流较大（达3A左右），可接入20A/h以上的动力电池或直流稳压电源。

3）使用双桥时，"B"按钮应间歇使用，以避免浪费电源。接线柱到被测电阻间连接导线的电阻不得大于0.05Ω。

4）电桥放置时间较长而重新使用时，应将各旋钮开关转动数次，以使接触良好。同时进行电桥绝缘电阻的测试（电桥所有端钮与外壳间的绝缘电阻不应小于50MΩ）。

5）电桥应存放在10~40℃，相对湿度不大于80%的且不含腐蚀气体的环境中，使用时应轻拿轻放，搬动时应锁闭内附检流计（检流计连接片放在"内接"位置）。较长时间不使用时，应将内附电池取出。

6）使用中，如发现指零仪灵敏度显著下降，可能因电池寿命完毕引起，打开仪器底部电池盒，进行更换新的电池。

采用电桥测量充电机内任意应该接地的点至总接地之间的电阻不应大于0.1Ω，测量点不应少于3个，如果测量点涂覆防腐漆，则需将防腐漆刮去，露出非绝缘材料后在进行测试，接地端应有明显标志。

5.5.2 充电机防护指标测试

1. 噪声免疫力测试

测试目的：确保待测充电机的可靠度，确认充电机输入端对加入脉冲的耐受程度。

使用仪器设备：交流电源；脉冲发生器；电子负载；数字示波器。

测试条件：周围温度：常温、常湿；输入电压：额定；输出电压：额定；负载电流：100%。

脉冲规格：规格书所列值×110%（如规格为±2.2kV，则脉冲以±2.2kV×110% = ±2.2kV施加）。

脉波宽为：100ns，500ns，1000ns，时间5min。

测试框图：充电机噪声免疫力测试框图如图5-12所示。

测试方法：按图5-13所示的测试框图接线，依据条件施加脉冲于输入－输入间，输入–接地端间，应无动作异常（含突入电流限制回路、异常振荡等）、保护回路误动作及元器件损坏发生，测试时，输出电压稳定度应在允许变化的范围内。

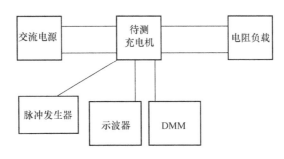

图 5-13 静电破坏测试框图

充电机设置在额定负载状态下稳定运行，在背景噪声不大于 40dB 的条件下，距充电机前、后、左、右水平位置 1m 处，距地面高度 1～1.5m 处测量噪声，测得的噪声最大值不应大于 65dB。

2. 静电破坏测试

测试目的：确保待测充电机的可靠度，确认充电机对静电的耐受程度。

使用仪器设备：交流电源；脉冲发生器；电子负载；数字示波器；数字万用表。

测试条件：周围环境：常温、常湿；输入电压：额定；输出电压：额定；负载：额定 100%；施加电压：规格书所列值×110%（充电电容：500pF，串联电阻：100Ω），时间≥10s。

测试框图：充电机静电破坏测试框图如图 5-13 所示。

测试方法：按图 5-13 所示的测试框图接线，在待测充电机接地部位，依据条件施加脉冲电压分接触外壳及隔离放电；充电机不能有保护回路误动作，元器件破损异常发生。

3. 雷击测试

测试目的：确认充电机输入端加入雷击浪涌的耐受能力。

使用仪器设备：交流电源；电子负载。

测试条件：输入电压：额定；输出电压：额定；负载：额定；周围环境：常温、常湿；施加波形：JEC212 规定，波头长 1.2μs，波尾长 50μs 的电压，波形 3kV×110%（限流电阻 100Ω）。

测试框图：充电机雷击测试框图如图 5-14 所示。

测试方法：按图 5-14 所示的测试方框图接线，依据规定测试条件，施加浪涌电压于输入–输入，输入–接地端，各 3 次，确认充电机无破损、无绝缘破坏、电弧及保护回路误动作情况发生。

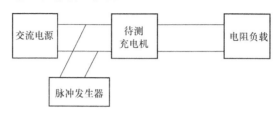

图 5-14 雷击测试框图

第6章

电动汽车电池管理系统功能及方案设计

6.1 电池管理系统构成及功能

6.1.1 电池管理系统及构成

1. 电池管理及电池管理系统

（1）电池管理　电池管理就其涉及的范围而言可以分为广义和狭义两个方面来论述，广义的电池管理涉及电池的充电和放电，以提高电池性能为目的，协调充电和放电，在适当情况下可以调整充放电速度。相当于一个系统的电源管理和能源管理部分。比较典型的应用是混合动力汽车的电池管理，由于混合动力汽车的能源供给不仅仅是动力电池，还有其他的能源，因此可以根据动力电池的实际情况安排动力电池的充放电速度，以及能量供给比例等。狭义的电池管理仅仅是管理动力电池的各项状态及参数，并提供必要的数据通信等功能。它不涉及充电管理和放电管理。这也比较适合"电池管理"这个名词。

电池充电受充电机的供电能力、电压等限制，属于电池管理的外延，不受电池管理操控；同样，电池放电主要受负载大小影响，负载大小的调整一般在更高级别的管理层面，而不是由电池管理根据电池自身情况来调整。电池管理仅监测电池状态，以及电池中的电荷状态，并根据其状态对电池及其内部部件做适当的控制调整等。电池管理并不控制电池外的其他部件，仅通过通信提供电池数据状态的告知功能。电池管理接收上层主控模块的控制信息作必要的控制响应，目前，一般意义上的电池管理系统是指狭义的电池管理概念。

电池的充电管理由充电机实现，其接口一般通过电池电压来实现。充电机通过动力电池电压来判断是否采用恒流充电、恒压充电、涓流充电、浮充等，放电管理和负载管理由电池管理的上层主控模块根据电池管理提供的信息做必要的调整。

（2）电池管理系统　电池管理系统是 21 世纪才诞生的新产品，因为动力电池的电化学反应难以控制，以及材料在这个过程中性能变化难以捉摸，所以才需要电池管理系统这个管家来时刻监督、调整、限制电池组的行为，以保障使用安全。电池管理系统（Battery Management System，BMS），顾名思义是用来管理电池的，以便电池能够维持更好的状态稳定工作。

电池管理系统的主要作用是实时监测动力电池组在充电过程中每一个动力电池单体的电压、温度和动力电池组的电流，经过处理、比较，输出报警、调控信息，并显示动力电池组和每一个动力电池单体的实时和历史信息，电池管理系统是动力电池安全充放电的重要保障。电池管理系统包括主控单元、采集单元、均衡单元、安全检测、显示单元，各单元之间通过 CAN 总线进行通信。

电动汽车的电池管理系统是连接车载动力电池和电动汽车的重要纽带，电池管理系统通过检测动力电池组中各单体电池的状态来确定整个动力电池系统的状态，并根据获得的信息对动力电池系统进行相应的控制调整和策略实施，实现对动力电池系统及各单体的充放电管理，以保证动力电池系统安全稳定地运行。

电池管理系统是电动汽车动力系统的重要组成部分，它一方面检测收集并初步计算动力电池实时状态参数，并根据检测值与允许值的比较关系控制供电回路的通断；另一方面将采集的关键数据上报给整车控制器，并接收控制器的指令，与电动汽车的其他系统协调工作。电池管理系统的主要功能是提高动力电池的利用率，防止动力电池出现过充电和过放电，延长动力电池的使用寿命，监控动力电池的状态。随着电池管理系统的发展，还会增添其他的功能。

动力电池组在充电过程中之所以容易发生问题，主要是由动力电池的一致性误差过大引起的。为此，近十几年来，国内外的许多专家学者，广大动力电池的制造者和使用者都大力开展了旨在解决动力电池一致性误差所带来危害的研究，开发出了各种各样的电池管理系统，提出了对动力电池进行均衡的要求，并采用了各种各样的方法来进行动力电池的均衡，如分流法、切断法、并联法、能量回收法、辅助充电法、单充法等。

在动力电池的充、放电和静态时，全天候地实时监测每个动力电池单体的电压、温度和动力电池组的电流，根据动力电池的使用性能和使用条件设定最高充电电压、最低放电电压、最高和最低使用温度、最大电流的门限值，当某一个动力电池的电压、温度、动力电池组电流超限时，就启动调控和报警功能。一方面保证任何一个动力电池单体都不会超限工作；另一方面保证在稍小的充电电流下继续充电，一直到充电总电压和最小充电电流达到设定值时，充电结束，动力电池的均衡充电是在调控的充电过程中自动进行的。

目前，从理论分析和实际的使用效果看，很少有令人满意的电池管理系统。这并不是由于电子技术存在问题，而是由于对电池管理系统的理念和电池管理策略存在问题。为此，必须按照科学的理念，采用有效的策略设计电池管理系统。

国内外均投入大量的人力物力开展对电池管理系统的广泛深入的研究，例如，日本青森工业研究中心从 1997 年开始至今，仍在持续进行电池管理系统实际应用的研究；美国 Villanova 大学和 USNanocorp 公司已经合作多年，对各种类型的动力电池 SOC（剩余电量）进行基于模糊逻辑的预测；丰田、本田以及通用汽车公司等都把电池管理系统纳入技术开发的重点。我国在"十五"期间设立电动汽车重大专门研究项目，积极推进电池管理系统研究、开发和工程化应用，已取得了一系列的成果和突破。

2. 电池管理系统的任务及构成

（1）电池管理的系统任务　在电动汽车动力控制系统中，电池管理系统通过通信接口与整车控制器、电机控制器、能量管理系统、车载显示系统等进行通信。整个工作过程为：首先利用数据采集模块采集动力电池的电流、电压和温度等数据；然后将采集到的数据发送给主控模块；主控模块对数据进行分析和处理后，发出对应的程序控制和变更指令；最后对应的模块做出处理措施，对电动汽车的动力系统或动力电池进行调控，同时将实时数据发送到显示单元模块。电池管理系统的主要任务是保证动力电池的设计性能，可以分解成以下三个方面：

1）安全性，保护动力电池单体或动力电池组免受损坏，防止出现安全事故。

2）耐久性，使动力电池工作在可靠的安全区域内，延长动力电池的使用寿命。

3）动力性，维持动力电池工作在满足车辆要求的状态下。

电池管理系统作为实时监控、自动均衡、智能充放电的动力电池管控单元，起到保障动力电池安全、延长寿命、估算剩余电量等重要功能，通过一系列的管理和控制，保障电动汽车的正常运行。电池管理系统的重要性不言而喻，电池管理系统是动力电池组的核心技术，也是整车企业最为关注的环节。

（2）电池管理系统构成　电池管理系统主要分为两部分，第一部分是前端模拟测量保护电路（AFE），包括电池电压转换与测量电路、电池平衡驱动电路、开关驱动电路、电流测量电路、通信电路；第二部分是后端数据处理模块，就是依据电压、电流、温度等前端计算，并将必要的信息通过通信接口回传给管理系统发出控制指令。

电池管理系统采用集散式系统结构，每套电池管理系统由 1 台中央控制模块（或称主机）和 10 个动力电池测控模块（或称从机）组成，通过采用内部 CAN 总线技术实现模块之间的数据信息通信。基于各个模块的功能，电池管理系统能实时检测动力电池的电压、电流、温度等参数，实现对动力电池进行热管理、均衡管理、高压及绝缘检测等，并且能够计算动力电池剩余容量、充放电功率以及SOC 和 SOH。电池管理系统检测模块安装在动力电池箱前面板内，电池管理系统主控模块安装在车辆尾部高压设备仓内，车用电池管理系统软硬件基本框架如图 6-1 所示。

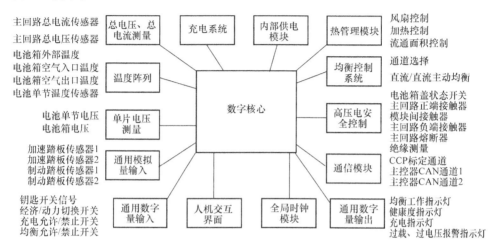

图 6-1　车用电池管理系统软硬件基本框架

6.1.2　电池管理系统的优势及功能

1. 电池管理系统优势及目的

（1）电池管理系统优势　电池管理系统属于动力电池模组的一部分，与动力电池紧密结合在一起，对动力电池的电压、电流、温度进行时刻检测，同时还进行漏电检测、热管理、均衡管理、报警提醒，计算剩余容量、放电功率，报告SOC、SOH 状态，并根据动力电池的电压、电流及温度，用算法控制最大输出功率以使电动汽车获得最大行驶里程，以及用算法控制充电机进行最佳电流的充电，通过 CAN 总线接口与车载总控制器、电机控制器、能量控制系统、车载显示系统等进行实时通信。电池管理系统具有下列优势：

1）独立监控的双系统运行，可有效解决系统死机，极大程度地提高了系统运行的可靠性。

2）高效大电流双向主动均衡，高达 10A 的有效均衡电流，让动力电池单体的性能更一致，可有效延长动力电池的续航里程。

3）高准确度的混合 SOC 估算模型，估算准确度误差≤5%，有效地提高动力电池使用效率，延长了动力电池的续航时间。

4）采用交直流动力电池内阻测量技术，可同时检测动力电池性能和动力电池连接问题。

5）基于智能自学习控制技术，实时修正控制策略，做到精准高效的动力电池管理。

6）具有绝缘电阻和漏电流双重检测功能，让动力电池运行更安全。

（2）电池管理系统目的　目前，影响电动汽车推广应用的主要因素包括动力电池的安全性和使用成本问题，延长动力电池的使用寿命是降低使用成本的有效途径之一。为确保动力电池性能良好，延长动力电池使用寿命，必须对动力电池进行合理有效的管理和控制，电池管理系统可以实时监测动力电池的状况，保障电动汽车的正常运行。

电动汽车电池管理系统作为电动汽车的重要组成部分，其主要目的是：测量动力电池状态、实时监控动力电池状态、优化使用动力电池能量、延长动力电池寿命和保证动力电池的使用安全。

电池管理系统对电动汽车整车的安全运行、整车控制策略的选择、充电模式的选择以及运营成本都有很大影响。电池管理系统无论在车辆运行过程中，还是在充电过程中，都要可靠地完成动力电池状态的实时监控和故障诊断，并通过总线告知电动汽车控制器或充电机，以便采用更加合理的控制策略，达到有效且高效使用动力电池的目的。

2. 电池管理系统功能

电池管理系统是动力电池在充电过程中必不可少的，在动力电池充电过程中，实时监测每一个动力电池单体的电压、温度和动力电池组的电流，并显示动力电池组和每一个动力电池单体的实时和历史信息，电池管理系统是保证动力电池安全充电的重要保障。

电池管理系统与电机、电机控制技术、动力电池技术相比，电池管理系统还不是很成熟。电池管理系统作为电动汽车最关键的技术之一，近年来已经有很大的提高，很多方面都已经进入实际应用阶段，但有些部分仍然不够完善，尤其是在采集数据的可靠性、SOC 的估算精度和安全管理等方面都有待进一步改进和提高。

在电池管理系统中，监控动力电池主要是指检测和评估动力电池状态，处理采集的数据并预测动力电池将来的表现，甚至主动干预，控制动力电池的充放电电流和电压，控制充电条件，控制动力电池工作温度等。为了完成这些任务，电池管理系统需要进行系统设计，算法设计，硬件、软件设计，应用与实验验证等。

目前应用的电池管理系统基本功能都能够满足电动汽车动力电源系统的要求，但在动力电池将来行为的预测、动力电池衰减情况的评估方面，距离实际应用还有较大差距，需要加大开发研究力度，以完善电池管理系统功能，电池管理系统主要包括以下功能。

（1）检测功能　电池管理系统的检测功能包括：动力电池单体电压检测（防止出现过充、过放甚至反极现象）、动力电池温度检测（关键连接处均有温度传感器）、动力电池组工作电压、电流检测、烟雾探测（监测电解液泄漏等）、绝缘电阻检测（监测漏电）、碰撞检测等。动态检测动力电池与车底盘之间的绝缘电阻，并能在面板上显示绝缘电阻的变化过程，在动力电池箱内设有温度传感器及电压、电流或内阻的测量装置。

电池管理系统的所有算法、电动汽车的能量控制策略、驾驶员的驾驶信息等都以采集的数据作为输入，采样速度、精度和前置滤波特性是影响电池管理系统性能的重要指标。电动汽车管理系统的采样速率一般要求大于200Hz。

（2）动力电池状态估算功能　动力电池状态估算功能包括：估算动力电池的荷电状态（放电深度）、健康状态、功能状态、能量状态、故障及安全状态等。通过实时监测动力电池的外特性参数（如电压、电流、温度等），采用适当的算法实现动力电池状态的估算和监控，这是电池管理系统有效运行的基础和关键。准确估算动力电池组的荷电状态，以保证动力电池组的荷电状态维持在合理的范围内，防止由于过充电或过放电对动力电池的损伤，从而随时预报电动汽车动力电池的剩余能量或者动力电池的荷电状态。

电动汽车动力电池状态主要包括荷电状态和健康状态，荷电状态和健康状态是电动汽车进行能量或功率匹配和控制的重要依据。电动汽车在行车过程中，电池管理系统可以随时对电动汽车的能耗进行计算，最终给出该电源系统的荷电状态值，供能源管理系统或整车控制器进行功率配置或确定控制策略，对于纯电动汽车，驾驶人员及时掌握车辆的续驶里程，以便决定如何行驶，在能量允许的条件下使车辆行驶到具有充电设施的地方，补充电量防止半路抛锚。

（3）动态监测功能　动态监测功能在动力电池充、放电和停车时，实时采集动力电池组中的每个动力电池单体的端电压和温度、充放电电流及动力电池组总电压，根据动力电池的使用性能和使用条件设定最高充电电压、最低放电电压、最高和最低使用温度、最大电流的门限值，当某一动力电池单体的电压、温度、电流超限时，启动调控和报警功能，保证任何一个动力电池单体都不会超限工作，有效防止动力电池单体发生过充电或过放电现象。同时能够及时给出动力电池状况，挑选出有问题的动力电池单体，保持动力电池组整体运行的可靠性和高效性。除此以外，还要建立每个动力电池单体的使用历史档案，为进一步优化和开发新型动力电池、充电机、电动机等提供资料，为离线分析系统故障提供依据。

（4）能量管理功能　能量管理主要包含充电控制管理、放电控制管理、动力电池均衡管理等，目的是使动力电池在最高效最节能的情况下运行。在电动汽车的能量管理中，动力电池的电流、电压、温度、SOC、SOH 参数作为输入用来完成以下功能：控制充电过程，包括均衡充电，用 SOC、SOH 和温度限制电动汽车电源系统的输入、输出功率与能量及放电过程的监控与管理。

（5）动力电池均衡性维护功能　动力电池均衡是根据动力电池单体的信息，采用主动或被动、耗散或非耗散等均衡方式，尽可能使动力电池组容量接近于最小动力电池单体的容量。检测动力电池之间的温度差，并达到一定的温度差值，给出指令，进行动力电池均衡性维护。实现动力电池单体间、动力电池组间的均衡，即在动力电池单体、动力电池组间进行均衡，使动力电池组中各个动力电池单体都达到均衡一致的状态，动力电池的均衡充电是在调控动力电池充电过程中自动进行的。

动力电池均衡一般分为主动均衡和被动均衡，目前已投入市场的电池管理系统，大多采用的是被动均衡。均衡技术是目前世界正在致力研究与开发的一项动力电池能量管理系统的关键技术。

（6）充电控制功能　在电池管理系统中具有一个充电管理模块，它能够根据动力电池的特性、温度高低以及充电机的功率等级，控制充电机给动力电池进行安全充电。保证动力电池在稍小的充电电流下继续充电，一直到充电总电压和最小充电电流达到设定值时，动力电池的充电结束。

（7）热管理功能　电池管理系统中具有热管理单元，其根据动力电池组内温度分布信息及充放电需求，决定主动加热、散热的强度，使得动力电池尽可能工作在最适合的温度，充分发挥动力电池的性能。

（8）通信功能　通信功能包括与车载设备通信，为整车控制提供必要的动力电池数据（CAN1）；与车载监控设备通信，将动力电池信息送至面板显示（CAN2）；与充电机通信，实现动力电池的安全充电（CAN3）。

电池管理系统与车载设备或非车载设备的通信是其重要功能之一，根据应用需要，数据交换可采用不同的通信接口，如模拟信号、PWM 信号、CAN 总线或 I^2C 串行接口。有些电池管理系统还有远程通信功能，将电源系统的数据传输到远程终端。

采用 CAN 总线技术的电动汽车通信网络，通过建立通信总线向显示系统、整车控制器和充电机等实现数据交换。CAN 总线是一种通信速率高、可靠性高的现场总线，在汽车电控装置中应用广泛，使用 CAN 总线可减少线束的数量，提高电动汽车各电控单元之间通信的可靠性。

（9）信息存储功能　信息存储功能用于存储关键数据，如动力电池的 SOC、SOH、SOF、SOE、累积充放电 Ah 数、故障码和一致性等。对电动汽车动力电池的历史状况，尤其是故障状况数据进行储存。相当于飞机的"黑匣子"，便于对故障状况进行分析和判断。

（10）记录功能　记录功能包括：充放电次数记录、单箱动力电池充放电次数记录等。

（11）初始化功能　通过简易的设备实现电池管理系统的初始化，能满足动力电池快速更换以及动力电池箱重新编组的需要。

（12）安全控制与在线故障诊断报警功能　动力电池安全控制与故障检测报警功能包括：热系统控制、高压电安全控制、动力电池故障分析与在线报警、电池管理系统自检及处理。电动汽车电池管理系统的安全管理具体功能包括监测电池的电压、电流、温度等是否超过限制；防止动力电池过度放电，尤其是防止个别动力电池单体过度放电，防止动力电池过热而发生热失控；防止动力电池出现能量回馈时的过充电；在电源系统出现绝缘度下降时对整车多能源控制系统进行报警或强行切断电源以及电源系统出现短路情况下的保护等。

在线故障诊断功能包括：故障检测、故障类型判断、故障定位、故障信息输出等，故障检测是指通过采集到的传感器信号，采用诊断算法诊断故障类型，并进行早期预警。动力电池故障是指动力电池组、高压电回路、热管理等各个子系统的传感器故障、执行器故障（如接触器、风扇、泵、加热器等），以及网络故障、各种控制器软硬件故障等。动力电池组本身故障是指过电压（过充）、欠电压（过放）、过电流、超高温、内短路故障、接头松动、电解液泄漏、绝缘能力降低等。

电池管理系统诊断到故障后，通过网络通知整车控制器，并要求整车控制器进行有效处理（超过一定阈值时电池管理系统也可以切断主回路电源），以防止高温、低温、过充电、过放电、过电流、漏电等对动力电池和人身的损害。系统能进行自检，并按动力电池组要求进行控制，进行相应处理，钴酸动力电池的故障类型及处理措施见表6-1。

表6-1　钴酸动力电池的故障类型及处理措施

故障类型	处理措施
动力电池单体电压高于4.3V	不能继续充电
动力电池单体电压高于4.2V	充电限制电压，充电到该电压后降低电流
动力电池单体电压与平均电压差超过0.2V	动力电池一致性差，需要维护
动力电池单体电压与平均电压差超过0.5V	动力电池需要更换
最低动力电池单体电压低于允许下限值	动力电池电量低，动力电池不能再放电
最高动力电池温度超过50℃	禁止使用动力电池，包括充电和放电，确认风机开启
箱体内动力电池温度在35~50℃	可以运营，但是需要开启本箱冷却风机
箱体内温度低于25℃	关闭本箱的冷却风机
动力电池温度比整车平均温度高5℃	动力电池一致性差，需要维护
某箱动力电池SOC低于30%	下一次到站后需要卸下动力电池充电

（续）

故障类型	处理措施
动力电池绝缘等级低于 $500\Omega/V$	可以运营但是需要及时检查排除漏电
动力电池绝缘等级低于 $100\Omega/V$	不能运营，需要立即检查漏电，排除之后才能出车
电池管理系统自检失败	不能运营，需要立即更换电池管理模块

（13）基本保护功能

1）过电压保护功能（OV）。在动力电池充电时（含制动能量回收），任一动力电池的充电电压超过设定值时，充电电压自动减小，防止动力电池过充电。

2）低电压保护功能（UV）。在动力电池放电时，任一动力电池的放电电压低于设定值时，停止放电，防止动力电池过放电。

3）高温保护功能（OT）。无论是在动力电池充电还是放电时或者停车休眠状态，任一动力电池的温度超过设定值时，启动动力电池热管理系统，降低动力电池温度。在超过允许的最高温度时，要立即自动切断电路。

4）低温保护功能（UT）。在动力电池充电时，当动力电池的温度低于设定值时，自动改变充电电流，一般要减少到充电电流的 1/3；在动力电池放电时，当动力电池的温度低于设定值时，启动动力电池热管理系统，提高动力电池温度。

5）过电流保护功能（OC）。在动力电池充、放电时，动力电池的电流超过设定值，自动限制电流的增长。

6）短路保护功能（SC）。动力电池在充、放电时和停车休眠状态时，遇到动力电池发生短路，自动切断电路。

（14）DC - DC、DC - AC 转换功能　若电动汽车安装有辅助电池，则电池能量管理系统应能控制动力电池随时给辅助电池模块充电，保证辅助电池模块的供电功能能确保 DC - DC 转换，以保证低压系统的正常工作。

（15）电磁兼容　由于电动汽车使用环境恶劣，要求电池管理系统具有好的抗电磁干扰能力，同时要求电池管理系统对外辐射小。

6.2　电池管理系统结构

6.2.1　电池管理系统的硬件拓扑

1. 电池管理系统拓扑结构

电池管理系统硬件的拓扑结构分为集中式和分布式两种类型：

1）集中式。集中式是将电池管理系统的所有功能集中在一个控制器里面，比较合适动力电池组容量较小、模组及动力电池组形式较固定的场合，可以显著的降低系统成本。集中式拓扑结构的高压及 48V 电池管理系统如图 6-2 所示。

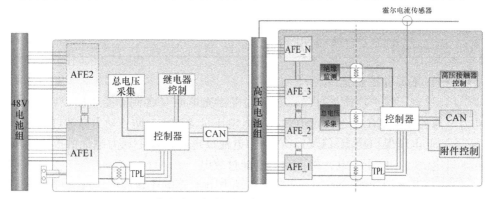

图 6-2　集中式拓扑结构的高压及 48V 电池管理系统

　　集中式管理架构是将所有的采集动力电池单体电压、电压备份和温度单元全部集中在一块电池管理系统板上，由整车控制器直接控制继电器控制盒，大部分低压的 HEV 都是这样的结构。集中式的优点是相对而言比较简单，成本较低，由于采集备份在同一块板上，之间的通信也简化了。集中式的缺点是单体采样的线束比较长，导致采样导线的设计较为复杂，长线和短线在均衡的时候导致额外的电压压降。整个包的线束排布也比较麻烦，电池管理系统所能支持的最高通道也是有限的。集中式成本低，但是适用性也比较差，性能有些地方没法保证，只能适用于较小的动力电池组。

　　2）分布式。分布式是将电池管理系统的主控板和从控板分开，甚至把低压和高压部分也分开，以增加系统配置的灵活性，适应不同容量、不同规格形式的模组和动力电池组。分布式拓扑结构的高压电池管理系统如图 6-3 所示。

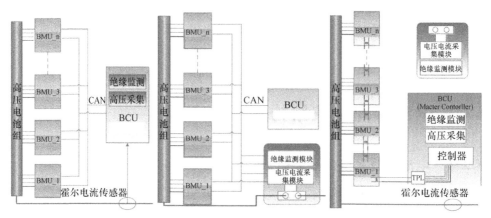

图 6-3　分布式拓扑结构的高压电池管理系统

分布式管理系统（BMU + 多个 CSC 方式）是将电池模组（模组和 CSC 一配一的方式）的功能独立分离，整个系统形成了 CSC（单体管理单元）、BMU（电池管理控制器）、S – Box 继电器控制器和整车控制器，三层两个网络的结构形式。分布式的优点是可以将模组装配过程简化，采样线束固定起来相对容易，线束距离均匀，不存在压降不一的问题。分布式的缺点是成本较高，需要额外的 MCU，独立的 CAN 总线支持将各个模块的信息整合发送给电池管理系统，总线的电压信息对齐设计也相对复杂。分布式移植起来最方便，虽然单价高，但开发成本低，动力电池组可大可小。

3）半分布式管理系统。半分布式管理系统是对上述两种方式的妥协，主要用于模组排布比较奇特的包上。半分布式是将电池管理的子单元做得大一些，采集较多的单体通道，这样做的好处是整个系统的部件较少，但是需要注意的是这种方式优势不太明显，主要是部件不少而且功能集中度也高一些，是三种方案里面成本较高的方案。

2. 电池管理系统硬件电路

在电池管理系统中，硬件电路通常可被分为两个功能模块，即电池监测回路（Battery Monitoring Circuit，BMC）和电池组控制单元（Battery Control Unit，BCU）。BMC 与各个单元电池之间的拓扑关系可分为以下两种。

1）一个 BMC 对应一个单元电池。在实际工作中，可以为每一个单元电池配置一块单独的监控电路板，对电池的电压、电流、温度等物理量进行监测，如图 6-4 所示。

在图 6-4 中，BMC 电路板负责对动力电池的电压、温度、电流等信息进行监测。根据需要，可以在 BMC 中加入通信及均衡控制功能，

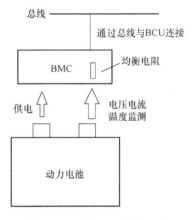

图 6-4　一个 BMC 监测一个单元电池的结构

以便向 BCU 报告有关信息，并通过旁路电阻的方式对所管辖的单元电池实施能量耗散型的均衡管理。

可以将 BMC 电路板封装到动力电池单元内部构成"智能电池"，即单元电池本身具备一定的自治功能。一个 BMC 对应一个单元电池的拓扑结构的好处在于：BMC 与单元电池的距离较短，在一定程度上能减少采集线路的长度及复杂度，采集精度高，抗干扰性好。其缺点为电路板的相对成本较高，同时，由于电池管理系统的工作电源往往由被监控的动力电池所提供，因此，可能使得整个电池管理系统的能耗相对更大。

2）一个 BMC 对应多个单元电池。一个 BMC 管理多个动力电池，如图 6-5

所示，在图6-5中，一块BMC电路板负责对多个单元电池的信息进行监测。这种结构与一个BMC对应一个单元电池方式相比，由于电路板由多个动力电池所共享，因此平均成本较低。然而，从图6-5中可见，由于采集线路较长，可能导致连线的复杂度较高，抗干扰性相对较差。同时较长的采集线路有可能降低电压采集的精度，并且由于线材的成本也会导致这种结构的实际成本增加。

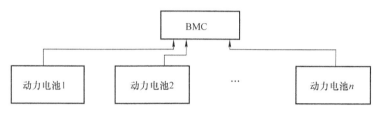

图6-5　一个BMC监测多个单元电池的结构

3. BCU 与 BMC 的拓扑结构关系

BCU与BMC的拓扑结构关系可以分为以下三种。

（1）BCU与BMC共板　在某些电动汽车的应用案例中，由于动力电池的个数较少，电池管理系统的规模相对较小，BCU与BMC可以设计在同一块电路板上，对车上的所有动力电池进行统一管理。在某种特殊的情况下，BCU和BMC的功能甚至可以合并到同一块集成电路芯片中完成。采用这种拓扑结构的电池管理系统相对成本较低，但不适用于动力电池数量较多、规模较大的电动汽车应用场合。

（2）BCU与BMC星形方式连接　相对于BCU与BMC共板结构，其他的拓扑关系都属于BMC与BCU分离的方式，必然需要解决BMC与BCU之间的相互通信问题。通常其相互间的通信都会采用特定的通信协议来进行。然而，通信总线的物理连接可以采用不同的拓扑结构组合，BCU与BMC星形方式连接如图6-6所示。

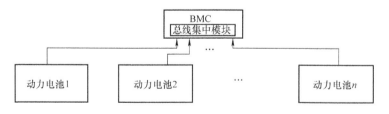

图6-6　BMC与BCU星形方式连接

星形连接方式从外观上来看，BCU位于中央位置，而每一个BMC模块均以线束与之相连，通常BCU中还带有一个总线集中模块，使得多个BMC能共享通信信道。星形连接方式的优点是便于进行介质访问控制；同时，某个BMC的退出或者故障不会对其他 BMC 的通信造成影响。这种连接方式的缺点有：通信线路的长度较长，维护困难，可扩展性差，受总线集中模块端口的限制，不能够随意地增加多个 BMC 单元。

（3）BCU 与 BMC 以总线型的方式连接　BCU 与 BMC 以总线型方式连接如图 6-7 所示，从图 6-7 中可见，每块电路板都是通信总线的一部分，与前面的星形连接相比，用于通信信道的线材开销相对较少，连接方式更为灵活，可扩展性强。若电动汽车动力电池组内需要增加动力电池及相应的 BMC 的数量，则只需要增加一小段通信线材即可；反之，若某一个 BMC 需要退出整个系统，则只需要把相邻的通信线路稍作延长即可。总线型连接方式最突出的缺点就是通信线路的相互依赖性，即第 N 块电路板要与 BCU 通信，需要利用前面 $N-1$ 块板子，若其中某一块电路板出故障，则后续的 BMC 与 BCU 之间的通信会立即受到影响。

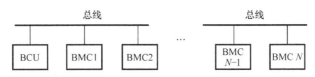

图 6-7　BCU 与 BMC 以总线型方式连接

无论采用星形还是总线型的物理连接方式，都指的是其拓扑形式，而从通信网络的角度看，两种方式都存在"介质访问竞争"，BCU 与 BMC 之间常用总线通信协议进行信息交互，需要进行隔离设计。

6.2.2　电池管理系统的测量功能

1. 动力电池电压，电流信号的监测，动力电池组温度的检测

电池管理系统有着最基本功能就是测量动力电池单体的电压、电流和温度，这是所有电池管理系统顶层计算、控制逻辑的基础。电池管理系统目前从动力电池获取的直接物理参数就是只有电压、温度和电流。

（1）动力电池单体电压测量和电压监控　动力电池单体采集电路模型如图 6-8 所示，动力电池单体的电压对于电池管理系统具有几种意义：

1）可以用来累加获取整个动力电池组的电压；

2）可以根据动力电池单体电压的压差来判断动力电池单体差异性；

3）可以用来检测动力电池单体的运行状态。

目前，动力电池单体电压采集都由 ASIC 来完成，而考虑采集电压的精度不仅仅需要考虑 ASIC 电路本身的精度，也需要考虑动力电池单体电压采样线束、线束保护用熔丝、均衡状态等多项内容。由于对电压采集精度的敏感度，与动力

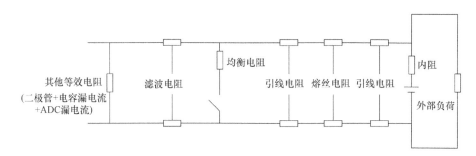

图 6-8　动力电池单体采集电路模型

电池化学体系和 SOC 范围（SOC 两端的需求往往较高）都有关系，实际上的 ASIC 采集得到的电压数据需要经过还原成接近动力电池本身的电压。

（2）动力电池组电压测量　为了安全监控动力电池，需要采集动力电池组中的每串动力电池的电压。电动汽车动力电池组由上百节动力电池单体串联，需要众多电压采样通道。测量动力电池单体电压时，存在着累积电势，且各动力电池单体的累积电势各不相同，这使得它不可能采用单向补偿方法消除误差，对此可以采取"先集中后分布"的采集方案，以提高可靠性。

在后续计算 SOC 的时候，往往会用动力电池组的总电压来核算，这是计算动力电池组参数的重要参量之一。如果因动力电池单体电压累加计量与动力电池单体电压采样有一定的时间差异性，则无法与动力电池传感器的数据实现精确对齐，可用采集的动力电池组电压作为主参数来进行运算。在诊断继电器时，需要动力电池组内外电压一起比较，所以需要测量动力电池组端电压 V_0 和继电器负载端的电压 V_1。

电压测量需要高精度，因 SOC 估算对电池电压精度提出了很高的要求，如果电池电压的测量精度为 10mV，那么通过 OCV 估计方法获得的 SOC 误差低于 4%。目前，动力电池电压的大部分采集精度仅达到 5mV。

（3）动力电池温度测量　温度对动力电池的参数有着很大的意义，在设计动力电池和模组时，动力电池内外的温度差异、动力电池极耳和母线焊接处的温度差异、模组内动力电池单体温度差异和动力电池组内最大温度差，这些参数在设计整个动力电池组时，都已经进行过先期控制。

电池管理系统在设计温度传感器的放置点，以及放置多少温度传感器和最后采集得到的温度点表征整个动力电池组的运行情况，这里并不是电池管理系统能管理的范畴。温度检测的精度也是颇有讲究，如温度在 -40℃ 的时候，检测精度不需要特别高，因为使用动力电池系统本身就需要加热，而温度在 -10 ~ 10℃ 范围是对动力电池性能有重大影响的区域，还有 40℃ 高温临近点，这些都是需要重点关心的区域。在设计的过程中，可以用上拉电阻、滤波电阻和温度传感器本身的数值进行蒙特卡洛分析。

需要注意的是，在一个动力电池组内放置太多的温度传感器并不好，太多不仅涉及诊断问题，而且通过分析需要选取较多的高精度电阻，于成本无益。目前 ASIC 电路也会将温度采集功能涵盖进去，动力电池温度采集电路如图 6-9 所示。电池管理系统在整个动力电池组热控制里，一般的作用是汇报温度，以及流体入口和出口的温度，检测电路与单体检测类似。

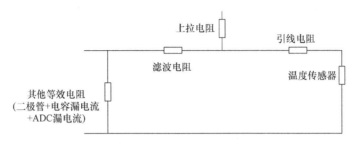

图 6-9　动力电池温度采集电路

（4）电流测量　电流的采样是估计电池剩余容量（SOC）的主要依据，因此必须选用响应速度快，具有优良线性度的高精度传感器作为电流采集单元。

动力电池组往往仅在单体这一层级做并联（最极端的是特斯拉的 75 个小电池并联），动力电池组内的单体串联为整车提供电能，所以一般只需要测量一个电流，电流测量手段主要有智能分流器或霍尔电流传感器。由于动力电池系统需要处理的电流往往瞬时值很大，比如在电动汽车加速时所需要的放电电流和能量回收时的充电电流，因此评估测量动力电池组的输出电流（放电）和输入电流（充电）的量程和精度是一项需要仔细检查的工作。电流是引起单体温度变化的主要原因，作用在内阻和化学发热一起构成了动力电池发热，电流变化时也会引起电压的变化，与时间一起，这三项是核算动力电池状态的必备元素。

霍尔传感器在日系混合动力车上用得较多，现在慢慢有智能分流器完成电压和电流的采样，通过串行总线传输，甚至可以在里面实现 SOC 的估算。

2. 绝缘电阻检测

在电池管理系统内，一般需要对动力电池组和高压系统进行绝缘检测，比较简单的是依靠电桥来测量总线正极和负极对地线的绝缘电阻。现在动力电池组里面用得比较多的是主动信号注入，主要是可以检测动力电池单体的绝缘电阻。

3. 高压互锁检测（HVIL）

高压互锁检测的目的是用来确认整个高压系统的完整性，当高压系统回路断开或者完整性受到破坏时，就需要启动安全措施。通过高压互锁检测可以使得在高压总线上电之前就知道整个系统的完整性，也就是说在动力电池系统主、负继电器闭合给电之前就防患于未然。高压互锁检测源有三种不同的方式，即5V、12V和PWM波。

6.2.3 状态估计功能

1. SOC和SOH估计

（1）荷电状态（SOC）估计　SOC可用电量占据电池最大可用容量的比例，通常以百分比表示，100%表示完全充电，0%表示完全放电。这是针对单个电池的定义，对于电池模块的情况有一点复杂。目前，对SOC的研究已经基本成熟，SOC算法主要分为两大类：

1）单一SOC算法。单一SOC算法包括：安时积分法（安时积分最大的问题是随着时间的推移误差会越来越大）、开路电压法（开路电压标定的问题是动力电池需要在静置很长时间以后的开路电压对应的SOC才是准确的，用汽车在行驶时采集的电压用来标定SOC是不准确的。）。

2）融合算法。融合算法包括：简单的修正、加权、卡尔曼滤波（或扩展卡尔曼滤波）以及滑模变结构方法等。采用卡尔曼滤波法和神经网络法可提高SOC的计算准确度，但是限于MCU的运算速度和能力，整个算法的准确度是有限制的。

（2）循环寿命（SOH）估计　电池循环寿命（SOH）定义为标准状况下动力电池可用容量占标准容量的百分比，表征动力电池寿命的主要参数是容量和内阻。一般地，能量型动力电池的性能衰减用容量衰减表征，功率型动力电池性能衰减用电阻变化表征。目前SOH估计方法主要分为耐久性经验模型估计法和基于动力电池模型的参数辨识方法。

2. 均衡

在动力电池箱内由于动力电池性能一致性的偏差，将引起某个动力电池单体性能变化而影响系统工作时，电池管理系统应指令均衡模块启动，进行均衡，保证系统的正常工作。

动力电池的一致性是指同一规格型号的动力电池单体组成动力电池组后，各动力电池单体的电压、荷电量、容量、衰退率、内阻、寿命、自放电率等参数存在一定的差别。在动力电池生产与成组过程中，特别是车用动力电池，如果制造环境较差，质量控制不得当，则动力电池单体间会出现较大差异。随着使用时间的变化，电动汽车动力电池的不一致性会变得越来越差，最终影响动力电池组的使用寿命。

动力电池的不一致性主要是由动力电池单体容量衰减差异和荷电量差异两者

造成的，动力电池单体容量的衰减是不能恢复的，而荷电量差异可以通过均衡方法来补偿。

一个串联的动力电池组，由于动力电池单体的差异和动力电池管理的原因，总是会出现不均衡的现象。在实际使用过程中，每个串联的动力电池组的输出容量是不一样的。而对动力电池不仅有过放电和过充电的限制，而且在不同温度和不同 SOC 下，输入和输出的功率也存在限制。也就是说，对动力电池单体的限制会影响到整个动力电池组。

3. 电池功率限制

新能源汽车中的动力电池容量是不同的，动力电池系统为整车特别是电机提供能量，需要满足电机的功率要求。而一定容量的动力电池在不同的 SOC，不同的温度下，其输入和输出的功率是有一定限制的。在实际的运行中，插电式混合动力车的动力电池组 SOC 窗口开得很小，纯电动汽车的非常宽，用完就结束使用，而插电式混合动力在电池耗尽时，需要考虑输出功率的限制。电池管理系统需要发送给整车控制器一个功率限制参数，控制参数是根据温度、SOC、电池容量核算出来的。

6.2.4　辅助系统功能及通信与故障诊断功能

1. 辅助系统功能

（1）继电器控制　动力电池组内一般有多个继电器，电池管理系统至少要完成对继电器控制和状态检测，动力电池组内继电器的闭合、断开的状态以及开关的顺序都很重要。动力电池组内继电器一般有主正、主负、预充继电器和充电继电器，在动力电池组外还有独立的配电盒对整个电流分配做更细致的保护。

（2）热控制　在所有的环境因素中，温度对动力电池的充放电性能影响最大，对动力电池的很多特性都会产生影响。为了保证动力电池的使用寿命必须让动力电池工作在合理的温度范围之内，并根据不同的温度给整车控制器得出其所能输出和输入的最大功率。对于动力电池系统的温度控制主要用到 CFD 仿真分析，使用温度传感器来有效的监测整个动力电池组的温度分布，并将监测信息反馈给电池管理系统和整个电池的温度管理系统。

对大功率放电和高温条件下使用的动力电池组，动力电池的热管理尤为必要。热管理的功能是使动力电池单体温度均衡，并保持在合理的范围内，对高温动力电池实施冷却，在低温条件下对动力电池进行加热等。由于温度的变化对其他参数都有影响，所以一般都以动力电池模块的温度作为控制的指令信号。

（3）充电控制　电池管理系统的一种主要模式是监控动力电池系统在充电

过程中的需求。在采用交流电源充电时，电池管理系统需要控制导引电路的交互；在直流充电过程中，特别需要注意在较高 SOC 下允许充电的电流。在国标中，电池管理系统被要求直接与外部建立通信，交互充电过程中的信息。理论上说，这种功能的设计可以迁移到不同的模块上，否则电池管理系统的睡眠唤醒机制就会显得有些复杂。

电池管理系统随时参与整车检测工作，检测动力电池的工作状态，尤其对每只动力电池的技术状态进行检测分析，将检测的数据在车辆停驶、充电之前"通知"充电机，即"车与机"的对话。告诉充电机动力电池组的工作状态及每只动力电池的技术状态，"落后"动力电池和"先进"动力电池性能差异。系统计算此时充电机应当采用何种充电模式给动力电池充电，才能达到给动力电池充足电，性能好的动力电池不能过充电，而性能差的动力电池又能充足，以保证整车能量的供应。在放电过程中保证性能差的动力电池不能过放，这一点应当是电池能量管理系统最重要的功能之一。

2. 通信与故障诊断功能

（1）通信功能　电池管理系统需要给整车控制器发送动力电池系统的相关信息，在有直流充电的系统中，特别是在国标中需要直接与外部直流充电桩进行通信。在某些时候，可能还有一条备份的诊断和刷新的通信线，用来在主通信失效的情况下做数据传输。

（2）故障诊断和容错运行　电池管理系统要求具备故障诊断功能，能够与车辆检测仪器进行通信等，诊断系统的故障可方便车辆的维修。最优先的任务是安全管理，它必须检测到任何关键的失效，并且使用替代功能，或者当发生最坏的情况时，关闭系统。

故障诊断及容错控制在任何控制器当中都是非常重要的部分，电池管理单元的故障需要以故障码（DTC）来进行报警，通过 DTC 触发仪表盘当中的指示灯，在新能源汽车中动力电池故障也有相应的指示灯来提醒驾驶人。

故障诊断包括对动力电池单体电压，动力电池组电压，电流，动力电池组温度测量电路的故障进行诊断，确定故障位置和故障级别，并作出相应的容错控制。

故障诊断功能是电池管理系统的重要组成部分，通过故障诊断可以在动力电池工作过程中，实时掌握动力电池的各种状态，甚至在停机状态下也能将动力电池故障信息定位到动力电池系统的各个部分（包括动力电池模块）。电池管理系统根据故障原因对各种故障诊断分别设置了诊断程序的进入与退出条件，采用分时诊断流程，以节约 CPU 的时间资源。

6.3　电池管理系统均衡充电方案设计

6.3.1　均衡充电定义及控制方案

1. 均衡充电定义及均衡器设计难点

（1）均衡充电定义　均衡充电简称均充，是均衡动力电池特性的充电，是指在动力电池的使用过程中，由于动力电池的个体差异、温度差异等原因造成动力电池端电压不平衡，为了避免这种不平衡趋势的恶化，需要提高动力电池模组的充电电压，对动力电池进行均衡充电，以达到均衡动力电池模组中各个动力电池单体特性，延长动力电池寿命。

动力电池单体之间的一致性，对于动力电池容量是最直接最重要的参数，因动力电池容量是个不能在短时间直接测量得到的参数，但动力电池单体容量跟它的开路电压有一一对应的关系。

动力电池单体电压是可以实时在线测量的，这使其成为衡量动力电池单体一致性水平的有利条件。在电池管理系统的管理策略中，把动力电池单体电压值作为触发条件的情况还有放电终止条件、充电终止条件等。处于这样位置的一个参数，动力电池单体电压一致性差异过大，则直接限制了动力电池组充电电量和放电电量。基于此，用动力电池均衡方法解决已经处于运营状态的动力电池组单体电压差异过大问题，以提高动力电池组容量，延长了动力电池使用寿命。

（2）均衡器设计难点　动力电池单体充电均衡就是通过控制实现单独给电压过低动力电池单体充电，以解决动力电池单体不一致的问题，要实现动力电池单体的电压均衡控制，均衡器是电池管理系统的核心部件，离开均衡器的电池管理系统即使得到了动力电池组的测量数据，也无法对动力电池进行管理。随着电动汽车技术的不断发展，对动力电池组均衡控制已有了许多研究。

动态均衡在动力电池放电过程中，功率变换器的热耗取自动力电池组的能量，由于动力电池单体电压较低，功率变换器效率是一个设计难点，须采纳和借鉴当代电源电路的最新设计技术，如同步整流、软开关等。

在均衡器的设计中，参数超限报警、热保护等常规检测功能是必不可少的，电动汽车在行驶中的颠簸和振动，都对均衡器的配线工艺、禁锢结构提出了苛刻的要求，导线外皮磨损破裂短路，可能导致与动力电池性能无关的火灾隐患，就功率变换器而言，还需要考虑浪涌抑制、过电压保护、过电流保护、电磁兼容等问题，可靠性是均衡器的另一个设计难点。

2. 均衡控制方案

采用不同均衡控制方案的电池管理系统的复杂程度也不一样，被动型均衡由充电机调整输出电压和电流，最简单，均衡能力也最差。国外产品有采用主辅模块的分布式管理结构，辅模块相当于独立式均衡器，主模块完成管理系统的功能，两者通过现场总线连接。采用分级管理，上级模块管理下级模块，下级模块管理动力电池单体。

在控制策略方面，要求把动力电池电化学特性、电源技术、控制技术相结合，电动汽车在行驶中随时会出现加速、滑坡、堵转、刹车等情况，动力电池组输出的电流和功率呈双极性变化，各种阻抗特性和电机控制器的调制特性都给动力电池组电压变化带来复杂性，管理决策不能仅依据简单公式计算，应避免往复均衡，造成动力电池能源的浪费。

6.3.2 均衡充电分类

（1）充放电均衡与动态均衡

1）充电均衡是在动力电池充电过程的中后期，当动力电池单体电压达到或超过截止电压时，均衡电路开始工作，减小动力电池单体电流，以期限制动力电池单体电压不高于充电截止电压。

2）放电均衡在动力电池组输出功率时，通过补充电能限制动力电池单体电压不低于预设的放电终止电压，其充电截止电压和放电终止电压的设置与温度有关联。

3）动态均衡与充电和放电均衡不同，动态均衡不论在充电态、放电态，还是浮置状态，都可以通过能量转换的方法实现动力电池组中动力电池单体电压的平衡，实时保持相近的荷电程度。

充电均衡的唯一功能是防止过充电，而在放电使用中将带来负面影响。在使用充电均衡时，小容量动力电池单体没有过充，能放出的电量小于不用均衡器时轻度过充电所能释放的电能，使得该动力电池单体放电时间更短，过放电的可能性就更大了。

当电机控制器以动力电池组电压降低到一定程度为依据减小或停止输出功率时，由于大容量动力电池单体因充电均衡被充入更多电能而表现出较高的平台电压，掩盖了小容量动力电池单体的电压跌落，将出现动力电池组电压足够高，而小容量动力电池单体已经过放电。

放电均衡与充电均衡情形相似，大容量浅充足放，小容量过充足放，加速单体性能差异性变化的结果是相同的，都不能形成真正实用的产品，只有动态均衡集中了两种均衡的优点，尽管动力电池单体之间初始容量有差异，工作中却能保证相对的充放电强度和深度的一致性，渐进达到共同的寿命终点。

（2）断流与分流均衡

1）断流是指在监控动力电池单体电压变化的基础上，在满足一定条件时停止对动力电池单体的充电或将负载回路断开，通过机械触点或电力电子部件组成开关矩阵，动态改变动力电池组内动力电池单体之间的连接结构。由于电动汽车用的动力电池组功率很大，瞬时电流可达数百安培而且双极性变化，在考虑可行性、性价比、实用性、可靠性等诸多因素，断流的实施难度极大，不适合在电动汽车上使用。

2）分流并不断开动力电池的工作回路，而是给每只动力电池单体各增加一个旁路装置，就像动力电池伴侣，两者合起来的功能是平均动力电池组内动力电池单体的特性。

（3）能耗与回馈均衡

1）能耗均衡是指给各动力电池单体提供并联电流支路，将电压过高的动力电池单体通过分流转移电能达到均衡目的，实现电流支路的装置可以是可控电阻，或经能量功率变换器带动空调、风机等耗电设备，其实质是通过能量消耗的办法限制动力电池单体出现过高的端电压，只适合在静态均衡中使用，能耗均衡的高温升降低了系统可靠性，消耗能源，在动态均衡中不可能使用。

2）回馈与能耗不同，回馈通过能量功率变换器将动力电池单体之间的偏差能量馈送回动力电池组或组中某些动力电池单体。理论上，当忽略转换效率时，回馈不消耗能量，可实现动态均衡。回馈型具有更高的研究价值和使用价值，最有可能达到实用化设计。

（4）单向和双向均衡　双向型均衡器使用双向功率变换器，输入输出方向动态调整。比较而言，双向型均衡器更具优势，基于均衡效率考虑，对于单向型均衡器，使用自动力电池组高压到动力电池单体低压的功率变换器适用于放电均衡，如图 6-10a 所示，使用自动力电池单体低压到动力电池组高压的逆变器适合

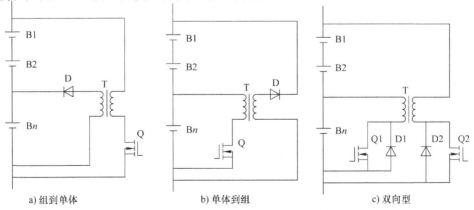

a) 组到单体　　　　b) 单体到组　　　　c) 双向型

图 6-10　Buck 或 Boost 单向与双向型变换器

充电均衡，如图 6-10b 所示。

最先进的均衡方案是从动力电池单体到动力电池单体，从高压动力电池单体直接把能量变换到低压动力电池单体，具有最佳的均衡效率，实现难度也较大。按动力电池单体容量大小排序 $C_1 > C_2 > \cdots > C_n$，n 是串联单体数量，平均容量为 $C_a = (C_1 + C_2 + \cdots + C_n)/n$，设第 k 只动力电池单体容量最接近平均值，即 $C_k = C_a$，则均衡系统的目标是从 C_1，C_2，$\cdots$，C_{k-1} 取出能量 $C_{out} = (C_1 + C_2 + \cdots + C_{k-1}) - (k-1)C_a$，转移到 C_{k+1}，C_{k+2}，$\cdots$，C_n。考虑到能量变换效率，k 值需要适当后移。

（5）集中与分散均衡　当把上述单向和双向功率变换器接向组电压的所有绕组合并为一个绕组后，就得到图 6-11 所示的集中式功率变换器，其优点是功率变换器成本和技术复杂度大幅降低，缺点是低压绕组到各动力电池单体之间的导线长度和形状不同，变比有差异，均衡误差大。另一方面，功率变换器与动力电池组之间的 $n+1$ 条功率导线的布线工艺不容易设计，车辆行驶过程中对导线的拉伸和剪切给安全带来隐患。

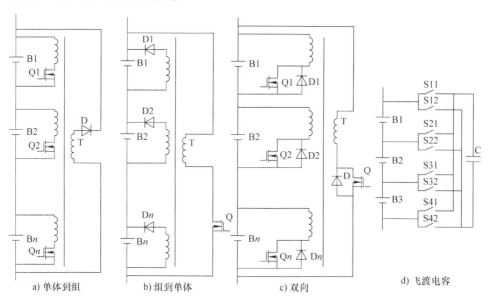

a) 单体到组　　　b) 组到单体　　　　c) 双向　　　　　d) 飞渡电容

图 6-11　集中式变换器

基于成本和均衡效率考虑，集中式可应用于中小功率动力电池组、以及动力电池组无振动或移动的场合。一种使用单只电容器循环均衡每只动力电池单体的方法被称飞渡电容法，也属于集中式。特点是均衡功能直接通过电容器充放电进行，但开关上瞬间开启电流很大，易出现电弧或电磁干扰，开关触点压降直接影响均衡效果。

（6）独立与级联均衡　利用均衡器让每两只邻近的动力电池单体实现均衡，进而达到各动力电池单体之间的均衡。图 6-12 列出了 3 种电路形式，双向 Buck – Boost 功率变换器利用电感传递能量，双向 Buck 和开关电容网络利用电容传递能量，动力电池组中高压动力电池单体与低压动力电池单体之间间隔数只动力电池单体，从高压动力电池单体导出能量给低压动力电池单体，需要多只级联的功率变换器同时工作，到达目的动力电池单体的能量转换效率极低，极端情况与能耗型功率变换器接近。

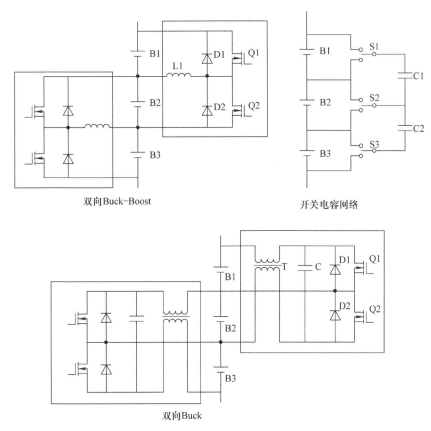

图 6-12　级联式变换器

6.3.3　均衡充电方法

动力电池组在充电过程中之所以容易发生问题，主要是由于动力电池的一致性误差过大引起的。为此，近十几年来，国内外的许多专家学者，动力电池的制造者和使用者，都大力开展了旨在解决动力电池一致性误差所带来危害的研究，开发出了各种各样的电池管理系统，并采用了各种各样的方法来进行动力电池充电、放电的均衡控制。

1. 基于分流电阻的均衡充电电路

基于分流电阻的均衡充电原理如图 6-13 所示，即每个动力电池单体上都并联一个分流电阻，从图 6-13 所示电路中可以看出，电阻上的分流电流必须远大于动力电池的自放电电流，才能达到均衡充电的效果。一般动力电池的自放电电流为 C/20000 左右，所以流过分流电阻上的电流取 C/200 是比较合适的。另外，每个分流电阻的偏差也是影响均衡效果的重要因素。经过一定次数的充放电循环后，动力电池单体的偏差可以用以下公式确定：

$$V_C = RI + 2V_D K \tag{6-1}$$

式中，V_C 为动力电池电压偏差；R 为分流电阻；I 为动力电池自放电电流；V_D 为动力电池单体电压；K 为电阻偏差。

若分流电阻取 $20\Omega \pm 0.05\%$，则动力电池电压偏差能够控制在 50mV 范围内。每个电阻的平均功率为 0.72W，但是无论动力电池充电过程还是放电过程，分流电阻始终消耗功率。

增加了通断开关的基于分流电阻的均衡充电原理如图 6-14 所示，通断分流电阻均衡充电与电阻分流均衡充电的区别就是增加了一个通断开关，这个开关的控制可以由单片机系统软件来实现，也可以通过简单的逻辑电路来实现。采用这种控制方式的均衡电路只在动力电池充电的恒压充电段工作，其他时间通断开关始终断开，这样在动力电池组放电时，分流电阻不消能量。但这种电路的主要缺点是通断开关的故障率较高，需采用冗余手段。

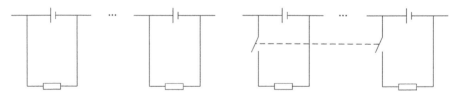

图 6-13　基于分流电阻的均衡充电原理图　　图 6-14　增加通断开关的基于分流电阻的均衡充电原理图

2. 基于开关电容的均衡充电电路

基于开关电容的均衡充电电路如图 6-15 所示，设图 6-15 中电池 1、电池 3 分别为组内电压最高、最低的动力电池单体。在图 6-15 中所有开关管为常开，当均衡器发出均衡指令时，功率开关管 S1、Q2 闭合，此时电池 1 给电容充电，控制功率开关管的占空比控制充电功率和时间，充电结束后，开关管 S3、Q4 闭合，电容给电池 3 充电，此时动力电池组内不均衡度降低，均衡结束。

基于开关电容的均衡充电原理如图 6-16 所示，从图 6-16 中可以看出，顺序

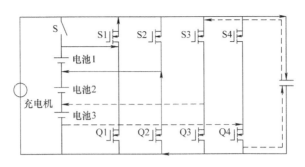

图 6-15　基于开关电容均衡充电电路

开关驱动电路主要由时钟电路构成，它驱动多路开关顺序闭合，顺序把动力电池单体接入传送电容器，通过传送动力电池单体之间的不平衡能量，达到均衡充电的目的。同时，通过测量传送电容器上的电压来监测各个动力电池单体的电压。若某个动力电池单体发生短路故障，则低电压比较器输出开关禁止信号，禁止短路的动力电池单体接入传送电容器，防止影响其他动力电池单体正常工作，同时给恒流恒压变换器送入动力电池低电压报警信号，使恒流恒压变换器根据动力电池单体短路的情况确定正确的恒定电压。

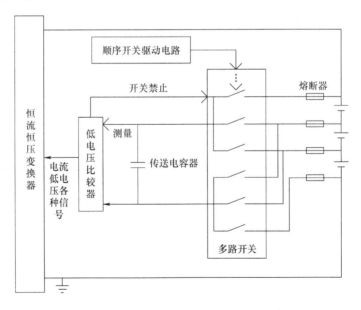

图 6-16　基于开关电容的均衡充电原理图

基于开关电容的均衡充电电路，在电路失效的时候不会造成电池过放电，开关电容均衡充电电路的最大优点是能源浪费极低，缺点是电路复杂，多路开关的通态电阻、高共模限制都会影响均衡充电的实现，电压压差越小，均衡效率越低，可靠性无法保证。另一方面，参数选取比较困难，针对不同的电源系统配置，电路参数需详细的设计与验证，这对研制周期是不利的。

3. 基于平均动力电池电压的均衡充电电路

基于平均动力电池电压的均衡充电原理如图 6-17 所示，在图 6-17 中，只给出了一只动力电池单体的均衡电路，其他动力电池单体也配备相同的均衡电路，其中，放大器由动力电池单体供电。

基于平均动力电池电压的均衡充电控制电路的思路是：动力电池单体电压与平均动力电池电压相比较，控制功率开关将高于平均动力电池电压的动力电池单体分流。因此，所有动力电池单体电压在均衡电路的作用下趋向平均动力电池电压。

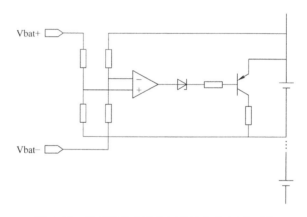

图 6-17　基于平均电池电压的均衡充电原理图

此电路初看起来是开环控制，实际上由于动力电池内阻的作用，均衡电路工作在具有负反馈特性的闭环状态。为了防止均衡电路在动力电池组放电时工作，可以在功率开关下端串联稳压二极管，这样在动力电池放电时，动力电池电压较低而失去分流回路。

4. 基于电感、变压器、并联式的均衡充电电路

（1）基于电感的均衡充电电路　基于电感的均衡充电电路如图 6-18 所示，在充电过程中，开关管 S 闭合，充电机给动力电池组充电。此时动力电池组右侧开关管全部断开，均衡系统不开启。设电池 1 电压开始明显高于其他动力电池单体并达到均衡阈值时，均衡系统开启，S1、Q2 开关管闭合，电感与电池 1 并联，起到分流的作用，电感储存来自充电机与电池 1 的能量；当 S1、Q2 开关管置 0，Q3、S4 开关管置 1 时，电感给充电过程的电池 3 释放一定能量。

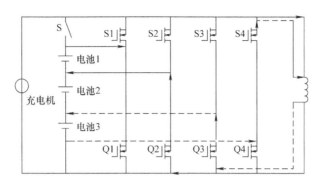

图 6-18　基于电感的均衡充电电路

在静置过程中，开关管 S 断开，当电池 1 电压高于其他动力电池单体并达到均衡阈值时，均衡系统开启，S1、Q2 开关管闭合，电感与电池 1 并联，电感吸收电池 1 的能量；当 S1、Q2 开关管断开，Q3、S4 开关管闭合时，电感给电池 3 释放电量。

（2）基于变压器的均衡充电电路　基于变压器的均衡充电电路如图 6-19 所示，在图 6-19 所示电路中，变压器既作为吸收能量源又作为释放能量源，吸收与释放能量的转换在于能量在磁能与电能之间的转换。同样，设电池 1 电压最高，将 S1、Q2 置 1，其他开关管置 0，此时变压器作为吸收能量源，将电池 1 的电能转换为磁能；S1、Q2 置 0，Q1、S2 置 1，能量由初级绕组传递给次级绕组，能量释放给电池 3，能量由磁能转换为电能。

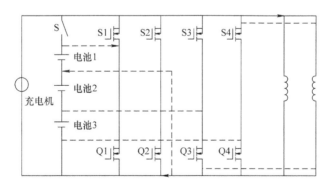

图 6-19　基于变压器的均衡充电电路

（3）并联均衡充电电路　并联均衡充电是在动力电池充电过程中，分流充电电流给电压低的动力电池单体多充电，而电压高的动力电池单体少充电。避免了最高和最低电压动力电池单体的额外充放电负担，提高了动力电池单体及整个动力电池组的寿命。

理想的均衡方式是所有动力电池单体能量及端电压相同，并联动力电池组内动力电池单体电压始终相等。在并联的动力电池组中，电压高的动力电池单体自发给电压低的动力电池单体充电。但串联动力电池组内想要应用此原理，就需要改变原动力电池组拓扑结构。

并联均衡充电电路拓扑如图 6-20 所示，每节动力电池单体都有一个单刀双掷的开关继电器，所以 n 节串联电池组内需要 $n + 1$ 个继电器。并联均衡的控制原理如下：设动力电池组内 B4 电压最高，电池 B2 电压最低，控制继电

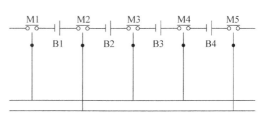

图 6-20　并联均衡充电电路拓扑

器 S5、S3、Q4、Q2 闭合，控制开关继电器使 B4、B2 两节动力电池单体并联，两动力电池单体自动均衡，电压趋于一致。该拓扑的缺点是充电过程中不能进行均衡，只能静置时进行并联均衡。

5. 基于 DC – DC 变换器的均衡充电电路

基于降压型变换器均衡充电原理如图 6-21 所示，降压型变换器均衡充电方案是一种低消耗的均衡方案。它的思路很清晰，主回路是标准的降压式调节器，在储能电感上增加多组相同的二次绕组，用于动力电池单体的辅助充电。显然，电压低的动力电池单体会从二次绕组上得到更多的能量，电压高的动力电池单体得到能量少，这样就达到了均衡充电的目的。为了得到良好的均衡效果，二次绕组的一致性需要严格控制。但电感绕组的一致性是非常难控制的，因此这是这种控制方法的一个最大缺点。这种充电方式的研究刚刚起步，充电效率、均衡效果、可靠性分析等需要进一步的深入研究。

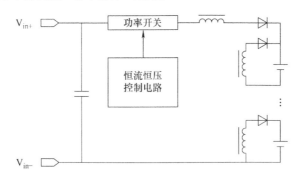

图 6-21　降压型变换器均衡充电原理图

6.3.4　动力电池组主动均衡电路

1. 被动均衡与主动均衡

通常把能量消耗型均衡称为被动均衡，而把其他均衡称为主动均衡。主动均衡的具体实施方案有很多种，从理念上可以再分成削高填低型和并联均衡型两大类。

被动均衡主要是通过热量的形式将电压高得动力电池单体的电量放掉，导致均衡电流不够大。基于热管理的要求被动均衡只能一节一节地均衡，其他的动力电池单体就没有办法均衡了。被动均衡产生热量是对于安全、结构有特别散热要求，动力电池对热很敏感，是需要绝对避免外部温度升高的。被动均衡将导致动力电池组的局部受热，另外温度高易导致元器件的失效率上升。

主动均衡的削高填低型均衡包括电容式均衡、电感式均衡、变压器式均衡，此三种均衡方式包括动力电池在充电过程中的均衡以及静置过程的均衡。削高填低就是把电压高的动力电池单体的能量转移一部分出来，给电压低的动力电池单体，从而推迟最低动力电池单体电压触及放电截止阈值和最高动力电池单体电压触及充电终止阈值的时间，获得系统提升充入电量和放出电量的效果。但是在这个过程中，高电压动力电池单体和低电压动力电池单体都额外地进行了充放。对动力电池单体而言，额外的充放负担会带来寿命的消耗，但对动力电池组而言，总体上是延长了动力电池组寿命还是降低了动力电池组寿命，目前还没有明确的实验数据予以证明。

目前电池管理系统的主动式均衡和被动式均衡两种管理模式各有优缺点，所采用的方式普遍为采集动力电池单体电压、串联电流、温度及动力电池组的电压，然后将这些信号传给运算模块进行处理并发出指令，最后将整个处理的信息指令通过 CAN 总线通信系统传送给汽车中央控制单元或整车 VMS 系统。

国内主流车用电池管理系统厂家都掌握被动均衡技术，而且其中绝大部分也掌握主动均衡技术。在厂家提供的配置单上，主动均衡是一个"选配"功能。采用被动均衡的电池管理系统装机量较大，占据新能源汽车市场的份额较高，远远高于主动均衡电池管理系统的市场份额。国内的新能源汽车主要是中低端产品，考虑到成本及配置需求方面，被动均衡相对较容易接受。随着新能源汽车产品的向高端发展，对电池管理系统的要求也越来越高，主动均衡技术将成为未来的发展趋势。

2. 基于主动平衡方式 IC 的动力电池均衡充电电路

动力电池模组常用一些缩略短语来描述其产品结构，例如"3P50S"代表该动力电池组中有 3 个并联的动力电池单体、50 个串联的动力电池单体。模块化构造是对动力电池组进行均衡时理想的构造。例如，在一个 3P12S 的电池阵列中，每12个动力电池单体串联之后就构成了一个模块。然后，这些动力电池单体就可由以微控制器为核心的电子电路对其进行治理和均衡。

PACK 电池厂家已经将其中一种主动平衡方式集成到专用 IC 中，虽然使用 CPU 也可以实现，但是软件的可靠性毕竟不如硬件，而且这样产品化就变得更简单。

基于主动平衡方式 IC 的动力电池均衡充电电路如图 6-22 所示，在图 6-22 中，当 V3 高于 V2 时，P3S 端连接的 IC 管脚输出 PWM。在 PWM 关闭时，Q1 导通，V3 通过 Q1 与电感构成回路。消耗 V3 的电力，这时电感内电流上升，能量储存在电感内。在 PWM 打开时，Q1 截止，此时 V2 通过 Q2 内的二极管与电感构成续流回路。此时储存在电感内的电流下降，能量转移至 V2。至此，能量由 V3 转移至 V2 的过程完成，直到两者电压相等时 PWM 关闭。

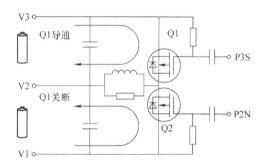

图 6-22　基于主动平衡方式 IC 的均衡充电电路

串联动力电池对于 PWM 频率、占空比、电感容量的选择是相互关联的，Ti 的 IC 推荐频率是 200kHz，这样可以减小电感，从而降低成本。串联动力电池需要的 PWM 数量是 $2(n-1)$，n 是动力电池数量，相对还是比较多的。而且能量转移只能从一节动力电池单体转移到与它相邻的动力电池单体。如果动力电池单体的数量多，控制算法还是相当复杂的，那么关键问题只是成本而已。串联动力电池组如果使用 bq78PL114 + BQ76PL102，最多可以管理 8 节动力电池单体。如果电动汽车需要 80 节动力电池单体，那么需要对 10 个这样的动力电池组分别管理。

3. 基于变压器的动力电池组主动充电均衡电路

动力电池主动均衡需要一个用于转移能量的存储元件，假如用电容来做存储元件，将其与所有动力电池单元相连就需要庞大的开关阵列。更有效的方式是将能量储存在一个磁场中，该电路中的关键元件是一个变压器。其作用是在动力电池单体之间转移能量，将多个动力电池单体电压复接至一个基于地电压的模数转换器（ADC）输入端，该电路是基于回扫变压器原理的。

这类变压器可将能量储存在磁场中，其铁氧体磁心中的气隙增大了磁阻，还可以避免磁心材料出现磁饱和。变压器两侧的一次线圈与整个动力电池组相连，二次线圈与每个动力电池单体相连，该变压器的一种实用模型支持多达 12 个动力电池单体。变压器的可能连接数量限制了动力电池单体的个数，上述原型变压器有 28 个引脚。

由于变压器可以双向工作，因此可以根据情况采取两种不同的均衡方法。在对所有动力电池单体进行电压扫描之后，计算平均值，然后检查电压偏离平均值最大的动力电池单体。如果其电压低于平均值，则采用底部均衡法（Bottom - Balancing），如果其电压高于平均值，则采用顶部均衡法（Top - Balancing）。

1）底部均衡法。动力电池底部均衡原理如图 6-23 所示，若扫描发现动力电池单体 2 是电压最低的动力电池单体，必须对其进行均衡。

此时闭合主开关（"prim"），动力电池组开始对变压器充电。主开关断开后，变压器储存的能量就可以转移至选定的动力电池单体。相应的次级（"sec"）开关（在本例中是开关 sec2）闭合后，就开始能量转移。

每个周期均包含两个主动脉冲和一个暂停，在本例中，40ms 周期的转换频率为 25kHz。在设计变压器时，其工作频段应在 20kHz 以上，以避免出现人类听觉频率范围内可感知的啸叫噪声，这种声音是由变压器铁氧体磁心的磁致伸缩导致的。

当某个动力电池单体的电压已经达到 SOC 的下限时，底部均衡法可以延长整个动力电池组的工作时间。只要动力电池组供应的电流低于平均均衡电流，电动汽车就能继续工作，直到最后动力电池组能量被耗尽。

2）顶部均衡法。假如某个动力电池单体的电压高于其他动力电池单体，那就需要将电压高的动力电池单体中的能量导出，均衡之后则可以保持所有动力电池单体的电压相等而避免发生过早停止充电。

动力电池顶部均衡电路如图 6-24 所示，在电压扫描之后，发现动力电池单体 5 是整个动力电池组中电压最高的动力电池单体。此时闭合开关 5，电流从动力电池流向变压器。因为自感的存在，电流随时间线性增大。因自感是变压器的一个固有特征，故开关的导通时间决定了能够达到的最大电流值。动力电池单体中转移出的能量以磁场的形式获得存储。在开关 sec5 断开后，必须闭合主开关。此时，变压器就从储能模式进入了能量输出模式。能量通过一次线圈送入整个动力电池组。

顶部均衡法中的电流和时序条件与底部均衡法非常类似，只是顺序和电流方向与底部均衡法相反。为了治理每个动力电池单体的充电状况，必需测量它们各自的电压。在电压扫描模式中没有使用变压器的回扫模式。当 S1 到 Sn 这些开关中有一个闭合时，与其相连的动力电池单体的电压就转换到变压器的所有绕组中。

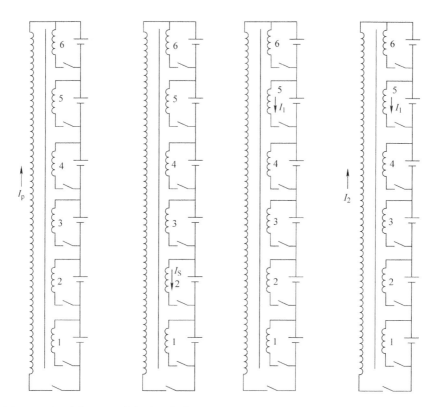

图 6-23　锂动力电池的底部充电均衡原理　图 6-24　锂动力电池的顶部充电均衡原理

在经由一个离散滤波器的简单预处理之后，被测信号就被送入微控制器的 ADC 输入端口。开关 S1 到 Sn 中的某个开关闭合时所产生的测量脉冲持续时间可能非常短，实际导通时间为 4μs。因此，通过这个脉冲存储至变压器中的能量很少。而且在开关断开之后，存储在磁场中的能量都会通过初级晶体管流回整个动力电池组。因此动力电池组的能量多少并不受影响。在对所有动力电池单体进行完一个周期的扫描之后，系统又回到初始状况。

第7章
电动汽车充电设施规划设计及运营模式

7.1　电动汽车充电设施规划设计

7.1.1　电动汽车充电设施规划设计及布局

1. 电动汽车充电设施规划设计

电动汽车产业是一项系统工程，电动汽车充电设施则是此项系统工程中的重要环节之一，其必须与电动汽车产业共同协调发展。建设电动汽车充电设施是电动汽车产业推广的前提和基石，在拓展电动汽车市场的同时，完善高效的能源供给网络是电动汽车广泛应用的必要条件之一。

电动汽车的发展包括电动汽车以及能源供给系统的研究和开发，其中能源供给系统是指充电设施。电动汽车充电技术作为一个新的科技领域，世界各国都置身于充电技术的研究，并拟制定充电技术标准，为未来企业发展占据先机。

电动汽车的充电设施是发展电动汽车的重要基础支撑系统，也是电动汽车商业化、产业化过程中的基础设施。目前，我国电动汽车产业快速发展，为电动汽车充电设施建设提供了重大发展机遇。充电设施的建设需要根据电动汽车的充电需求，结合电动汽车充电模式进行相应的规划和设计，在规划、布局方面也要考虑如何与城镇规划紧密结合。

近年来，我国电动汽车发展和充电设施的建设都取得了长足进步，但电动汽车厂商推出的电动汽车动力电池参数差异较大且充电接口位置不同，只有同类型电动汽车动力电池参数及充电接口趋于标准化，才能有效消除因车辆充电电流、电压和充电接口差异等不确定因素。因此，现有阶段只能通过深度剖析充电设施建设中的难点，优化充电设施设计方案，才能提高充电设施的投资效益，吸引更多的社会资金和力量参与充电设施建设。

电动汽车与其充电设施是"发展"与"保障"的关系，电动汽车的发展，将带动充电设施的跟进；充电设施的建设，将有力保障电动汽车的发展。电动汽车的发展是充电设施建设的核心动力，充电设施建设是电动汽车发展的有力保障。这种相辅相成的互为依赖的关系，有效指引了充电设施的发展方向，即紧紧围绕电动汽车的发展，并适度超前建设，引导电动汽车发展。

在进行电动汽车充电设施规划设计时，首先是容量预测，即根据电动汽车的数量及进行充电容量的预测，其次是充电设施布局规划。电动汽车充电设施布局包括"需求"和"可能性"两个因素，衡量充电设施需求的主要指标是交通量与服务半径两个要素，决定可能性与否关键在于交通、环保及区域配电能力等外部环境条件与该地区的建设规划和路网规划。

充电设施建设坚持"再生利用，节能环保"的原则，以达到社会、环境、经济三重效益的最大化。充电设施规划布局需具备一定的弹性，既能满足近期需求，又能考虑到未来发展变化，在设计上留有中远期发展空间，并为远期发展留有余地。充电设施规划设计的总则如下：

1）充电设施规划设计应贯彻执行国家有关法律、法规、技术标准和节能环保政策，做到技术先进、安全可靠、经济合理、使用便利。

2）充电设施规划设计应立足电动汽车产业的技术现状，同时兼顾未来发展，做到远近结合、适度超前，并留有发展余地。

3）充电设施规划设计应积极采用节能、环保、免维护或少维护的新技术、新设备和新材料，严禁采用国家技术监督检验部门明令禁止的淘汰设备和材料。

4）充电设施规划设计应根据工程特点、负荷等级、设备容量、站址环境和节能环保等因素，合理确定设计方案。

5）编制电动汽车设施规划设计方案时，应开展对充电站电能充储一体化的可行性研究，并适时对 V2G 的可行性进行技术论证。

2. 电动汽车充电站布局

与燃料汽车不同，电动汽车在前期无市场需求的前提下，需要通过充电站建设促进需求的增加。因此随着充电站建设的推进，电动汽车市场变化等因素的影响，在时间与空间两个维度采取有针对性且有弹性的布局原则：

1）时序上远近统一。充电站布局以充电需求为导向，充电需求是指一定数量的电动汽车在特定时间和特定地点对充电的需求。满足缺口地区对充电站的需求，以引导电动汽车发展。远期依据市场反馈情况，做出互动选择。

2）空间上科学合理。电动汽车充电站为电动汽车运行提供能量补给，是重要配套基础设施，所以充电站建设应形成网络，保证车辆在行驶范围内能及时快速找到充电站对车辆进行充电。根据各区域对充电站需求的空间分布，结合地方意向对不同类型的充电站布局进行统筹安排，确保充电站的布局具有合理的服务范围或密度，相邻充电站之间应保持合理的联系。

充电站布局是对不同区域的充电站需求条件分析后得出的结果，但是具体到充电站选址时还须考虑其实施条件的可能性。充电站的选址应结合地区建设规划和路网规划，以网点总体布局规划为宏观控制依据，经过对布局网点及其周围地区规划选址方案的比较，确定充电站的站址。

从长远考虑，充电设施的布局应与城市规划和路网规划统筹考虑，以满足城市总体规划和路网规划要求。政府应对充电站的建设采取市场准入制度，根据城市发展规划及电动汽车推广应用情况，对充电站布局建设做出科学规划安排，防止出现重复投资现象，减少资源浪费。

因电动汽车充电站运营时需要高功率的电力供应，所以充电站的布局应充分考虑本区域的输配电网现状，在进行充电站布局规划时，应与电力供应部门协调，基于城市电网发展和改造的总体计划，可以提高充电站电能供应的安全性和稳定性，为充电站运营提供可靠的电力供应保障。

未来的电力配送体系和充电站基础设施建设应能支撑电动汽车巨大的电能需求，同时，电动汽车充电量的需求也将影响着供电系统中供电方式、开关电器、变压器、导线等设施的选择。另外，电动汽车充电设备是一种非线性负荷，工作时产生的谐波电流很高，谐波注入电网会造成电能质量降低等负面影响。在充电站为电动汽车快速充电时，由于负荷变化太快，冲击电压也可能对电网造成影响。这些都需要在建设充电站时予以考虑，以保证供电系统安全运行。

充电站规划应充分考虑电动汽车未来发展趋势，随着国家强力推动，电动汽车行业将会出现长足发展。在进行电动汽车充电站布局规划时应充分考虑电动汽车的推广应用对充电站建设的推动作用，规划应具有前瞻性和全局性，应留有潜力，能够适应未来数年内电动汽车的发展要求。

7.1.2 电动汽车充电站规划应满足的要求及原则

1. 电动汽车充电站规划应满足的要求

（1）充电站分布应与电动汽车交通密度和充电需求的分布尽可能一致

1）充电需求和交通密度密切相关，但又受到电动汽车运行方式的制约。交通密度是指在单位长度车道上，某一瞬间所存在的车辆数，一般用"辆车道"表示。根据定义，交通密度基本上是在一段道路上测得的瞬时值，它不仅随时间的变化而变动，也随测定区间的长度而变化。为此，常将瞬时交通密度用某总计时间的平均值表示。该区域的电动汽车交通密度越大，说明在区域内运行的电动汽车数量越大，从而对充电站点的需求也会越大。

2）充电需求是指一定数量的电动汽车在特定时间和特定地点对充电的需

求，例如，对于电动公交车来说，其运营线路的起（终）点站为其充电需求区域，企业班车以企业所在地为其充电需求区域。充电设施网点数量的控制应考虑与充电需求的分布尽可能保持一致，应与各区域的电动汽车交通密度成正比。

3）站点布局因地制宜，集约化利用土地。充电站点数应与充电需求的分布尽可能保持一致，应与各区域的电动汽车交通密度成正比。因此，规划充电设施应根据区域供需平衡情况，再结合城市空间布局结构，满足该地区电动汽车运行配套需求，服务能力适度超前。集中充电站应独立建设，充换电站可独立或结合公交场站、交通枢纽、公共停车场、轨道交通站点，P + R 停车场等市政设施用地建设。独立充电桩可考虑在住宅小区、办公场所、大型超市等公共设施的停车位建设，一般按停车位数量的 2% ~3% 布设。

（2）充电设施的布局应符合充电站服务半径要求　电动汽车充电设施的分布可以参考住房城乡建设部《城市综合交通体系规划标准》中的公共充换电站服务半径规定，结合电动汽车自身的运行特点以及各区域计算的服务半径需要设定。由于各交通区域的交通密度不一样，故反映充电设施网点密度的服务半径也各不相同。

电动汽车动力电池的续驶里程是影响充电设施服务半径的另一大因素，目前，电动汽车动力电池的理论单次充电行驶里程在 150 ~200km 左右，考虑动力电池的寿命老化、交通拥堵等现实因素，从保证电动汽车使用者连续行驶角度出发，充电设施的服务半径应以电动汽车单次充电行驶里程 100km（甚至更短）计算，只有这样才能有效保障电动汽车的持续行驶能力。集中充电站服务范围为 $100 ~120km^2$，服务半径为 5 ~7km；充换电站服务半径约为 2km。镇区充电设施服务半径应控制在 0.9 ~1.2km 之间。

（3）满足站点用地面积相关规范要求　根据充电设施的基本功能和配置要求，以土地高效利用为基础，确定规划充电站选址用地规模，集中充电站用地面积按 $3000m^2$ 预留，大型充换电站面积按 $2000m^2$ 预留，中型充换电站按 $1000m^2$ 预留，小型充换电站按 $800m^2$ 预留。

2. 电动汽车充电设施规划布局的推荐原则及要考虑的因素

（1）电动汽车充电设施规划布局的推荐原则　遵照国家对汽车产业的调整以及能源的节约办法和循环经济促进法的相关政策规划、标准与规定，电动汽车充电设施规划原则如下：

1）全面规划，考虑长远发展，使电动汽车充电设施建设与城镇发展相协调，既能保护环境，又能最大限度地发挥项目效益。加强充电设施发展的顶层设计，从全局统筹规划，建立政府有关部门与相关企业各司其职、各尽所能、群策群力、合作共赢的推进机制，按照桩站先行、适度超前建设的策略，推进充电设施科学发展。结合新能源汽车推广应用的实际，以充电为主、换电为辅的原则建设充电设施，满足不同类型电动汽车的充电需求。

2）以公交车、公用车（出租车、环卫车、园林绿化等作业车、执法车、巡逻车、邮政车等）、公务车等公共服务领域为重点推广应用电动汽车的原则，加快专用充电站、公用充电站及公用充电桩等电动汽车充电设施建设，满足重点推广的公共服务领域电动汽车的充电需求。同时根据家庭电动汽车的发展推进家庭专用充电站建设。以充电站建设为主，以分布的交直流充电桩为补充，结合电动汽车保有车型与充电需求，合理确定充电站与充电桩的配置比例。分布式充电桩可结合住宅小区、办公场所的固定停车位进行布点。

3）结合充电站和换电站两大方式的布置，使电动汽车的能源补给更加科学合理，满足不同需求。实现与电动汽车、电网的良好互动，同时向电力营销网点、动力电池配送、汽车销售等增值服务延伸发展，以实现资源整合效益最大化的目的。充分考虑电动汽车动力电池的特性，综合各种约束因素，尽快形成局部充电服务网络，科学优化充电站点布设。电动汽车充电设施的选址应充分考虑用户分布情况，科学合理规划服务半径，促进良性竞争，提高服务效率。

4）围绕重要交通网络进行充电设施的优化布置，构造以主要交通路网为核心的电动汽车充电网络，打造安全、便利、有效的充电体系。同时避免对城市交通、景观造成负面干扰和影响。充电站的规划应与电网规划紧密结合，以保证充电站的供电质量与可靠性，同时不对公网造成谐波污染。电动汽车充电设施运营需要可靠的电力供应作为支撑，规划布局时充分考虑充电设施运行特点，利用好充电站的负荷控制和削峰填谷效应的时效性。充分考虑现有和规划中的高速公路、国道、省道、县乡公路里程，以及城市主要道路电动汽车日平均交通流量，使充电设施的布局与交通密度及充电需求相匹配。

5）充电设施规划应与土地利用总体规划相协调，坚持节约集约用地的原则。合理规划电动汽车配套充电设施的规模，倡导节约用地，集约发展的理念，结合城市交通路网、住宅及建设用地规划情况按照合建为主，单建为辅的原则布局充电设施。自用及专用充电设施原则上结合停车位布置，公用充电设施结合建筑配套停车位配建，并在部分重点区域适当建设充（换）电站，为社会车辆提供集中充电服务。

6）匹配社会新能源车辆发展规模，充分考虑本区域的配电网现状，与电网规划相衔接。按照国家电网公司"统一标准、统一建设、统一标识、统一运营"的原则推进电动汽车充电设施建设与运营。通过推动充电站信息平台建设、企业之间的互联互通、商业模式创新等措施加强对充电设施的使用管理，提高充电设施的利用率，避免造成充电设施空置。

7）电动汽车充电设施的布局应与城市规划充分协调，充电设施布点应满足环境保护、文物保护、交通安全、消防规定等要求。对进出线走廊、给排水设施、防洪设施、站内外道路等进行合理布局、统筹安排，充分利用就近的交通、消防、给排水及防洪等公用设施。

8）充电设施的规划在满足运营商自身建设利益的同时，必须服从城市主要相关规划的安排，应与用地、交通、电力等主要规划相协调。充电设施不应靠近有爆炸或火灾危险等潜在危险的地方，也要避开地势低洼和可能积水的场所。

根据充电设施的服务特性，规划布局要遵循"面线结合"的原则。通过对形势、政策、概念、案例、现状、规划等诸多要素的分析与解读，确保规划的"目标—策略—布局—实施"等关键环节的科学合理性，指导充电设施规划顺利实施。

（2）充电站规划设计要考虑的因素　电动汽车的动力来源于动力电池，由于车载空间和重量所限，动力电池的容量只能满足一定里程的要求，充电设施也就成为电动汽车进行电能补给的不可缺少的子系统。因此，在目前动力电池提供的续驶里程有限的情况下，充电设施的建设将直接影响电动汽车产业的发展。充电设施建设应考虑功能性、技术要求、经济效益和社会效益等多方面因素。

1）兼顾经济效益及社会效益。要推广普及电动汽车，就必须配套完善的充电设施，以保证电动汽车使用无后顾之忧，以增强公众对使用电动汽车的兴趣和信心。实现充电设施经济效益和社会效益的双赢，是电动汽车产业化和推广普及的关键。充电设施作为一个商业运营单位，在进行建设论证期间，建设成本、运行成本必须予以充分考虑。

充电设施面向的是包括公交车、私家车、公务车以及出租车等在内的所有种类的电动汽车。不同类别的电动汽车，其充电行为具有不同的特性，有针对性的充电设施规划利于社会经济效益的最大化。在进行整个区域的充电设施规划时，不能只是计算建设单个充电设施建设成本、运行成本以及经济效益，还要综合考虑社会效益。

在电动汽车充电设施规划中应考虑运营者与用户之间的综合效益，学习借鉴成熟运营管理经验，挖掘新的商业运营模式，为未来充电设施的运营寻找新的思路，实现经济效益和社会效益最大化。

2）满足相关规范。充电设施的主要功能是有效地完成对电动汽车动力电池的电能补给，为了顺利实现能量补给功能，充电设施的变配电系统、充电系统、动力电池调度系统和充电设施监控系统的结构、设备性能和接口应满足相关规范。

3）考虑通用性和扩展性。目前，电动汽车的动力电池为多种类型并存，如铅酸动力电池、锂动力电池、镍氢类动力电池等。即使是同一类型的动力电池，充电曲线以及使用性能也不同。因此，充电设施设计要保证功能完善、通用性以及可扩展性。

4）考虑充电智能化。如果充电设施的操作使用烦琐，则必将限制电动汽车的推广使用。因此，充电设施应操作简单、安全，降低对车辆驾驶人的要求，保证不具备相关的专业知识的车辆驾驶人安全使用。

5）满足安全要求。设备和人身的安全是充电设施设计必须充分保证的，安全性的范围不仅包括充电设备，如充电桩和充电机，而且包括被充电设备，如电动汽车、动力电池，特别是包括充电工作人员、汽车驾驶人。接触式充电的问题在于它的安全性和通用性，为了使它满足严格的安全充电标准，必须在电路上采用许多措施使充电设备能够在各种环境下安全充电。

6）满足环保要求。充电设施的运行必将对周围环境带来一定的影响，比如电磁干扰、噪声、安全危害等。进行充电设施设计时，须尽量减小充电设施给周围环境带来的负面影响，保证满足本区域的环保要求。此外，在有敏感设备的地方，充电设施是否会影响这些设备的正常运行也是需要考虑的。

7.2 充电站配置方案及选址

7.2.1 充电站配置方案及供电的典型配置

1. 充电站规模及配置方案

（1）充电站规模　电动汽车充电量的总体需求是影响充电站布局的关键因素，只有充电量达到一定规模之后，充电站才可能经济地大规模布点，电动汽车充电量与电动汽车保有量及车辆的日均行驶里程、单位里程能耗水平等相关。目前，电动汽车的动力电池能量密度低，续驶里程有限，因此，电动汽车充电站的规模宜综合考虑电动汽车充电需求、车辆的日均行驶里程和单位里程能耗水平等因素，以及开展相应的商业活动等要求。

电动汽车充电站的规划模式应因地制宜，如对满足运营要求的示范区用车，以及可利用固定停车场在夜间停运时段进行充电的集团车队和社会车辆，可采用依地区"集中式、大规模"的布点原则；对微型车辆可采用"分散式、小规模"的布点原则。

（2）充电站配置方案　根据不同类型电动汽车行驶、泊车规律以及充电需求，充电站配置方案如下：

1）公交充电站配置方案。电动公交车运行路线和行驶里程相对固定，大中城市的公交车日均行驶里程 200～250km，停靠地点为首末站停车场及停保场，主要通过公交充电站进行电能补充。考虑结合公交枢纽站、停保场、首末站配套建设公交充电站，公交车专用充电桩均考虑采用大功率直流快充桩。

2）出租车充电站配置方案。电动出租车的行驶时间一般远大于停泊时间，日均行驶里程受城市规模、运营时间和服务半径影响较大，大中城市出租车日均行驶里程 350～500km。出租车主要考虑通过公共充电站补充电能，可考虑结合公交车场站中的出租车营业站、服务站配套建设出租车专用充电站。出租车专用充电桩均考虑采用中等功率直流充电桩，与公交车专用充电站统筹考虑。当换电模式成熟后，可在电动出租车行业进行换电模式试点。

3）环卫、物流等作业车充电站配置方案。电动环卫、物流等作业车辆的泊车规律较为固定，除执行任务外均停泊于固定停车场所，日均行驶里程约 50～150km，主要通过专用车充电站进行电能补充。考虑结合环卫车停车场、垃圾处理场、物流中心、物流园区等配套建设环卫物流等作业车充电站，环卫、物流等专用充电桩均考虑采用大功率直流快充桩。

4）公共充电站配置方案。公共充电站主要服务对象为电动私家车、电动公务车、电动出租车等小型乘用车辆。可选取一些位置较好、车位较多（50 个及以上停车位）的大型社会公共停车场、P＋R 停车场建设集中式公共充电站。为了节约场地资源，大型社会公共停车场充电站、P＋R 停车场充电站应以慢充为主、快充为辅，快充桩应采用中等功率直流充电桩，慢充桩采用小功率交流充电桩，按快慢桩之比 1:4 的比例进行配置。分散式公共充电桩可结合中小规模社会公共停车场、加油加气站点配套建设，加油加气站点的充电场所由于有快速补电需要，应全部采用中等功率直流充电桩，分散式公共充电桩按快慢桩之比 1:4 的比例进行配置。

5）用户专用充电站配置方案。电动公务与私人电动乘用车日均停泊时间远大于行驶时间，日均行驶里程小于 50km，可通过用户专用充电桩结合公共充电站进行电能补充。

用户专用充电桩均采用小功率交流充电桩，根据适度超前、车桩相随的原则，结合住宅小区自有产权停车位、长期租赁停车位、办公场所公共停车位等配套建设充电桩。用户专用充电桩与电动乘用车按照约 1:1 的比例进行配置（先期预留充电桩建设安装条件，按实际需求逐步建设），鼓励有条件的用户专用充电桩实行分时共享或对外开放。

（3）最佳的电动汽车充电站配置方案　最佳的电动汽车充电站主要由供电系统、储能系统、若干台非隔离高频充电机和充电站监控系统构成：

1）供电系统主要为充电站提供电源，该供电系统由高压开关柜、降压隔离整流变压器和低压开关柜构成，高压开关柜连接在高压电网和降压隔离整流变压器一次侧之间，降压隔离整流变压器的二次侧与低压开关柜相连，低压开关柜与储能系统的输入端相连。降压隔离整流变压器的中性点不接地，构成隔离电源，使得高频充电机不需要重复隔离。为了补偿电网功率因数的降低，在充电站低压母线上设置有功率因数补偿装置。

2）储能系统包括储能充电装置和储能动力电池，储能系统连接在供电系统和每台高频充电机之间。储能系统的输出端经直流开关柜与每台非隔离型充电机的电源相连，为每台充电机提供直流电源。在充电机不工作时，外部电源存储在储能动力电池中，在充电机工作需要为电动汽车充电时，可以在短时间内以足够大的功率，将储能动力电池中存储的电能转移到电动汽车动力电池系统中去。

每台单机隔离型高频隔离充电机的通信接口采用 CAN，通过通信速率为 125K 的 CAN 总线与充电站监控系统相连，并具备与电动汽车动力电池管理系统通信的接口，用于判断充电连接状态、获得动力电池充电参数及充电实时数据。

储能充电站不仅可以在电网发生故障情况时向电动汽车提供应急充电，而且可向市政提供应急供电保障，地质（地震等）、天气（风雪冰灾等）、意外事故等都会导致电网大面积停电，此时也是最急需电力保证的时候。

2. 充电站经济困境及面临的问题

（1）充电站的经济困境与技术突破　电网型快速充电站投入巨大，就纯投资项目而言，基本没有回报，无法引起投资者的兴趣，也不可能全部由财政出资建设。因而建设充电站的呼声很高，市场规模和前景巨大，但进展并不理想。基本上都是财政在投资建站，电网企业和社会资金并没有大规模引进。

储能方案虽较电网直充方案节省大部分电网接入资金，但储能电池寿命短的问题一直没有得到很好解决，每两年就需更换储能电池（折旧费用也十分巨大），基本上用掉了充电站全部的经营利润，致使储能充电站后期运营成本居高不下，投资回报率较低，因而制约了储能充电站的大规模建设。

再生动力电池技术的出现可彻底解决上述问题，既解决了电网直充站投资过大的问题（投资减少数十倍）。又大大降低了储能充电站后期维护费用高的问题（投资方不用再更换动力电池）。投资回报率可大大提高，超过发电、高速公路等传统高回报基础设施行业。同时，又没有前两者的行业壁垒，是国家鼓励的并可能获得国家财政补贴的新能源基础行业。

（2）电动汽车充电设施规划设计面临的问题　目前我国电动汽车充电设施规划设计面临的问题有：

1）规划布局理论不健全。目前针对电动汽车充电站规划的理论尚未完整成熟，充电站建设尚处于定点示范建设阶段，没有建立与车辆应用、电网规划、城市规划相结合的充电站布局选址理论，而且充电站建设的规划与布局面临着供电能力、服务能力与城市用地紧张的矛盾。

2）标准和协议不统一。国内及国际上尚未建立电动汽车充电设施统一的充电电气接口和通信协议，国内与充电设施建设规划设计、关键设备检验相关的标准尚处于研究初级阶段，尚未建立相应的标准体系。

3）检验平台未建立。作为充电设施关键设备的充电机、动力电池更换设备以及充电设施的总体技术状态检验、通信能力检测尚未建立国内统一的测试检验平台。

4）运营管理不规范。充电站的运营管理尚处于起步阶段，尚未对其责任、权属、服务范围进行清晰定义，尚未建立成熟的运营管理模式，建设运营主体不明确已经成为电动汽车充电设施商业化运营的瓶颈问题之一。

7.2.2 充电站选址及影响因素

1. 充电站选址

充电站是中低压配电网的重要组成部分，其站址选择应兼顾电网规划的要求，并与电网规划、建设与改造紧密结合，以满足电力系统对电力平衡、供电可靠性、电能质量、自动化等方面的要求，并结合变配电设施的建设、改造进行科学、合理的选址。

在电动汽车充电站的选址过程中，涉及的因素较多，这就需要根据专家评选标准进行选址，并且将选出的地址进行综合评价，并从初选的地址中进行优化选址。在充电站选址时应考虑的事项有：

1）充电站的选址应结合城市电动汽车发展规划统筹考虑，并与配电网现状和近远期规划紧密结合，以满足充电站对供电可靠性、电网对充电站电能质量和自动化的要求。充电站的站址应接近供电电源端，并便于供电电源线路的进出。

2）公共充电站应选择在进出车便利的场所，充电站进出口宜与城市次干道路相连，便于车辆通行，不宜选择在城市干道的交叉路口和交通繁忙路段附近。

3）充电站的站址可选择在公共停车场等公共区域，也可选择在公司所属营业场所或公交、环卫等车队的专用停车场。交流充电桩的建设可选择在公共建筑（商场、办公写字楼等）和住宅小区等的公共停车场或充电站内，也可选择在公司营业场所停车场。

4）充电站建（构）筑物厂房类别根据建设条件的不同进行划分，小型充电站可直接由低压供电，建（构）筑物厂房类别为戊类；中型充电站或大型充电站的配电变压器宜选用干式变压器，此时，建（构）筑物厂房类别为丁类；当选用油浸变压器时，建（构）筑物厂房类别为丙类。

5）充电站应满足环境保护和消防安全的要求。充电站的建（构）筑物火灾危险性分类应符合 GB 50229—2019《火力发电厂与变电站设计防火标准》和 GB 50016—2014《建筑设计防火规范（2018 年版）》的有关规定。充电站内的充电区和配电室的建（构）筑物与站内外建筑之间的防火间距应符合 GB 50016—2014《建筑设计防火规范（2018 年版）》的有关规定，充电站建（构）筑物相应厂房类别划分应符合表 7-1 的规定。

表 7-1　充电站建（构）筑物相应厂房类别划分

充电站建设条件	建（构）筑物厂房类别
采用油浸变压器	丙类
采用干式变压器	丁类
采用低压供电	戊类

注：干式变压器包括 SF_6 气体变压器和环氧树脂浇铸变压器等。

6）充电站应远离易燃、易爆、污染等危险源，当无法远离时，不应设在有爆炸危险环境场所的正上方或正下方，当与有爆炸危险的建筑物毗邻时，应满足 GB 50058—2014《爆炸危险环境电力装置设计规范（2018 年版）》的要求。

7）充电站不应设在有剧烈振动或高温的场所，不宜设在多尘、水雾或有腐蚀性气体的场所，当无法远离时，不应设在污染源风向的下风侧。

8）充电站不应设在室外地势低洼、易积水的场所和易发生次生灾害的地点，安装电气设备的功能性用房不应与浴室或经常积水场所贴邻。

9）充电站的环境温度应满足为电动汽车动力电池正常充电的要求。动力电池充放电工作效率受充电场所及环境条件的影响，尤其是受环境温度的影响。在常温下，动力电池充电接受能力较强，随着环境温度的降低，其充电接受能力逐渐降低，充电效率降低。因此，随环境温度降低，充电站功率需求将增加，建设充电站时应尽可能保证其环境温度符合动力电池充电要求。

10）充电站与党政机关办公楼、中小学校、幼儿园、医院、大型图书馆、文物古迹、博物馆、大型体育馆、影剧院等重要或人员密集的公共建筑应具有合理的安全距离。

11）若条件允许，则充电站宜预留一定的备用场地。

2. 影响电动汽车充电站选址的因素

影响电动汽车充电站选址的因素有：

1）运行经济性。在选址时要考虑运行经济性，因一旦选择好站址，外部与充电站运营相关的因素就基本确定了，外部因素不仅影响运行的经济性而且影响运营维护。所谓运营维护是指在充电站运行后需要消耗的成本，包括用电费用、维护费用、充电机的损耗、人工成本等。

2）电网安全性。因为电动汽车充电站对电力的需求较大，所以在选址的同时要考虑电网安全因素，如果当地电网供电能力较低，则不仅不能保证充电站供电的可靠供应，而且还会影响当地电网的安全性。

3）交通便利性。交通便利主要是指在充电站选址的过程中要考虑附近的道路状况，车流量以及车道状况，这些直接关系到充电站未来的利用率。应选择交通便利、车流量大的地方作为充电站站址。

4）区域发展性。所谓区域发展性是指充电站建成后的发展潜力，这是建设初期需要考虑的问题，毕竟充电站的建设是为以后电动汽车的发展提供服务，对于区域性的发展有以下几个影响因素：

① 人口数量。人口因素往往是影响充电站区域发展的关键因素，因为人口越多，未来电动汽车的数量越多，电动汽车数量增多对充电站的需求也就越大，这些人口都是未来充电站发展的潜在客户。

② 居民消费习惯。居民消费习惯主要反映居民对未来消费品的需求能力，一般情况下比较发达区域居民的消费水平相对比较高，尤其是一些大型商业区域，这些区域的人均消费水平高，消费意识较强，具有超前消费的能力，该区域居民往往容易受到新鲜事物的影响，冲动性购物欲望比较强烈，因此这些区域的居民更容易购买未来比较盛行的新能源电动汽车，这就是所谓的居民消费对充电站选址的影响。

在选址的过程中，还需充分考虑当地周边的交通状况及车流量，车流量大的地方通常情况下未来电动汽车的数量也会较大，车流量大就需要提供完善的充电设备，这些都是未来电动汽车发展的基础条件，对充电站而言也会提高使用率，增加经济效益。目前我国电动汽车产业的发展仍处于初级阶段，在充电站布点合理的同时，宜预留发展的可能性，充电站的场地布局、设计宜按最终规模进行规划设计。

7.2.3 充电站布置

1. 总平面布置

1）充电站的总体布置应满足便于电动汽车的出入及停放，保障站内人员和设施的安全。

2）充电站包括站内建筑、站内外行车道、充电区、临时停车区及变配电设施等，根据充电站的规模不同略有差异，充电站的站内外道路应在总图布置时充分考虑。站区总布置应满足总体规划要求，并应符合站内工艺布置合理、功能区分区合理明确、充电高峰时的交通组织应安全、便捷、顺畅，交通便利和节约用地的原则。

3）充电站充电车位布置和站内交通组织与停车场（库）设计极为相似，但也有充电站自身特点。充电站建设不仅要考虑常规停车场（库）设计标准，还要考虑电动汽车充电接口位置、充电机类型、变配电设备布置及电缆管沟布置等。在充电站设计中，电动汽车充电接口位置成为充电站总平布置中的难点。因为电动汽车的充电接口位置决定了停车方式，而停车方式又决定了通（停）车道最小宽度和交通组织，所以应根据电动汽车的充电接口位置和充电站总平自然地形情况，选择适合的停车方式、交通组织及充电站出入口。

4）在保证交通组织顺畅、工艺布置合理的前提下，应根据自然地形布置充电站，对于选址于坡度较大地区的充电站，在保证车辆进出车位时的安全顺畅以及车辆能够平稳停放的前提下，应根据地形进行布置设计，以减少土石方工作量，必要时可考虑台阶式分层布置充电车位。

5）当充电站设在商场、超市停车场内或其他场地内时，为了避免受其他场地营业时间等条件的限制，宜设置独立的出入口。

6）充电区应考虑安装防雨、雪设施，以保护站内充电设施、方便进站充电的电动汽车驾乘人员。

2. 电气布置

1）充电站电气设备的布置应遵循安全、可靠、适用的原则，并便于安装、操作、搬运、检修、调试。电气设备的布置应符合 GB 50053—2013《20kV 及以下变电所设计规范》和 GB 50054—2011《低压配电设计规范》的规定。

2）高压开关柜、变压器、低压开关柜、充电机、监控装置等宜安装在各自的功能性房间内，且宜设在建筑物的首层，以便于运输和安装。当受到建设场地限制时，变配电设施与充电机可设置在户外组合式成套配电站中，其基础应适当抬高，以利于通风和防水。

3）低压开关柜与充电机之间、充电机与充电区停车位之间应尽量靠近，当受到建设场地限制时，低压开关柜与充电机可安装在同一房间，或变压器与低压开关柜设置在同一房间，变压器应选用干式，且外壳防护等级不低于 IP20。

4）变压器室不宜与控制中心贴邻布置或位于正下方，不能满足时应采取防止电磁干扰措施。

5）充电设备应靠近充电位布置，以便于充电，设备外廓距充电位边缘的净距不宜小于 0.4m。充电设备的布置不应妨碍其他车辆充电和通行，同时应采取保护充电设备及操作人员安全的措施。

6）充电设备一般布置于充电车位的旁边或一端，考虑到充电机周边设置防撞墩（围栏）的需要，同时为保证充电时操作人员的工作空间，充电设备与充电车位边界线应保持足够的距离，该尺寸不宜小于 0.4m。

7）充电设备宜靠近上级变配电设备布置，以方便电缆引接、距离宜尽可能短为原则，缩短供电电缆的长度可降低投资，同时减少压降损耗。

8）充电站内建筑的布置应方便观察充电区域，大型充电站内可设有包含监控室、值班室、休息室等功能用房的建筑物，宜保证有人的房间有好的朝向，同时便于设备运行观察，总平面布置应配合建筑设计尽量满足此要求。

3. 充电站停车位及道路设计

（1）停车位　充电站除设计足够数量的充电车位以外，宜视情况预留一定数量的临时停车位，供等待充电车辆使用。在用地紧张的区域，充电站内的停车位可采用立体布置，电动汽车在停车位充电时不应妨碍站内其他车辆的充电与通行。在城市的繁华地段设置充电站时，为节省土地费用，在解决了充电安全可靠性问题的前提下，可将充电车位设计为立体车位，以节省地面的占地面积。在《国家电网公司电动汽车充电设施典型设计》中提出了三种立体充电站的设计方案，供用地紧张地区建设充电站参考。

（2）道路　进出充电站车辆行驶顺畅是充电站建设的基本要求，因此充电站的进出站道路应与站外市政道路顺畅衔接。城区充电站的道路宜采用城市型道路设计，位于郊区的充电站可采用郊区型道路设计。为避免充电站内行驶的车辆相互干扰，参照 GB 50067—2014《汽车库、修车库、停车场设计防火规范》的有关规定进行充电站出入口的设计，保证车辆通行顺畅。

充电站的入口和出口分开设置，能为停车场内部交通组织提供极大方便，在条件允许时应尽可能满足此要求。当充电站的车位不超过 50 个时，可设置 1 个出入口。入口和出口宜分开设置，并应明确指示标识，并应设置缓冲距离或缓冲地带，附设电动汽车等候充电的停车道，便于电动汽车进出。

充电站道路在现行国家标准 GB 50156—2012《汽车加油加气站设计与施工规范（2014 年版）》相关规定的基础上，设计充电站行车道的参数。充电站内双列布置充电位时，中间行车道宜按行驶车型双车道设置；单列布置充电位时，行车道宜按行驶车型双车道设置，其目的是为了避免对车辆进出时的干扰。

充电站内道路的设置应满足消防及服务车辆通行的要求，如果站内有消防车辆通行的要求，则道路宽度不应小于 4m，双车道宽度不应小于 6m。充电站内道路的转弯半径应按行驶车型确定，且不宜小于 9m，道路坡度不应大于 6%，且宜坡向站外，充电站内道路不宜采用沥青路面。

7.3　电动汽车充电站设计实例

7.3.1　大中型电动汽车充电站设计实例

1. 大型充电站设计实例

本设计方案的目的是建设一次可为 12 辆或 8 辆大型电动大巴（大型公交车、豪华大巴）同时充电，加上附设的中、小型充电机的充电站。

（1）充电机选择　选用 12 台大功率充电机，每台充电机最高充电电压为 700V（相当于 165 只最高充电电压为 4.2V 左右的锂动力电池单体串联电压），最大充电电流为 350A（相当于 700Ah 动力电池容量的 0.5C 充电率），最大输出功率为 245kW，输出功率可在 20～245kW 范围内调节。大功率节能型高频电源充电机能支持 1～3CA 的快速充电，充电站附加配置 20kW 以下的中、小型充电机若干只，总功率在 100kW 左右。

12 台大功率充电机平常按单机充电方式充电，在快速充电时，可用 6 台充电机并联充电，最大输出功率为 1470kW，最大充电电流为 2100A（相当于 700Ah 动力电池的 3CA 充电率）。或用 8 台充电机为 8 辆电动汽车辆充电，每台输出最高充电电压为 700V，最大充电电流为 500A（相当于 700Ah 动力电池用量 0.7CA 的充电率）。4 台并联时最高充电电压为 700V，最大充电电流为 2000A（相当于 700Ah 动力电池用量的 3CA 充电率）。

目前，电动汽车动力电池采用 1~3CA 的快速充电模式仍在探讨应用中，在确保动力电池的安全和使用寿命的前提下进行，未来会有应用新材料、新技术生产的动力电池能适合大电流快速充电模式。

节能型高频开关充电机无论单机或并联充电，均能按动力电池的实际要求设置最高充电电压和电流，在充电中能根据动力电池的变化自动调整输出功率，使充电机效率始终保持最高状态。所以，虽然充电机功率大，富裕量大，能适应各种容量的动力电池组充电，且不会浪费能源。

（2）电力变压器　按照上述大功率充电机、中、小型充电机的最大功率配置，加上充电站内的车辆检修、洗车、照明、空调等方面的用电，电力变压器有效总功率约为 3300kW。可选用 2 台 1600kVA 变压器，工作时按实际需要投入功率，以减少变压器的空载损耗。对为大型公交电动汽车、警用电动汽车、电力抢修电动汽车等充电的较重要的充电站，宜采用两回线路供电方案，以确保充电站供电的可靠性。

（3）电池管理系统和智能化充电计费系统　大功率节能型高频开关充电机单台工作时都与电池管理系统有互动信号接口，并联工作时，充电状态的调节与监控均应受主控充电机的控制。智能化充电计费系统是一台充电机为一套，均能自动计费、打印票据，也可与充电站"收银台"计算机联网。几台充电机并联工作时，计费量为并联充电机各台计费量的总和。

（4）配电、充电间　配电、充电间是充电站的核心土建设施，一般不应小于 160m²（8m×20m），内部净高度不宜低于 4m，需充电的大型电动汽车排列在充电间墙外两侧。

（5）配套设施　一个大、中型充电站应有较完整的配套设施：停车场、门卫、收银台、监控室、办公室、配件库/小卖部、检修车间、动力电池储存更换车间、洗车房、休息室、厕所等。充电站平面图（供参考）如图 7-1 所示。

（6）占地面积　按以上布局，一个大、中型充电站占地面积约在 1000~1500m² 左右，城市内或公交公司内的充电站，配套设施可以减少，占地面积可减小。

07

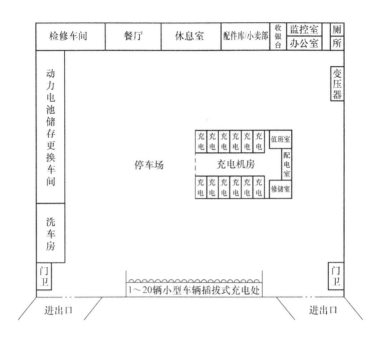

图 7-1　充电站平面图

2. 中型电动汽车充电站设计实例

本设计方案的目标是建一座中型电动汽车充电站，占地约 1000m²，包括 8 台充电机，一座综合办公室和其他相关辅助设施。

（1）充电机及配电容量选择　本充电站充电设备包括 2 台 DC 500V/400A 大型直流充电机用于大型电动汽车充电；2 台 DC 500V/200A 中型直流充电机用于中型电动汽车或小型电动汽车充电；4 台 5 ~ 10kW 交流充电桩用于小型电动汽车充电。

（2）场地布置　充电站占地 1000m²，充电工作区包括 8 个停车位，其中 2 个大型电动汽车停车位，2 个中型电动汽车停车位横向布置，4 个小型电动汽车停车位纵向布置。在停车区域醒目位置设置充电站标示。

（3）一次系统设计　充电站进线电源采用 10kV 单路供电，10kV 侧采用单母线接线方式。高压柜采用真空断路器中置式开关柜（型号为 KYN28 – 12），设进线计量柜、PT 及避雷器柜、出线柜，在高压侧设置保护和监控系统。根据电动汽车充电站负荷，选用 630kVA 干式非晶合金变压器，空载损耗为普通干式变压器的 30% 左右，极大降低空载运行时的损耗。

0.4kV 侧采用单母线接线方式，设进线柜、有源滤波无功补偿柜、出线柜、备用电源进线柜，出线柜采用抽屉柜或固定式开关柜，低压每路出线带交流计量装置。0.4kV 侧进线开关和备用电源进线开关采用 MTE 系列智能断路器，具备电气和机械连锁功能，配置三段式保护；其余配置 NS 系列断路器。

（4）二次系统设计　整个充电站的二次系统按综合自动化配置，配置一面监控屏，屏上安装智能通信装置、公用测控装置、视频监控装置。智能通信装置完成与站内可通信设备的接入，通过通信采集设备信息，并具备向远方控制中心传输信号的功能与接口。

公用测控装置主要采集 0.4kV 侧开关的位置信号、负荷电流等，并提供一定的遥控输出接点备用。10kV 进线配置微机保护，就地安装在开关柜上，具备三段式过电流保护、过负荷保护、低电压保护、过电压保护等保护功能，同时具备遥测、遥信、遥控功能。可通过现场总线接入智能通信装置上传信息。

3. 60 辆电动公交车充电站设计实例

本设计方案为新建一座占地 9840m² 的纯电动公交车充电站，采用一车一桩的充电方式，利用夜间充电，需在 4 ~ 6h 将电动公交车的动力电池充满电（300kWh），一般车载动力电池会有剩余容量，所以夜间充电时间会少于 6h。白天利用闲时进行补电，可安全满足每天运营的公里数。

（1）充电机容量计算　电动公交车载动力电池组总容量：300kWh（夜间充满电），配置充电机功率：60kW。

充电电量 = 充电机额定功率 × 充电总时间 × 充电系数 = 60kW × 6h × 0.85 = 306kWh

式中，0.85 为充电系数。

单机式整车充电系统的单机功率 100 ~ 250kW，采用单体式结构，由监控器、功率处理元件、系统柜、直流充电桩等部分组成，单机式整车充电机参数见表 7-2。与传统模块组成的大功率充电机相比，其效率更高，结构更简单，性能更可靠，特别适用于 100kW 以上的直流充电系统应用需求。

表 7-2　单机式整车充电机参数

项目	参数	项目	参数
交流输入电压	AC 380V（1 ±15%），三相	充电效率	≥94%（半载以上）
交流输入频率	45 ~ 55Hz	总电流谐波畸变率	< ±5%（50% 负荷以上）
直流输出电压范围	460 ~ 700V	人机界面	TFTLCD 彩色触摸屏
额定输出功率	100 ~ 250kW（单机）	计费接口	支持 RFID 卡、IC 卡、CPU 卡等
充电稳压精度	≤ ±0.5%	通信接口	CAN/以太网/无线通信接口可选
充电稳流精度	≤ ±1.0%	柜体尺寸（高×宽×深）	2260mm ×800mm ×800mm；2260mm ×1200mm ×800mm
纹波系数	≤ ±0.5%	充电桩尺寸（高×宽×深）	1680mm ×400mm ×370mm
功率因数	≥0.99（半载以上）	充电桩防护等级	IP54

模块式整车充电系统的单机功率40～100kW，由监控器、多台并联运行的充电模块、系统柜及直流充电桩组成，具有配置灵活，控制方式简单等优点，可满足各种充电模式。模块式整车充电系统适用于在充、换电站中为电动汽车进行整车直流快速充电，模块式整车充电系统参数见表7-3。

表7-3　模块式整车充电系统参数

项目	参数	项目	参数
交流输入电压	AC 380V（1±15%），三相	功率因数	≥0.99（外置APFC）
交流输入频率	45～55Hz	充电效率	≥93%
直流输出电压	DC 150～350V/DC 230～450V/DC 320～600V/DC 320～700V	不均流度	≤±5%
最大输出功率	200kW	人机界面	TFTLCD彩色触摸屏
单模块功率	12.5kW	计费接口	支持RFID卡、IC卡、CPU卡等
最大模块并联数	16	通信接口	CAN/无线通信接口可选
稳压精度	≤±0.5%	柜体尺寸（高×宽×深）	2260mm×800mm×800mm
稳流精度	≤±1%	充电桩尺寸（高×宽×深）	1680mm×400mm×370mm
纹波系数	≤±0.5%	充电桩防护等级	IP54

（2）变压器容量计算

1）充电设备所需总功率

$$P = \frac{P_1}{\eta Q} K \tag{7-1}$$

式中，P 为充电设备所需总功率；P_1 为充电机总输出功率；η 为充电机效率；Q 为线路及其他损耗系数；K 为充电机同时使用系数。

$$P = \frac{P_1}{\eta Q} K = \frac{60 \times 60}{0.9 \times 0.85} \times 0.8 \approx 3760\text{kW}$$

式中，单台充电机功率60kW，共计60台；充电机效率 η 为0.9；线路及其他损耗系数 Q 为0.85；充电机同时使用系数 K 为0.8。

2）其他用电功率 P_A 包括照明、空调、办公、辅助设备、备用等用电总功率，本设计实例取100kW。

$$P_Z = (P + P_A)/\beta \tag{7-2}$$

式中，P_Z 为充电站总用电功率；β 为变压器负载率，80%～90%。

$$P_Z = (3760\text{kW} + 100\text{kW})/80\% \approx 4825\text{kW}$$

配套变压器总容量为4800kVA，选用3台1600kVA（10kV/0.4kV）干式非晶变压器，变压器为 DYn11 联结方式。

4. 48 台公交车充电站设计实例

本设计方案为建设一座公交车车辆数为 48 台，常用车辆数为 40 台的充电站。基于公交首末站车辆数规模、充电设备类型不同等方面，构成不同的公交首末站充电系统，考虑到待发、车辆状况等因素，非车载充电机设置数量为 2 ~ 3 台/线路。公交车首末站的充电系统由非车载充电机和充电主机构成，两者都有相互独立的集中操控平台，车站管理员通过该平台可以对每台充电设备参数进行调整。

车站设置 8 台 90kW 的非车载充电机，用于公交车的电能快速补给。另外配置充电主机系统，额定总功率为 780kW。充电主机系统整流装置可与配变电装置整体设计，也可独立于配变电装置设置，其充电模式平时设置为均充，特殊情况可由车站管理员登录监控管理系统设置。充电主机系统的整流装置与配变电装置统一设置，如图 7-2 所示。

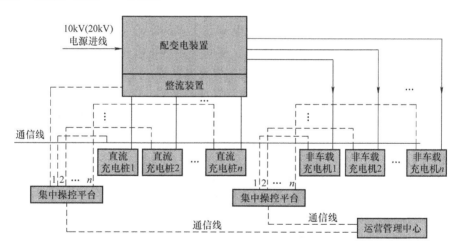

图 7-2　充电设施系统设计框图

（1）负荷计算　在公交场站电动汽车充电站方案设计阶段，可根据电动汽车停车位数量进行负荷估算。在初步设计及施工图设计阶段可采用需要系数法进行负荷计算，其负荷可按式（7-3）进行计算。

$$S_{js} = K_x P / (\eta \cos\varphi) \tag{7-3}$$

式中，S_{js} 为计算容量，单位为 kVA；$\cos\varphi$ 为充电站的功率因数，一般大于 0.95；η 为充电站工作效率，一般取 0.9；P 为充电站的额定功率，单位为 kW；K_x 为充电站需要系数，非车载充电机的需要系数取值一般为 0.2 ~ 0.8，非车载充电机台数越多，K_x 取值就越小；充电主机系统需要系数取值为 0.45 ~ 0.65，充电主机额定功率越大，K_x 取值就越小。

（2）充电机安装容量　根据上述公式进行计算，此公交首末站的安装容量见表 7-4。

表 7-4　公交首末站的安装容量

充电设备类型	充电车辆数/台	K_x 取值	额定功率/kW	计算容量/kVA
非车载充电机	8	0.65	720	547
充电主机系统	32	0.6	780	547

非车载充电机、充电主机系统由单独回路供电，充电线路供电半径需满足末端电压降的要求且不宜超过 250m。充电站的防雷接地、防静电接地、电气设备的工作接地、保护接地及信息系统的接地宜与建筑物的其他电气系统共用接地装置，接地电阻值应满足规范要求，并按其中最小值确定。同时，充电站应根据情况设置监控系统、管理系统、通信系统和电能计量系统。

5. 40 辆公交车充电站设计实例

本设计方案为建设一座 12m 纯电动大巴车 40 台，车辆动力电池容量 200kWh 的充电站，要求白天临时补电，夜间利用谷价电将全部车辆充满。在本设计中选择一体式直流快速充电桩作为主要充电设备，设计的充电监控管理系统平台和云服务器平台，既满足充电站运营管理的需要，也方便终端客户对充电信息的及时了解。充电监控管理系统平台预留软件接口，便于与第三方（相关运营机构、政府管理部门等）的管理系统连接交互，保证系统的兼容性和可扩展性。

根据车载动力电池容量和性能确定充电桩功率范围，纯电动大巴快充 2 ~ 3h 充满，慢充 5 ~ 8h 充满，选择充电桩的快速充电功率范围为 90 ~ 180kW，中速充电功率范围为 30 ~ 60kW。

若忽略白天临时补电的电量，按照每台车 200kWh 电量计算，晚上需要在 6h 内充 200 × 40kWh 的电量。安装充电桩数量为 10 台，假设每台车剩余电量为 30kWh，则计算可得出每台充电桩的功率为

$$P = (200 - 30) \times 40/6/10 = 113kW$$

按照车辆与充电枪 2:1 进行配置，采用 10 台 120kW 双枪充电桩，10 台 120kW 直流充电桩按照同期系数 0.8，充电机效率 0.85 计算变压器容量。

$$S = 120 \times 10 \times 0.8/0.85 = 1129kVA$$

预留后期扩容，选择 2 台 630kVA 箱式变压器。

6. 80 台电动出租车充电站设计实例

电动出租车充电站的规模宜按照场地大小、车流量及电动出租车保有量综合考虑，出租车充电站服务车型不固定，根据目前电动出租车动力电池容量在

25~30kWh，以充电倍率1C为例，配备30kW直流一体充电站较为合适，满足每天300~400km的运营里程数。

专用电动出租车充电站采用一车一桩的充电方式，站内设交流充电桩80个（或40个双口，单口交流桩220V/32A），出租车利用晚间谷电时间进行慢速充电，4~6h可将电动出租车的动力电池充满电。白天采用直流快速充电方式补电，设置30kW直流充电机25套。

变压器容量计算。充电设备所需总功率

$$P = \frac{P_{\mathrm{I}}}{\eta Q} K \tag{7-4}$$

式中，P为充电设备所需总功率；P_{I}为充电机总输出功率；η为充电机效率；Q为线路及其他损耗系数；K为充电机同时使用系数。

$$P = \frac{P_{\mathrm{I}}}{\eta Q} K = \frac{30 \times 25 + 7 \times 80}{0.9 \times 0.85} \times 0.8 \approx 1700 \mathrm{kW}$$

式中，单台直流充电机功率30kW，共计25台；交流充电桩功率7kW，共计80个；充电机效率η为0.9；线路及其他损耗系数Q为0.85；充电机同时使用系数K为0.8。

其他用电功率P_{A}包括照明、空调、办公、辅助设备、备用等用电总功率，本设计实例取100kVA。

$$P_{\mathrm{Z}} = (P + P_{\mathrm{A}})/\beta \tag{7-5}$$

式中，P_{Z}为充电站总用电功率；β为变压器负载率，80%~90%。

$$P_{\mathrm{Z}} = (1700 \mathrm{kW} + 100 \mathrm{kW})/90\% \approx 2250 \mathrm{kW}$$

配套变压器总容量为2500kVA，选用2台1250kVA（10kV/0.4kV）干式非晶变压器，联结方式为DYn11。交流充电桩选用一桩双枪结构，直流充电桩选用单机功率30kW，由多台并联运行的充电模块组成。因直流充电桩的电流一般在100A以上，选用截面积在25mm² 以上的电缆，线路电能损耗与电缆长度关系密切，所以直流充电桩一般靠近充电设备房（直流充电机柜）设置，从而减少线损和电缆用量。

7. 12台电动环卫车充电站设计实例

电动环卫车一般日工作里程在160km左右，车载200kWh的动力电池，可满足日常运营要求，配置40kW直流充电机，电动环卫车利用晚间谷电时间进行慢速充电，4~6h可将电动环卫车的动力电池充满电。按每台电动环卫车配置一台充电机，充电机总功率为

$$P = 40 \mathrm{kW} \times 12 = 480 \mathrm{kW}$$

其他设备，空调、照明、办公用电为50kW，充电站总负荷为

$$P_{\mathrm{Z}} = 480 \mathrm{kW} + 50 \mathrm{kW} = 530 \mathrm{kW}$$

根据以上计算，充电系统及站内用电容量建议配置 1 台 630kVA 的主变（10kV/0.4kV），变压器负载率为

$$\beta = 530kVA/630kVA = 84\%$$

选用 40kW 户外一体直流充电桩，也可选择分体直流充电系统（需要 30m² 的房间作为充电机房，户外仍需安装直流充电桩），直流充电系统由监控器、多台并联运行的充电模块、系统柜及直流充电桩组成。

8. 公共大型集中式充电站及分散式充电基站设计实例

（1）公共大型集中式充电站设计实例　公共大型集中式充电站面向社会电动汽车提供充电服务，一般服务对象为社会乘用车、公务用车，宜建设于城市周边。本设计总占地面积 2800m²，建筑物面积为 300m²。设置 45 台充电桩，其中 30kW 直流充电系统 32 台，交流充电桩 13 台，充电总功率约为 1100kW，变压器容量为 1600kVA。

配置的 30kW 直流充电系统，可在 1~2h 内为电动乘用车充满电（不同电动汽车的动力电池容量不同，充电时间也不同），交流充电桩功率 7kW，6~8h 内为电动乘用车充满电。

（2）公共分散式充电基站设计实例　分散式充电基站一般有 1~5 台充电设备，可选用交流充电桩、直流充电桩或交直流一体充电桩，分散布置在城市的小区停车场、商场停车场、路边空地，公共分散式充电基站与公共大型集中式充电站构成城市完整的充电网络，近期每 3km 至少设置有一套充电系统（交直流充电系统），远期将建成每 1km 至少设置一套充电系统（交直流充电系统）。

在写字楼、小区停车场一般设置交流充电桩，建设目的是满足业主或员工的电动汽车充电，以功率较小的交流桩为主，原则上利用现有配电容量进行改造，不增设专用变压器。写字楼、小区停车场的充电桩的布置数量可根据停车场的规模，按照场地大小、车流量及电动汽车保有量综合考虑。一般根据车辆停放时间长短的比例进行交直流桩配比，即停车时间较长的选用交流桩充电，停车时间较短选用直流桩充电。停车场充电站一般采用交直流搭配的形式建设，交流桩采用 220V/7kW，直流桩可采用 30kW。

为满足公共停车场所电动乘用车直流快速充电和交流慢充需求，可选用交直流充电桩，其技术参数见表 7-5。交直流充电桩具备两个充电接口，一个直流充电接口，一个交流充电接口，充电桩内置 20~60kW 直流充电模块。白天交直流充电桩主要对电动乘用车直流快充，晚间可作为附近居民临时停车场对电动乘用车交流慢充。

表 7-5　交直流充电桩参数

项目	参数	项目	参数
输入电压	AC 220V（1±15%）	稳压精度	≤±0.5%
输出电压	AC 220V（1±15%）	稳流精度	≤±1.0%
输出电流	16～32A（根据用户需求灵活配置）	显示	7in[①] TFTLCD 彩色触摸屏
直流充电接口部分		通信接口	CAN 通信接口（标配），RS 485、以太网可选
输入电压	AC 380V（1±15%），三相四线	计费接口	支持 RFID 卡、IC 卡、CPU 卡等
输出电压	DC 400V	防护等级	IP54
输出功率	20～60kW（根据用户需求灵活配置）	运行温度	−30～+90℃
最大输出电流	50～150A（根据用户需求灵活配置）	存储温度	−40～100℃
效率	≥93%	冷却方式	强迫风冷
谐波电流	≤5%	柜体尺寸（高×宽×深）	1800mm×600mm×600mm
功率因数	≥0.99		

① 1in=25.4mm。

7.3.2　箱式电动汽车快速充电站设计实例

快速充电站的形式目前有两种，一种是电网直充站，由于需要占用大量场地和需要专用电网，投资巨大且难以收回成本，很难进行商业推广，另一种快速充电站是采用储能装置的箱式电动汽车快速充电站。

1. 充电站基本结构

使用普通电网的箱式电动汽车充电站外形图如图 7-3 所示，无电网区采用风光互补方式的箱式电动汽车充电站外形图如图 7-4 所示。箱式电动汽车快速充电站由一次侧充电机（为再生储能动力电池充电）、储能动力电池、二次侧快速充电机（为电动汽车充电）、再生动力电池检修机、计费控制系统、配电系统、线缆、机房组成。

箱式电动汽车快速充电站的机房采用密封恒温设计，机房内设有值班办公间，方便风雨和恶劣天气使用。充电费用按实际充电量计算，非常方便。箱内设备采用模块式设计，配有再生动力电池专用维修设备。充电站采用第一次现场拼

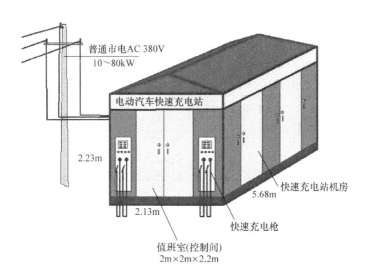

图 7-3　使用普通电网的箱式电动汽车充电站外形图

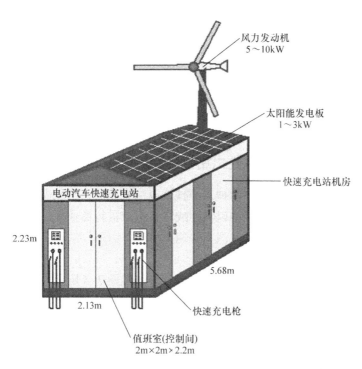

图 7-4　无电网区采用风光互补方式的箱式电动汽车充电站外形图

装，之后像集装箱一样可以根据需要进行整体移动。偏远公路和用电无保障地域可采用太阳能和风力发电，为箱式电动汽车快速充电站供电。

2. 工作原理

箱式电动汽车充电站的原理框图如图 7-5 所示，平时（夜间优先）电网电力通过一次侧充电机向再生动力电池进行储能充电，由于储能充电时没有时间要求，因而可用小电流慢速充电，充电电流可根据动力电池电量自动安排充电时间，最大限度地使用夜间低谷电力。当需要为电动汽车充电时，根据电动汽车的允许最大充电电流和电压，通过二次侧快速充电机向电动汽车车载动力电池进行快速充电，由于充电过程是从储能动力电池向电动汽车"倒电"，而不是直接取自电网，因而对电网没有任何干扰（如果直接从电网高功率取电，则会严重干扰电网，不仅影响其他用户，而且威胁电网设备）。箱式电动汽车快速充电站参数见表 7-6。

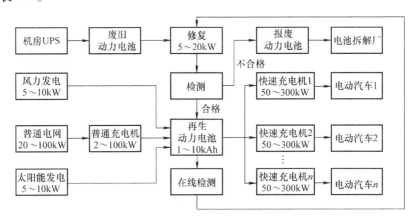

图 7-5　箱式电动汽车充电站的原理框图

表 7-6　箱式电动汽车快速充电站参数

项目	参数
输入电压	AC/DC 380V，三相四线
输入功率	10 ~ 60kW 或 5 ~ 10kW 风力、太阳能电站
输出电压 1	DC 200 ~ 400V（可扩展到 DC 600V）
输出电压 2	DC 30 ~ 60V（可扩展到 DC 250V）
输出电流	10 ~ 600A（恒流可调）
适用动力电池	铅酸动力电池、锂离子动力电池、镍氢动力电池和超级电容器等蓄能装置
计费方法	元/kWh 计量收费
输入输出隔离电压	大于 AC 2500V

3. 箱式电动汽车快速充电站应用场所

1）公共停车场。停车场是社会充电站最佳设置的地方之一，交通方便、出入方便。可在停车场租用一个车位，甚至是边角位置即可，可以留有两个充电车位（由于是短时充电，甚至都不用专用充电车位，按充电车数交一定费用即可）。

2）大型购物中心。在大型购物中心设置充电站必然会受到购物中心欢迎，充电的人会顺便购买商品，可与购物中心实现双赢。

3）可停车的路边地。城市停车越来越难，许多非主干道都被允许用来临时停车，由于箱式电动汽车快速充电站占用的地方非常小（小于 $20m^2$），因此可供箱式电动汽车快速充电站放置的位置非常多，并且根据需要可以进行随时移动。

4）高速路服务区。在高速路服务区设置几座箱式电动汽车快速充电站就可连接周边城市，虽数量不多，但意义很大，它将大大增加电动汽车用户的信心。

5）居住小区。这是最贴近用户的地方，虽然小区内可以设置许多慢速充电站，但有急事需要外出是几乎每个人都可能遇到的事情，慢速充电站必须与快速充电站结合起来才能发挥作用。

6）单位、写字楼等。一般单位与写字楼都有停车场地，单位购置充电站不仅可为本单位的电动汽车服务，也可为本单位员工电动汽车服务，当然也可允许社会车辆快速充电。

7）特殊景区，重要国道、偏远公路和用电无保障地域可采用太阳能和风能等能源形式储能充电。

8）改装部分应急充电车，对因电能耗尽抛锚在路边的电动汽车进行应急充电。

7.3.3　基于 V2G 技术和储能技术的电动汽车充电站解决方案

电动汽车充放电技术主要有单向无序的 V0G 模式、单向有序的 V1G 模式、双向有序的 V2G 模式。现阶段，充电站主要以 V0G 模式运行。随着智能电网技术的发展，充电站运行模式可扩展到 V2G 模式，实现电动汽车与电网之间的能量双向可控流动，并根据电网运行情况和控制指令实现动态响应，展示电动汽车作为分布式移动储能应用的潜力，可实现抑制电网负荷峰谷波动、接纳间歇性可再生能源，提高电网运行效率。但在 V2G 模式下，电动汽车的售电方式及电网的协调控制等技术还有待进一步研究。

基于 V2G 技术和储能技术的电动汽车充电站不但能为电动汽车动力电池提供充电、换电，还能扩展为分布式储能电站，其具有开放、互动、智能的充放电管理，具有储能电站功能的充电站将成为智能电网的重要组成部分。

基于 V2G 技术和储能技术的电动汽车充电站主要为充电设备提供电源，主要由一次设备（包括开关、变压器及线路等）和二次设备（包括检测、保护、控制装置等）组成，专门配备消除谐波的有源滤波装置，以稳定电网。

1. V2G 技术

V2G 是 Vehicle – to – Grid 的英文缩写，它描述了这样的一个系统：当混合电动汽车或是纯电动汽车不运行时，通过连接电网的变换器将电动汽车动力电池中存储的能量传输给电网，反过来，当电动汽车的动力电池需要充电时，由电网提供电能给动力电池充电。V2G 的核心思想在于电动汽车和电网的互动，利用电动汽车的动力电池作为电网和可再生能源的缓冲。

当电网负荷过高时，由电动汽车动力电池向电网馈电，而当电网负荷较低时，用来存储电网过剩的发电量，避免造成浪费。通过这种方式，电动汽车用户可以在电价低时，从电网买电，电网电价高时向电网售电，从而获得一定的收益。

当电动汽车作为负荷时，可以通过技术手段和经济手段合理安排充电时间，实现有序充电管理，达到削峰填谷的效果，提高系统运行效率，减少对电网安全的影响。而另一方面，当动力电池作为储能装置时，可以将其作为系统的备用容量，或在峰荷时向电网提供能量，优化电网运行。在这种背景下，V2G 的概念应运而生。

V2G 技术可以应用于到任何可网络化的电动汽车，如插电电动汽车（比如动力电池驱动电动汽车）或者插电混合动力汽车。因为大部分的汽车平均有95% 的时间都是停泊着的，停泊的电动汽车在电网负荷高峰时可将车载动力电池存储的电能传输给电网，这样每辆电动汽车每年大约可以创造 4000 美元的价值。

V2G 技术描述的是一种新型电网技术，电动汽车不仅作为电力消费体，同时，在电动汽车闲置时可通过动力电池放电为电网提供电力，实现在受控状态下电动汽车的能量与电网之间的双向互动和交换。利用电动汽车大规模接入形成的规模效益，配备 V2G 技术支持，电动汽车动力电池既可为电动汽车提供电能，又能作为智能电网的移动储能单元接入电网，用于削峰填谷和储能备用，提高电网供电灵活性、可靠性和能源利用效率。

在一天当中，90% 的电动汽车都可以参加 V2G 服务，即使在交通的高峰期也有 80% 多的电动汽车是停着的，而且对于家庭电动汽车，一天当中只有 4% ~ 5% 的时间是行驶的，即 95% 的时间可以参加 V2G 服务。即便是白天出车率高的电动公交车、电动出租车、电动环卫车和电动货运车辆等，也可以在夜间负荷低谷时充电，起到填谷的作用。

电动汽车车载动力电池的充放电效率比一般的抽水蓄能电站运行的平均综合能源效率要高，充放电速度可达到毫秒级，对调节命令响应快速准确。V2G 具有一定的调频功能，且 V2G 可以不受动作次数和频率限制实现功率上调和下调的交替工作，这一点与常规电厂相比具有明显优势。

随着以风能、光伏为代表的分布式电源的发展，由于风能和光伏的间歇性特征，使发电输出功率具有较大的波动性，可以利用电动汽车采用 V2G 技术，使其作为备用容量对分布式电源接入所产生的扰动进行平抑，以减少火电或其他常规机组的备用容量。

V2G 技术的应用具有明显的社会效益和经济效益，采用 V2G 技术的电动汽车在完成自身行驶功能的同时，不需要添加额外装置，充分利用电动汽车车载动力电池的储能能力参与 V2G 服务，使电动汽车用户获得收益，既可节省增设固定储能装置投资，又可减少部分电厂的调节容量，进而提高常规电厂运行的经济性能，是实现电网、常规电厂、电动汽车用户多赢的好方法。

V2G 技术是智能电网技术的重要组成部分，V2G 技术的发展将极大地影响未来电动汽车商业运行模式。研究表明，与智能车辆和智能电网同步进展，插电式混合动力汽车（PHEV）和纯电动汽车（EV）将在 20 年内成为配电系统本身不可分割的一部分，提供储能，平衡需求，提高紧急供电和电网的稳定性。据研究显示，90% 以上的电动乘用车每天平均行驶时间为 1h 左右，95% 的时间处于闲置状态。将处于停驶状态的电动汽车接入电网，并且数量足够多时，电动汽车就可以作为可移动的分布式储能装置，在满足电动汽车用户行驶需求的前提下，将剩余电能可控回馈到电网。

在大规模应用 V2G 技术和智能电网技术之后，电动汽车动力电池的充放电将被统一化。根据既定的充放电策略，电动汽车用户、电网企业和汽车企业将在利益上获得共赢。V2G 技术的一个特点是能够对动力电池的充放电进行统一部署，利用"在用电波谷时段充电，波峰时段售电"这一高效的充放电策略，使电动汽车用户、电网企业以及汽车企业共享利益。

1）对电动汽车用户而言，在实行浮动电价的前提下，选择在低电价时给电动汽车车载动力电池充电，高电价时将存储在电动汽车车载动力电池中的电能出售给智能电网，利用其中的差价来获得补贴，降低电动汽车的使用成本。

2）对电网公司而言，电动汽车可作为可移动储能装置和调峰系统，在电力供应富余时充电，提高电力的利用效率，在用电紧张时放电，缓解用电压力，延缓电网建设投资，提高电网运行效率和可靠性。

3）对汽车企业而言，目前面临着电动汽车短时间内不能大量普及的困境，一个重要原因就是电动汽车的成本过高，V2G 技术的运用则能有效降低电动汽车的使用成本，降低电动汽车用户的负担，反过来必然会推动电动汽车的大力发展，汽车企业也将会迎来新的发展契机。

V2G 作为一种构建电动汽车与智能电网之间互动关系的技术，具有重要的意义：

1）电动汽车使用的规模化能够直接降低汽车的 CO_2 排放。

2）通过 V2G 技术，能够整合可再生能源，平衡电网峰谷负荷，从而提高能源的使用效率。

3）V2G 技术还能够让电动汽车通过调峰来获取可观的经济效益。

通过 V2G 技术，可用电动汽车的车载动力电池存储风能和太阳能发出的电能，再稳定地送入电网。而且，如果这些车辆还能相互通信，并且做到能源智能化分享，那就能避免用电高峰给电网造成的压力。

2. X – DR 型非车载充电机

X – DR 型非车载充电机采用 V2G 技术，选用高频 IGBT 整流逆变模块，不仅能对动力电池进行安全、快速地充电，而且依靠控制器与后台系统的通信，能将动力电池的能量回馈到电网，完成电网与动力电池之间的双向能量交换。X – DR 型非车载充电机采用高速 CAN 总线，保证通信连接的快速、可靠。X – DR 型非车载充电机原理图、实物图如图 7-6 所示。基于 X – DR 型非车载充电机配置的交流充电桩输出为交流电，可直接连接车载充电机，交流充电桩原理图、实物图如图 7-7 所示。

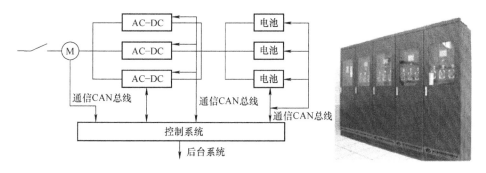

图 7-6　X – DR 型非车载充电机原理图、实物图

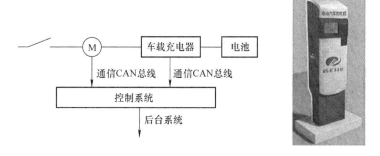

图 7-7　交流充电桩原理图、实物图

X – DR 型非车载充电机的充电监控系统由一台或多台工作站或服务器组成，

可以包括监控工作站、数据服务器等，充电监控系统结构如图 7-8 所示。监控工作站提供充电监控人机交互界面，实现充电机监控和数据收集、查询等工作；数据服务器存储整个充电站的原始数据和统计分析数据等，提供数据服务及其他应用服务。基于 V2G 技术和储能技术的电动汽车充电站电气系统解决方案的主要技术优势有：

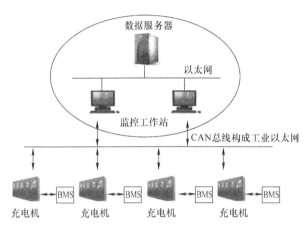

图 7-8　充电监控系统结构

1）安全、高效、智能、互动的充放电管理系统，将使充电站真正成为智能电网的重要组成部分。

2）成熟的输配电技术和优化的电能质量控制技术保证充电站安全、可靠并网运行。

3）基于先进的 V2G 技术、电力电子技术，既保证动力电池高效的充电效率，也充分考虑电网的高效稳定运行。

7.4　电动汽车充电站运行模式及商业模式选择

7.4.1　电动汽车充电站运行模式与商业模式

1. 电动汽车运行模式

电动汽车充电站的服务对象是各种各样的电动汽车，充电站必须满足不同电动汽车的充电需求。电动汽车在不同的运行模式下，其对续驶里程和充电时间的要求也是不同的，从而影响着充电的方式和电能的消耗，充电站建设方式和功率需求。根据目前城市对电动汽车目标市场定位及电动汽车的发展趋势，按电动汽车的用途不同有以下运行模式：

1）公交运行模式。公交运行模式具有一定的共性，通常行驶线路、行驶里程、行驶时间是固定的。公交运行模式应采用整车充电方式。这是由于公交车的行驶里程和路径可预估。可充分利用夜间停运时段进行充电，满足下一次行驶里程的需要。电动公交车通常都有专门的停车场所，因此可在公交首末站停车场建设充电站，利用夜间低谷时段进行常规充电，电动公交车一次充电续驶里程至少应满足单程运行里程，紧急情况下应能实现电能的快速补充。

2）出租车运行模式。根据出租车一次充电后的续驶里程，应在其相应的出行范围内提供必要的充电站。出租车需要及时快速补充电能，尽量增加运营时间，获得更大的经济效益，应在市区建立专用充电站或动力电池更换点，以提高出租车的运营效率。即在出租车的运营时段，应能通过快速充电或动力电池组快速更换完成电能补充。

3）公务车或社会车辆运行模式。公务车或社会车辆由单位、部门的驾驶人或社会大众驾驶，应在公务车集中的区域或居民小区建设相应的充电站。公务车、商务车、社会车辆等行驶路线和行驶里程一般能预估，工程车行驶线路、行驶里程不固定，变化较大，应能通过快速充电或动力电池组快速更换完成电能补充。

4）示范区运行模式。如果为示范运行配备的车辆数有限，则为了提高车辆运营效率，应采用更换动力电池组的方式，但是这就需要增加动力电池组的投资。如果配备的车辆能够满足运营要求，则应采用整车充电方式，这样就可以降低动力电池组的投资，减少动力电池更换操作造成的工作量。鉴于示范区用车数量少，运行范围相对集中，可以在示范区内建立集中的大型充电站（动力电池更换点），实现规模化运作。

5）私家车运行模式。用于上下班的私家车，停放时间和位置相对确定，可充分利用停靠的时间进行充电，因此，可以依托停车场所，建立简易充电站提供充电服务，这样，不用兴建大规模的集中充电站就可以大大降低成本。也可根据个体实际情况决定采用整车充电方式或动力电池组更换方式，私家车的动力电池容量通常较小，充电时间不会太长，动力电池的成本较低，补充电能的方式只要方便使用者即可。

6）微型车辆。根据个体实际情况决定采用整车充电方式或动力电池组更换方式。微型车辆的车载动力电池容量较小，充电时间不会太长，动力电池的成本较低，补充电能的方式只要方便使用者即可。

7）集团车队运行模式。集团车队的车辆应采用整车充电方式。这是由于它们的行驶里程和路径可预估，可充分利用夜间停运时段进行充电，满足下一次行驶里程的需要。集团车队的车辆一般可充分利用集团的固定停车场建立充电站，主要利用夜间用电低谷时充电。

此外，对充电站而言，车辆进入充电站的运行机制也会影响充电站功率需求。车辆进入充电站的时间越集中，充电站电力负荷越大，充电站功率需求越大。电动汽车应充分利用电网谷电阶段进行充电，对车辆所有者而言，可以最大限度降低运行成本，而电网公司则可借此调节电网的峰谷差。

2. 电动汽车充电站商业模式

能源供给是电动汽车产业链中的重要环节，能源供给模式与电动汽车的发展密切相关。目前国内外电动汽车充电站的建设、运营主要有三种商业模式，即公用充电站模式、停车场（或路边）充电桩模式和动力电池更换站模式。

（1）公用充电站模式

1）主要特征。公用充电站类似于加油站，通常建在城市道路或高速公路两旁。充电站由多台充电机组成，可以采取快充、慢充和快速更换动力电池等多种方式为各种电动汽车提供电能。规模较小的充电站一般可供 10 辆汽车同时充电，规模较大的充电站可供 40 辆汽车同时充电。

2）运营模式。公用充电站的运营模式需要行业方方面面的企业和个人参与，主要包括电动汽车制造商、动力电池生产商、中间运营商（建站企业）、能源供给企业、电动汽车用户及政府部门。盈利方式是向用户收取充电费用。该模式在运营过程中首先是能源供给企业通过向中间运营商（建站企业）支付一定的建站费用来建设电动汽车充电站。当用户来充电站给电动汽车充电时，能源供给企业及充电站向用户收取一定的充电费用来实现自身的盈利。能源供给企业及充电站的利润值 =（用户的充电费用 + 政府部门建站补贴）-（电动汽车充电站建设费 + 电动汽车充电站日常运营费）。

3）优点。充电站可以为社会电动汽车提供多种服务，既可以快充，也可以慢充，有些充电站还可以提供快速更换动力电池服务；充电速度快，采用快充方式一般可在几十分钟内将动力电池基本充满；充电站由于具有公用性质，故设备利用率高于停车场的充电站。

4）缺点。充电站占地面积大，规模较大的充电站占地超过一般加油站，甚至可与停车场相比；需要配备多种充电设备，建设难度较大，一次性投入大。

5）主要障碍。由于占地面积大，在城市土地日益紧缺的情况下，充电站在大城市布点数量受限，网点密度低；公用充电站最大的优势在于快充，但目前快充技术还有待完善，以期进一步缩短充电时间，减小对动力电池寿命的损害。

6）发展前景。充电站建设在技术上不存在问题，设备投资成本也不高，但其占用过多的土地资源，征地成本不可低估。从短期看，在电动汽车发展的初级阶段，完备的充电网络还没有形成的情况下，迅速建设一批公用充电站是必要的，可以产生良好的示范效应和广告效应，推动电动汽车的尽快普及。

但是从长期看，电动汽车若大规模普及，那么公用充电站不可能成为电动汽车充电的终极解决方案，也不应作为主要的充电方式。公用充电站应该定位于主要满足各种社会车辆的应急充电需求，以提供快充服务为主，这样可以有效减少充电站的占地面积，提高设备利用率。

（2）停车场（或路边）充电桩模式

1）主要特征。充电桩通常建在公用停车场、住宅小区停车场、商场停车场内，或建在公路边，也可以建在私人车库中。充电桩具有功率较小、布点灵活的特点，以慢充方式为主，具备人机操作界面和自助功能。

2）运营模式。停车场（或路边）充电桩的运营模式与公用充电站模式相同，充电缴费是通过刷卡或微信的形式进行的，电动汽车用户可通过能源供给企业提供的 IC 卡或微信进行充电缴费。

3）优点。充电桩建在停车场或路边，占地面积小，建在车库和住宅小区内的充电桩完全不占公共用地；建设难度小，一次性投资小。

4）缺点。充电速度慢，充电桩采用慢充方式，充电时间要 5 ~ 10h；由于充电时间长，且部分充电桩具有专用性质，所以充电桩的设备利用率要低于充电站，不能满足电动汽车应急、长距离行驶的充电需求。

5）主要障碍。虽然建设单个充电桩很容易，但充电桩要形成网络才能满足电动汽车普及的需要，完善整个充电网络需要较长时间。

6）发展前景。在国外，居家充电是使用频率最高的电动汽车充电方式，在家门之外才需依靠公用充电桩。目前从特拉维夫和东京的使用经验来看，停车场和社区的充电桩使用频率更高，而充电站并未成为大多数电动汽车使用者的优先选择。从使用便利性和节约资源角度考虑，汽车大部分时间都处在停车状态，建在停车场和路边的充电桩基本可以满足电动汽车常规充电的需要；并且以数量庞大的充电桩替代充电站，还可以节约宝贵的土地资源。因此，长期来看，在我国占据主导地位的常规充电方式应为慢充，停车场和路边的充电桩将成为占主导地位的充电桩。在所有能够停车的地方建设充电桩，每增加一台电动汽车即新建一个充电桩，充电桩数量将与电动汽车数量相当。

（3）动力电池更换站模式

1）主要特征。更换动力电池模式也称为租赁动力电池模式，是一种把车辆与动力电池分开考虑的思路。用户只购买汽车，由专门的动力电池租赁公司负责动力电池的购买、租赁、充电、快速更换及管理。可以让用户像燃油汽车加油一样方便地得到能源供给。用户从动力电池租赁公司租用动力电池，动力电池更换站为用户提供快速更换动力电池和动力电池维护等服务，动力电池在充电中心集中充电。由于动力电池组重量较大，更换动力电池的专业化要求较强，因此需配备专业人员借助专业机械来快速完成动力电池的更换、充电和维护。

2）运营模式。更换动力电池的运营模式是在电动汽车用户需要补充能源时，可以非常方便地到任意一个动力电池更换站更换充好的动力电池。电动汽车更换动力电池模式的运营与整车充电模式的运营所需要参与的企业和个人是一样的。能源供给企业及换电站利润值 =（用户的所用电费 + 动力电池租赁费 + 卖废旧动力电池所得利润 + 政府部门补贴）-（动力电池购买费用 + 动力电池更换站建设费 + 动力电池维护费用 + 动力电池更换站日常运营费），其具体的运营过程包括动力电池的租赁、动力电池的更换、动力电池的维护和动力电池的回收。

能源供给企业购买动力电池后通过向中间运营商（建站企业）支付一定的建站费用来进行更换站的建设，电动汽车用户在购买"裸车"后，去动力电池更换站办理相应的"租赁手续"并交纳一定的租金就能使电动汽车投入使用。租赁手续及租金由相关部门协商而定，因在动力电池更换站提供给消费者的是一块充满电的动力电池，加上一些其他成本，故租赁动力电池的价格肯定要比消费者自己在家充电贵，但仍低于燃油的费用。用户在动力电池的使用过程中不仅要交租金，每次更换动力电池时，根据动力电池电量的消耗情况用户还要向动力电池更换站交纳相应的电费。

为了使得更换更加快捷，需要更换动力电池的电动汽车在进站之前，应向动力电池更换站提出动力电池更换请求，以便站台调度安排停车位置、通知动力电池更换库准备整车更换动力电池，并运至更换动力电池区，准备卸载设备。当车辆进站后，根据调度指令将车开到更换动力电池区准确位置，准备更换动力电池。在更换动力电池前，必须仔细翻阅车载监控装置故障记录，检查车载动力电池在运营过程中是否有故障。如果有故障记录，则记录故障信息（包括故障位置和类型）后清除故障记录。

在更换动力电池前，首先断开整车的高低压供电，然后才能卸载动力电池。卸载的时候，将有故障动力电池和无故障动力电池分开摆放。有故障动力电池箱和故障信息一并送到维护车间，无故障的动力电池箱送到充电区充电。卸载完毕后，将已经准备好的动力电池装车。接通整车的高低压供电，再进行一次故障诊断，确保更换完动力电池电动汽车运行正常后，将车驶出更换动力电池区。

3）优点。对动力电池更换站的门店要求很低，只需要 2~3 个停车位，占地面积比充电站小，易于在城市大面积布点。动力电池更换站的主要设备是动力电池拆卸及安装设备，电气设备少，建设难度小，一次性投资也比充电站要少；更换动力电池速度快，更换动力电池的时间一般为 5~10min，未来随着技术的进步，更换动力电池所需的时间将少于燃油汽车的加油时间。

采用动力电池租赁方式，可显著降低用户的初始购车费用。对动力电池进行集中充电可采取慢充方式，避免因快充而引起的动力电池寿命缩短问题。可避免大规模电动汽车随机充电给电网运行带来的不利影响，甚至可以根据电网需要，在统一管理的框架下进行动力电池充电的优化运行，此外还可避免绿色能源损失，减少可再生能源发电成本。

4）缺点。须建设专业的动力电池配送体系。

5）主要障碍。要求国家建立统一的动力电池标准，电动汽车安装的动力电池必须可拆卸、可更换，对汽车工业标准化体系要求非常高。我国目前电动汽车标准体系尚不健全，各汽车生产厂家和动力电池生产厂家基本上各自为战，动力电池规格差别很大；更换动力电池模式涉及动力电池租赁、充电、配送、计量、更换等多个环节，由多家企业分工完成，运作复杂。

6）发展前景。从商业运营的角度看，动力电池更换模式属于能源新物流模式。动力电池更换模式有利于动力电池生产企业的规模化、标准化生产，有利于能源供给企业的规模化采购与集约化管理，将显著降低总运营成本。能源供给企业作为一个相对独立的中间运营商，有利于政府施行更具针对性的扶持和优惠政策，如电价政策、购买动力电池补贴政策等，易于建立清晰的财务盈利模式，比单纯提供充电服务可获得更高的投资回报，具有更广阔的发展空间。除此之外，动力电池更换模式对电网安全、经济运行也十分有利，集中充电便于统一调度、管理和监控，能够最大限度地发挥削峰填谷作用，提高电力系统负荷率，最大限度地减少谐波污染等对电网的不利影响，有利于电网的安全稳定运行和电力资源的优化利用。

动力电池更换模式在理论上是一种较为理想的商业模式，国内有城市已开展了试点运营，但在短期内大规模推广动力电池更换模式存在一些困难，主要体现在以下三方面：

1）管理方面。我国处于电动汽车产业发展初期，动力电池技术尚未成熟，各种动力电池的性能、质量差距很大，统一动力电池标准难度非常大，这不仅仅是动力电池标准化的问题，还涉及电动汽车的标准化，是一个庞大的系统工程，涉及汽车厂、动力电池制造商、更换站经营者等各方面的利益。

2）技术方面。为了保证动力电池可更换，所有动力电池须具有良好的一致性。不仅要统一动力电池接口标准，还要统一动力电池的尺寸、规格、容量、性能等，在目前的情况下，统一所有动力电池厂家生产动力电池的一致性问题，在短期内很难实现。

3）动力电池流通方面。动力电池更换过程中会存在动力电池新旧程度、残留能量的差异，将带来动力电池更换时如何计量、计费的难题。

总之，动力电池更换模式要成为一种成熟的商业模式，还有很长的路要走。只有在我国电动汽车工业发展到较为成熟的阶段，才可能成为电动汽车能源补给产业的主流商业模式。

7.4.2　电动汽车充电站运营模式选择及发展趋势

1. 电动汽车充电站的运营模式选择

电动汽车充电站的运营究竟选取哪种模式，应围绕"快速、健康、高效地推动电动汽车产业的发展及普及"这一核心目标，结合技术发展趋势和现实条件进行综合考量。最主要包括以下三个方面：

1）消费者使用的总体经济性、方便性，这关系到运营模式的竞争力。

2）能源供给企业的盈利模式，这决定着电动汽车充电站的可持续发展能力。

3）对城市电网运行的影响，这是城市整个电网能否安全、高效运行的关键因素。

（1）整车充电模式

1）整车充电中的慢速充电方式可以充分利用低谷电力充电，电费相对降低，但是充电时间过长使车辆的使用十分不便。

2）快速充电方式下的充电时间短，易于车辆的使用，但充电费用较高，会缩短动力电池的使用寿命。快充造成的电网谐波污染的治理成本较高。

3）整车充电模式初次购买及后续更换动力电池的费用较高（约占车辆总费用的30%～50%）。

（2）换动力电池模式　换电模式分为充换电模式和集中充电、统一配送模式，换电模式单纯的动力电池租赁费和电费支出可能比整车充电模式有一定幅度增加，但是由于节省购买动力电池的费用，如果政策和管理到位，理论上车辆整个生命时期的运营费用会显著低于整车充电模式，且换电模式的灵活性、方便性都相对较好。

综上所述，换电模式具有更突出的优势和更广阔的发展前景，考虑到差异化需求和特殊情况下电能补给的需要，以更换动力电池为主、整车充电为辅的运营模式将成为我国电动汽车充电站未来发展的主流模式。

2. 电动汽车充电站商业模式发展趋势

目前，电动汽车充电设施的三种模式不是非此即彼、互相排斥的关系，而是既相互竞争又互为补充的关系。未来应由充电站、充电桩和更换站共同组成一个完整的充电网络体系，为电动汽车用户提供便捷、高效的服务。

随着电动汽车数量迅速增长，应形成以"充电桩为主、充电站为辅"的充电网络，充电桩用于常规慢充，充电站满足应急快充的需求。因此，我国目前应加强对充电站规划、建设、运营等有关问题的研究，加快充电站的布点和建设。在整车充电模式下，制约电动汽车发展的问题有：

1）购买动力电池的初期投资成本太大，一般占电动汽车本体费用的一半以上，昂贵的动力电池成本在很大程度上阻碍了电动汽车的推广。

2）充电时间太长，慢充一般要 4～5h，即使快充也需要 0.5h，与当前传统能源汽车的加油或者加气相比，其获取能源的便捷性远不能满足人们的需要。同时快充对动力电池有较大损伤，造成动力电池寿命急剧衰减，实际上也进一步增加了电动汽车的动力电池成本。

3）在整车充电模式下，电动汽车充电负荷具有显著的时空随机性，会给电网的运行和规划会带来不利的影响。

目前，基于动力电池租赁的换电模式已经成为当前电动汽车发展具有竞争力的商业模式。但换电模式存在管理、技术和商业上的困难，短期内难以大规模推广。当我国电动汽车工业发展到较为成熟的阶段时，动力电池更换模式将可能成为更成熟、更高效的商业模式，而近期可在个别具备条件的城市开展动力电池更换模式的试点。

虽然换电模式具有诸多优点，但从发展情况来看，换电模式似乎进入瓶颈时期。随着换电模式建设的不断开展，这一新兴模式存在的问题也日益突出：

1）动力电池技术与投资成本。现阶段动力电池产业处于发展初期，动力电池能量密度低，续驶里程短，寿命周期短。在现有动力电池技术水平下推行换电方式，动力电池投资高，将会给能源供给企业带来很大负担。

2）安全性与责任界定。换电模式的发展有可能彻底改变传统汽车企业、能源企业和消费者的三方结构，而出现动力电池制造商和充电运营商等参与方。在这种新兴格局下，动力电池的日常维护工作由谁来承担，当出现安全问题时责任如何界定等都是有待解决的难题。

3）换电模式标准体系建设。不同厂家生产的动力电池和电动汽车都有所不同，包括尺寸、接口和布置方式等，这给换电模式的统一标准化操作带来了很大的困难，因此，亟须制定与换电模式相配套的标准体系。

4）换电网络建设。对用户而言，换电模式的主要优势在于其能源更新的便利性，但是在现实中其便利性更依赖于密集布点的规模化换电网络，这也意味着超大规模的投资要求，在目前其商业模式可行性仍存疑的环境下，其规模化建设也面临着巨大的资金瓶颈。

5）补贴分配。由于电动汽车和动力电池的成本很高，为促进电动汽车的发展，国家将会提供一定形式的补贴。在换电模式下，补贴在汽车生产商、动力电池制造商以及能源供给企业中如何分配，目前没有明确的划分方法。

可以看出，现阶段电动汽车换电模式的应用仍面临较多问题，就目前的技术水平和相关法律、商业模式配套而言，还不足以支撑该模式的大规模应用。

经过上述分析，未来将出现家庭交流充电（解决有固定车位消费者的需求）为主，经营性直流快充（解决无固定车位消费者、应急充电消费者的需求）为辅，集团用户直流快充（解决如公交车、出租车等集团用户的需求）为补充的电能补给格局。因此，投资建设并运营提供有偿充电服务的充电站符合未来电能补给的趋势。

7.5 电动汽车充电站管理网络

7.5.1 电动汽车充电站运营管理系统

充电站的运营管理尚处于起步阶段，尚未对其服务范围进行清晰定义，尚未建立成熟的运营管理模式。建设运营主体不明确已经成为电动汽车商业化应用的瓶颈问题之一。

充电站的运营是一项复杂的系统工程，为保证充电服务的有效提供，电动汽车充电站的运营需要多个子系统相互协调和保障，包括电力供应系统、充电计量和结算系统、公用充电网络、动力电池、配件维护维修体系以及专业化的组织管理保障等。

1. 电力供应系统

电力供应系统是保障充电站运营最基本也是最重要的一个环节，同时也是保障电动汽车得以商业化运行的重要支持。充电站从建设到运营应加强与电力供应企业的协调。

在充电站规划和建设阶段，需要得到电力供应企业的合作和支持，完成充电站外部电网的合理设计和安全接入。在充电站运营期间，需要得到电力供应保障，这是维持充电站持续运营的根本；此外，如能与电力供应企业良好协商，则充电站运营商可获得电力公司销售电价方面的优惠，进而提高充电站的运营赢利能力。

由此可见，电力供应企业在充电站运营乃至电动汽车产业化发展中充当着一个重要的角色。因此，电力供应企业可充分把握其地位，瞄准电动汽车充电市场，尽快建立起与充电体系关联的市场发展策略，在推进电动汽车充电市场发展的同时实现自我发展。

2. 充电计费系统

充电计费系统是充电设施与电动汽车用户交流的一个重要环节，在充电站运营中，需要通过准确的充电计费系统，保障充电站与电动汽车用户之间的交易以可靠、准确、真实的方式进行。同时，充电计费系统也是充电设施运营单位准确核算财务收益、提高运营效率的重要手段。智能化的充电计费系统将成为充电站运营的方向，通过对动力电池的剩余电量进行科学估计，不仅能精确核算电量，而且还成为选择合适的充电方法，提高动力电池性能的有效依据。电动汽车充电计费系统由三部分组成：

1）充电计费系统管理平台，对系统涉及的基础数据进行集中式管理，例如电动汽车信息、购电用户信息、资产信息等。

2）充电计费系统运营平台，用于对电动汽车的充放电及购电用户的充值进行运营管理。

3）充电计费系统查询平台，用于对管理平台及运营平台产生的相关数据进行综合查询。

充电费用结算工具、结算手段的现代化，对提高充电站运营效率具有重要的意义。特别是对于无人值守的充电站，智能化的结算系统是保障充电站正常运营不可缺少的一个手段。用户通过先进的 IC 卡、银行卡、微信、支付宝等即可快捷方便地完成充电费用结算。因此，充电站的顺利、高效运营，需要现代化、智能化的充电电能计量和结算系统加以保障。

3. 公用充电网络

分布合理、数量众多、昼夜服务的公用充电网络是电动汽车商业化的必备条件之一，它的发展直接决定了电动汽车的应用和推广，进而成为推动充电站个体实现商业化运营的基础。公用充电网络由常规公用充电站、快速充电站和动力电池组更换站组成，其运营方式分为有人值守和无人值守两种方式。在公用充电网络中充电站的布局、数量和充电方式应该合理设计和部署，使电动汽车在充电网络中能方便、及时地充电，保障电动汽车的正常运行。

城市公用充电网络应由城市主管部门统一规划，合理布点，形成网络，由政府出面协调城市规划、建设、电力、交管等部门的职责，统一建设、实施。电动汽车研发主管部门、国家技监部门和汽车产业主管部门也应通力协作，尽快制订公用充电设施的技术标准和相关配套件的技术标准，尽快投入实施，以使想投资电动汽车充电设施的商家和想购买电动汽车的用户，以及想改善城市环境卫生和树立城市形象的地方政府可以及时地、有目标地实施。

4. 动力电池维护维修体系

由于动力电池的使用成本在电动汽车运行中占有很大比例，所以做好动力电池的维护工作，有助于延长动力电池使用寿命，降低车辆运行成本，减少用户使用费用，应在充电网络中配套动力电池维护维修体系。动力电池维护维修体系与充电管理系统结合，可帮助用户在充电过程中及时发现问题，并进行相关的维护维修工作。配合充电网络的动力电池维护维修体系，可使用户无论什么时候遇到问题，都可到附近的充电网络寻求帮助，同时也提高了充电网络运营的赢利能力。

5. 充电站管理系统

（1）专业化的组织管理　由于电动汽车对技术发展的依赖性大，其运行中具有较多的不确定性，这就决定了电动汽车的充电过程要求实现专业化、系统化。因此，应开展有效的组织管理，以保障充电设施的安全、高效运营。同时，专业化的组织管理体系有助于推动充电设施乃至电动汽车的商业化运营。具体来说，可从以下方面加以保障：

1）要建立职责明确、执行有力的运营组织架构，不同职责岗位配备不同的专业化人员，从组织管理方面对充电设施的建设和运营进行严格、规范和有效的控制，以满足电动汽车充电的专业化要求。

2）根据充电设施运营组织架构，设计一套合理的组织工作流程，使充电方法、技术和不同电动汽车需求相适应。同时，要协调好不同岗位之间的业务关系，协调好各个环节的衔接，充分提高充电设施的运营管理效率。

3）建立与充电设施一体化管理相适应的严格的管理法规、条例和规章制度，以责任制为基础，对各种运营管理参数进行科学量化，增强管理的针对性和时效性。

4）电动汽车、充电设施在充电中出现故障或意外事故是有可能的，应建立故障恢复与紧急响应机制，加强管理，确保人员、电动汽车及充电设施的安全。

（2）充电站管理系统层次　充电站管理系统主要由充电站管理系统后台、服务器、交换机、光纤转换设备、超五类屏蔽网线、光纤等构成，系统的运行分为三层，如图7-9所示。

1）现场设备层，即充电桩，充电桩将产生的数据存储并发送给管理系统，同时接收管理系统的各项指令。

2）网络通信层，包括交换机、光纤转换设备、网线、光纤等，负责充电桩与管理系统之间的传输数据和收发指令，其线路的走向根据现场实况采用线槽或穿管敷设。

3）应用管理层，含管理系统及后台设备，管理系统向充电桩发出的指令、充电桩回传的数据、充电桩的状态、故障信息、操作记录等均由后台设备处理及显示。应用管理层设置在有人的值班室，并有与配电系统、监控系统共享的信息接口，还与停车场管理等系统进行信息共享，体现其自动化功能。

整个管理系统具有设备监控、运营管理、故障反馈、数据采集、计量计费、用户管理等功能，充电桩的电能计量还应符合现行国家标准GB/T 29318—2012《电动汽车非车载充电机电能计量》和GB/T 28569—2012《电动汽车交流充电桩电能计量》的相关规定。

（3）针对分散式充电桩　对于居民区或单位停车场等场所的分散式充电桩，采用工业级无线数据终端（DTU）进行联网。充电桩控制板与DTU通过串口相

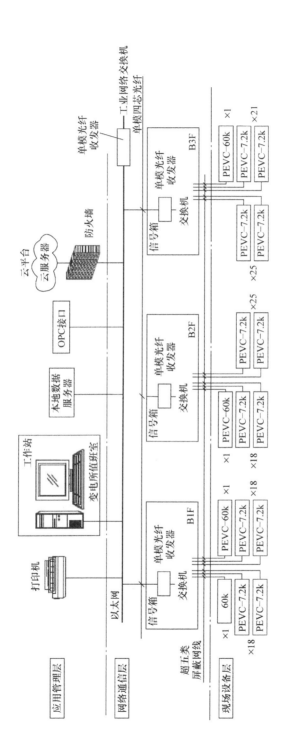

图 7-9　充电桩管理系统示意图

连，无线 DTU 通过运营商的 3G/4G 网络联网，并与充电运营企业的监控运营中心建立连接，从而搭建充电设施与监控运营中心之间的透明通道。针对分散式充电桩的系统网络拓扑如图 7-10 所示。

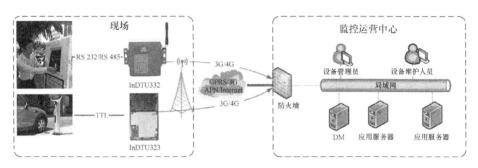

图 7-10　分散式充电桩的系统网络拓扑

通过 DTU 搭建的充电桩与监控运营中心间的透明通道，监控运营中心一方面可以实时监控现场充电桩的电压、电流、电量、功率等运行参数；另一方面可以监控充电桩状态，如果有报警或故障，则可以及时进行维护。监控运营中心的设备管理（Device Manager，DM）软件平台可以实时监控 DTU 运行状态、产生流量情况以及现场信号覆盖情况，并可以对 DTU 进行批量配置或批量升级等操作。

（4）集中式充换电站或群充电系统　对于公交、出租、环卫、物流以及高速公路等公共服务领域的充电设施，一般以建设集中式充换电站为主，或有些充电运营企业采用箱变等技术推出的群充电系统，可通过工业级路由器实现充电设施的联网。集中式充电站的各充电桩采用以太网方式组成局域网（如果是群充电系统，则整个系统有集中的采集控制单元），然后通过工业路由器作为统一的网关连接专网或 Internet，并最终与充电运营企业的监控运营中心建立连接，实现充电设施与监控运营中心之间的双向数据传输。集中式充换电站或群充电系统的网络拓扑如图 7-11 所示。

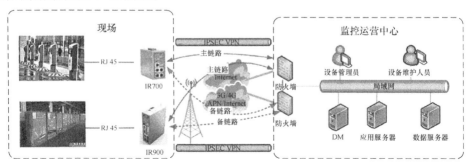

图 7-11　集中式充换电站或群充电系统的网络拓扑

通过路由器搭建的充电站与监控运营中心间的透明通道，监控运营中心一方面可以实时监控现场充电桩的电压、电流、电量、功率等运行参数，另一方面可以监控充电桩状态，如果有报警或故障，则可以及时进行维护。若现场具备有线网络，则工业路由器可以采用有线方式接入网络，如果现场不具体有线网络，则可以选择 3G/4G 无线网络接入方式，充分保证了网络接入的灵活性。

对于对数据安全性有较高要求的客户，还可以在工业路由器和中心防火墙之间建立 IPSecVPN 的加密隧道，充分保证传输数据的安全性。监控运营中心的设备管理软件平台，可以实时监控路由器运行状态、产生流量情况以及现场信号覆盖情况，并可以对路由器进行批量配置或批量升级等操作。

7.5.2　电动汽车充电站运营管理

电动汽车能源供给设施是电动汽车产业链中的重要环节，电动汽车能源供给设施主要包括交直流充电桩、充电站、动力电池更换站三种类型，电动汽车能源基础服务设施的构成设备数量多、地点分散，采用地理信息系统（Geographic Information System，GIS）能把所有与空间地理位置有关的信息收集起来，建成多源空间信息数据库，综合分析利用，获取有价值的信息，通过地图和表格生动直观地表达出来，供用户有效地管理这些信息，更有效地做出决策。随着 Internet 的快速发展，WebGIS 使得空间信息及其服务能够在分布式计算机网络环境中部署，极大地提升了 GIS 的应用服务水平。

随着电动汽车的推广应用和大量电动汽车充电设施的建设，如何对充电设施进行有效的运营管理成为一个亟须解决的问题。根据电动汽车充电设施的建设经验，分析充电设施运营管理特点，利用先进的通信技术、数据采集技术、Web 和 GIS 技术，设计并开发了电动汽车充电设施的运营和管理自动化系统，可提高电动汽车充电设施的运营和管理水平。

1. 电动汽车充电设施运营管理功能及系统结构

（1）运营管理功能　充电站的建设是以点为基本特征的充电设施，充电站数量众多，且地理位置分散，多数充电站直接安装在室外，长期处于湿度大、灰尘大、温差大的环境中运行，所以及时掌控其运行状态是保证设备稳定可靠运行的基础。

充电站运营维护管理涉及对分散于市区内充电设施的资产管理，充电站充电监视及相关参数的设置管理，电动汽车用户卡的发放、充值、解锁等。因此，充电站运营管理的功能主要包括：

1）远方监视功能，结合充电站地理位置监视其状态信息、报警信息以及实时充电信息。

2）远方控制功能，实现对充电站保护定值，以及交易费率等参数设置。

07

3）计费管理功能，记录充电计费信息，并提供数据分析统计功能。

4）资产管理功能，实现对充电设施全生命周期管理，提供其相关信息查询，以及利用率分析功能。

5）分布式管理功能，对管理权限设置，通过系统与互联网技术紧密结合，实现城市片区集中管理功能。

6）用户卡管理功能，能满足在市内不同片区建立充值卡营销网点，实现电动汽车用户多点发卡与充值功能。

（2）系统总体结构　根据上述功能需求，开发的充电站运营管理系统由三个子系统构成，包括数据采集系统、发卡充值系统、WebGIS 系统，管理中心（内网）与互联网（外网）通过安全防护相连，外网程序通过访问 Web 服务器的接口与内网进行数据交互。通过系统共享数据，管理中心可以统一管理，也可以给相关管理人员指定不同区域管理权限，通过互联网实现分布式管理。发卡充值系统可分布在城市各网点，充电站运营管理系统结构如图 7-12 所示。

通过图 7-12 所示的运营管理系统，可实现对电动汽车用户、充电设施以及运营维护人员的有机协调，以保证电动汽车用户的电能补充，提高充电设备利用率和管理人员的工作效率。

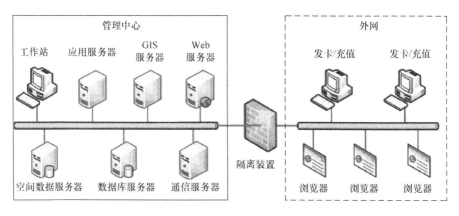

图 7-12　充电站/桩运营管理系统结构

2. 系统架构设计

（1）通信架构　充电站分布广，只有通过对专门的通信通道的有效管理，才能既保证所有充电设备信息上传，又降低通信成本，因此需要充分考虑通信方式。充电站上行通信信道支持 GPRS/CDMA，并具有串口或以太网接口，布置于小区、公用停车场内的充电桩相对集中，可采用数据汇集器实现充电站信息汇集上传。对于街道沿线分散的单个充电桩直接采用 GPRS/CDMA 专网方式与管理中心通信进行信息交互，对已建监控系统的充电站内的充电桩信息，可直接通过专网与管理中心信息交互。

（2）软件结构　电动汽车充电站运营管理系统软件宜采用三层结构，包括系统平台层、支撑服务层、业务应用层。纵向业务应用与相应支撑服务相关联，横向不同的服务通过数据库松耦合，添加新的服务功能不涉及系统结构也不影响已有的业务，方便系统应用功能的扩充。电动汽车充电站运营管理系统的软件结构如图7-13所示。

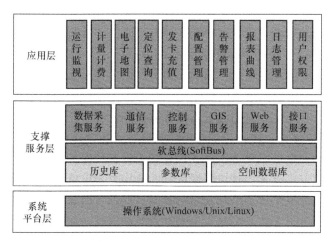

图7-13　软件结构

1）系统平台层。为适应不同用户的要求，系统的开发需兼容多种主流操作系统，支持跨平台和混合平台操作。

2）支撑服务层。支撑服务层为增强系统的开放性和可扩展性，建立统一规范的底层交互平台，实现服务层与应用层的分离。提供统一的数据传输接口，数据库访问接口以及控制命令接口。

3）业务应用层。业务应用层建立在支撑服务层之上，通过服务功能模块搭建出不同的应用系统平台，实现实时状态监视、图形化展示、控制交互操作、业务数据记录查询、统计分析、报表曲线等多种功能。此外，提供严格的用户管理和授权管理，保证系统数据的安全性。

3. 系统实现

（1）软件结构实现　系统软件结构基于易扩展、松耦合机制，采用平台化、模块化、组件化设计思想，选用C/C++语言底层开发，进行模块化设计。完成系统平台化、模块化、组件化设计，首先要开发系列跨平台的组件，将系统功能开发分解为多个组件的开发，组件是构成系统的最小功能单元，在运行时期重新装配，创建出组件的克隆以共同创建一个应用程序。系统在所有的平台上具有统一的风格，运行界面风格不再受操作系统和图形环境的限制。

07

（2）数据采集系统实现　分布于市区各地的充电桩具备计量及监测功能，读取充电桩运行数据并保存到数据库。数据采集系统通过通信网络获取各充电桩计量信息、状态信息及报警事件信息等，也可实现对充电桩的参数远程设定，从而做到主动安全、主动管理、主动控制，是运营管理系统的核心。

1）数据采集处理。充电桩通常安装在室外，电磁干扰较大，环境较为恶劣，主要采用 GPRS/CDMA 通信方式，数据上传难免会出现短时间内通信中断或延时，通信正常时，充电桩会主动上送数据，采集服务会产生相应事件存到临时事件表，并立即发送给各监视客户端，但并不能保证此前无记录缺失。充电桩技术规范规定充电桩可保存 10000 条充电记录数据，关键事件的存储不少于 100条，安全存储周期至少达 7 天。因此，为了保证所有充电站记录上传，利用充电桩内保存充电记录的流水号连续性，采集服务程序设计中采取启动召唤、定时召唤策略，确保所有充电记录均已录入系统数据库。

2）远方参数设置处理。为了确保充电桩易于运营维护及统一管理，根据充电桩技术规范，充电桩应支持本地或远方费率设置和保护定值设置，其中费率设置包括当前费率单价设置、备用费率单价、备用费率单价切换时间，定值设置包括过电压、过电流保护等定值以及延时时间、提示余额低、充电最小电流阀值参数等。对远方充电桩参数设定过程主要涉及维护人员、工作界面、通信网络及远方设备，充分考虑了系统安全性，系统程序由人机界面、控制服务、通信服务等模块协同处理。

（3）发卡充值系统实现　发卡充值是充电站运营管理系统的一个重要组成部分，发卡充值直接面对用户，集中用户到同一地点发卡充值不利于用户，因而可以利用互联网特性，采用 B/S 结构设计，共享管理中心数据库，在市区各地设置充值网点，安装发卡终端和发卡充值应用程序，实现卡片的发放、充值、解锁等功能。

（4）WebGIS 系统实现　充电桩只有在地理图形建立了模型，才能够完整准确地描述充电设施，管理系统与 GIS 平台之间通过数据库关联，集成 Web 和 GIS功能，从而实现有效的管理。

GIS 服务提供数据服务和功能服务，数据服务通过服务接口向外提供空间数据，功能服务通过接口向外提供对空间数据的操作和处理功能。Web 服务通过应用程序对业务数据处理，提供可以对外数据服务接口，对用户提供数据发布、浏览、查询、计算等应用。

GIS 服务功能通过 Web 技术发布 Web、GIS 扩展接口，使 Web 系统可以整合 GIS 功能，Internet 用户可以通过网页查看充电桩的地理位置、充电状态、计费信息、业务处理软件分析计算结果和存储空间数据等，浏览 WebGIS 站点中的空间数据、以及进行各种空间数据检索和空间分析，实现空间数据的增值。

4. 系统应用

系统可实现了对市区所有充电桩的充电信息进行监视，并提供充电桩远方参数批量设置、发卡充值、计费管理以及相关数据的查询和统计分析等功能，地理图形信息有效地辅助和增强了充电设施管理，为充电站的运营、维护管理部门提供了处理信息的协同作业平台，在可视化、直观化的环境下提高设备管理工作的效率。

构建基于 Web、GIS 的统一的电动汽车充电体系信息管理平台，以满足电动汽车用电对移动性和多样性的要求，有利于充电网络建设统一规划，促进充电服务产业规范有序发展，有利于发挥规模效益，降低运营成本，形成区域内电动汽车充电业务及功能的互联互通，实现统一化管理。

随着电动汽车充电市场不断发展，电动汽车充电站运营模式也在不断创新发展，并不断提高电动汽车充电站技术性能与服务水平。在这样的电动汽车充电站市场环境下，电动汽车充电站运维管理升级需求越来越强烈。

国家积极促成各大电动汽车充电站品牌联合，是希望能加强对电动汽车充电站信息平台的管理，兼容多个电动汽车充电站品牌，这是完善信息内容的必要条件，也是提高电动汽车充电站信息网络服务水平，加强电动汽车充电站信息网络运维管理能力的重要要求。电动汽车充电站如何统一信息标准，能够通过简单的付款方式，平衡各家电动汽车充电站品牌的收支，这是未来电动汽车充电站运营市场急需解决的难题。

7.5.3　基于云平台的充电站管理网络

1. 系统架构设计

智能交互设备是智控服务平台核心组件，是用户操作的核心窗口，能够实现充电设施故障申报、车位管理、智能语音互动及协助、广告投放等核心功能及附加增值业务，系统由智能互动终端、智能地锁、车辆识别等自动智能感应设备组成。

同时为更好地提升资源利用率及用户满意度，在当前智能手机普及的情况下，利用 SaaS 级社会化客户关系管理平台（暨微信公众号）对数据结果进行展示，对关键信息实现实时推送，最大限度实现人、车、站的闭环交互。

基于云平台的电动汽车智能充电管理系统是建立在互联网、高速无线网和电力信息系统基础上的大型分布式网络信息系统，整个系统分为平台层、网络层和终端层，系统逻辑架构如图 7-14 所示。

1）平台层。平台层采用针对电动汽车充电服务的数据挖掘技术、云计算技术、门户技术，提供用户管理、身份认证、权限控制、充电桩信息记录、电动汽车充电海量数据存储等基础服务，支持手机 App 实现充电桩使用情况查询、定

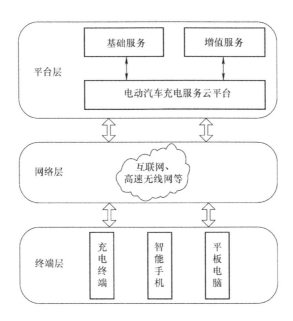

图 7-14　系统逻辑架构图

位导航、充电预约及充电桩锁定等业务，并与相关外部系统进行数据交换实现跨应用、跨系统的信息互通、共享和协同，并可通过深度挖掘为用户推送充电服务计划、充电商店等增值服务。

2）网络层。网络层是平台层和终端层之间的纽带，提供了各类用户信息、电动汽车充电信息等多种数据的传输通道。网络层既包括诸如 Wi-Fi形式的高速无线网络，也包含广域敷设的互联网。

3）终端层。终端层包括电动汽车充电终端设施（交流桩、直流桩等）、智能手机和平板电脑等用户设

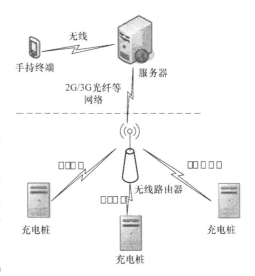

图 7-15　系统通信架构图

备。电动汽车充电终端可以将车辆的充电信息通过网络层发送给远端平台，也可以接收平台下发的控制指令。智能手机、平板电脑等终端设备通过其上的 App 应用软件进行实时互动，接收用户输入，并展示系统所提供的各类服务。

系统通信架构如图 7-15 所示，充电终端含有 Wi–Fi 通信模块，可与 Wi–Fi 路由器进行通信，Wi–Fi 路由器通过 2G、3G 或光纤网络等将信息发送给云平台服务器，智能手机、平板电脑等终端设备通过 Wi–Fi、GPRS 和 CDMA 等与后台服务器通信。此外，为了确保信息安全，在云平台中部署密钥管理系统和加密机制，在充电桩中加入嵌入式安全模块芯片（ESAM）。

2. 系统组成及功能

云平台电动汽车智能充电系统主要由云平台、智能充电桩和智能终端 App 应用软件组成。

（1）电动汽车充电服务云平台　电动汽车充电服务云平台是为电动汽车充电提供数据发布、收集、存贮、加工、维护和挖掘的综合平台，为满足业务发展需求，电动汽车充电服务云平台支持百万级客户的多种业务请求，系统平台软件和硬件都具备高可靠性、可用性和可扩展性。该平台由计算机、网络设备、存储设备、其他外围设备和平台应用软件组成，整个电动汽车充电服务云平台主要分为三个子系统。

1）基于云计算技术的功能支撑子系统。该子系统深入研究了电动汽车充电服务的特性，利用云计算技术开发虚拟机与物理机资源统一管理子系统，将所有的计算资源进行全面、灵活的管控，为整个电动汽车智能充电系统提供具有弹性的计算能力。针对电动汽车充电服务接入特点采用负载均衡技术，支持海量用户的高并发访问。提供用户管理、身份认证、权限控制、充电桩信息记录、电动汽车充电海量数据存储与处理等功能，支持手机 App 实现充电桩使用情况查询、定位导航、充电预约、充电桩锁定等多种业务应用。

2）数据交换子系统。为了解决在系统中各类数据交换、整合的难题，主要从以下四个方面设计数据交换子系统：

① 有效降低系统间的耦合度，使每个应用系统在逻辑上只与数据交换子系统有关系，而不必考虑数据交换的另一端具体部署，使系统间形成简单的数据耦合。

② 提高数据交换接口的规范性，使得系统接口统一面向数据交换子系统，在接口的逻辑和技术形态上具备一致性，为系统接口的稳定和规范提供基础。

③ 提高数据交换的开放性，使得数据交换子系统如同系统间的一个逻辑数据总线，可以对外提供灵活和多种形式的接口。

④ 保证数据交换的高效性和稳定性，从系统设计层面有效保证数据交换过程的高效和稳定。

3）数据挖掘子系统。深入分析整个电动汽车智能充电系统所提供的各类服务，依据服务的不同类别、特点及实际需求，利用与电动汽车充电业务相对应的数据挖掘算法、数据分析模式、数据抽取、存储、管理及展现技术，开发电动汽

车充电数据分析和用户行为挖掘等业务应用,为用户提供深入、高效的增值服务。数据挖掘子系统将主要完成以下工作:

① 通过对海量用户充电时间数据的收集和分析,可以挖掘得到不同时间段用户的充电密度,计算出用户充电行为对于电网负荷的影响规律,为负荷预测提供有力支撑,为电力调度提供依据。

② 通过对海量用户充电地点数据的分析,可以挖掘得到不同区域、不同地段的用户充电需求分布,计算出目前已建的充电设施在各个地点的利用情况,为进一步建设充电设施提供直接的指导。

(2)智能充电桩 智能充电桩结构框图如图 7-16 所示,具体包括 MCU 单元、数字电能表、Wi‑Fi 通信模块、FLASH 存储单元、保护单元、电源转换模块、接触器、急停开关等。其中 MCU 单元为充电桩的控制核心,完成指令控制与信息分发,采用低功耗、高性价比的 CORTEX‑M0 系列芯片,通过串口或 SPI 总线与 Wi‑Fi 通信模块通信,通过 485 总线与数字电能表通信,通过 I^2C 总线与 FLASH 存储单元通信,MCU 通过驱动电路与接触器相连实现充电电能输出的通断控制。

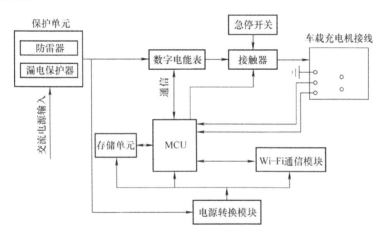

图 7-16 智能充电桩结构框图

采用低功耗 Wi‑Fi 通信模块,实现与无线网关的数据通信,进而实现充电桩开关状态远程控制,电流、功率、电能信息的上报。电源转换模块用于将交流电转换为直流电,提供不同电压等级的直流电,为充电桩中的其他电路提供电源。

智能充电桩除了具备传统的充电、计量、保护等功能外,以下功能在提高本系统智能性的同时,将会更加适应日新月异的技术变革:

1)手持终端控制功能。分布式充电桩可通过移动端 App 控制启停机,当充电桩符合充电条件时，客户通过手机等移动终端可以实时控制充电桩的启停。

2）充电信息上传功能。分布式充电桩可将充电信息上传至服务器并通过手机安装的 App 界面实时显示充电信息，包括当前充电电压、充电电流、充电电量、充电费率、计费信息、故障信息、工作状态信息等。

（3）APP 客户端　随着智能手机的普及，App 客户端软件已经应用于日常生活的各个方面。智能充电桩设计了客户端软件的两个版本，分别支持操作系统为 iOS7.0.0 及以上版本和 Android2.3.3 及以上版本，总体设计为 C/S 体系结构，客户端为多层体系结构，以提供更好的灵活性和强大的扩展能力。多层体系对于客户端来说是三层结构，分别从视图层、业务逻辑层、业务实体层进行分配。

1）视图层。与用户交互的界面，响应用户的请求，调用业务逻辑层的接口进行逻辑处理，根据结果以不同的形式展现给用户。视图层包含地图显示、支付结算、状态显示、控制界面和查询界面。

2）业务逻辑层。完成实际的业务逻辑，包括对服务器的数据请求和对本地数据库的读取。

3）业务实体层。包含了各个业务实体，对网关服务器的数据请求、数据解析；对平台服务器的数据请求、数据解析、数据库维护。

App 客户端软件根据用户选择的功能调用业务逻辑层相应的模块，业务逻辑层负责业务流程的组织，并调用业务实体层的模块，通过网关服务器接口（或平台服务器接口）与网关服务器（或平台服务器）进行信息交换。App 客户端具备以下功能：

1）地图功能。可通过地图及导航查询充电桩的位置信息。

2）状态显示功能。通过手机 App 显示智能充电桩的各种状态。

3）支付功能。系统具有充电结算功能，通过账户与支付宝、微信账户绑定，实现定额、定量、定时等方式的智能充电。

4）控制功能。通过控制命令实现对智能充电桩的设置和控制，包括开始充电、取消预约、停止充电等。

5）查询功能。用户可查询充电数据详情（次数、累计）。

参 考 文 献

［1］杨帆，孔方方. 国内外新能源汽车动力电池发展及供求现状［J］. 上海汽车，2014，
（9）：3－8.

［2］王阳. 从电动汽车与充电网络看城市基础设施融合发展［N］. 中国能源报，2017－7－3
（8）.

［3］程夕明，孙逢春. 电动汽车能量存储技术概况［J］. 电源技术，2001，25（1）：47－52.

［4］王兴娟，王坤勋，刘庆. 燃料电池的研究进展及应用前景［J］. 炼油与化工，2011，22
（1）：6－10.

［5］宋永华，阳岳希，胡泽春. 电动汽车电池的现状及发展趋势［J］. 电网技术，2011，35
（4）：1－7.

［6］李保成，李杏元. 电动汽车充电方式的探讨［EB/OL］. https：//wenku. baidu. com/view/
3cd68b5752ea551811a68727. html.

［7］殷树刚，龚桃荣，基于云平台的电动汽车智能充电系统设计与应用［J］. 供用电，2015，
（7）：43－47.

［8］深圳市金宏威技术股份有限公司. 应用创新　开启电动汽车充电站/桩运营管理新模式
［EB/OL］. http：//news. bjx. com. cn/html/20140508/509250. shtml.

［9］徐凡，俞国勤. 电动汽车充电站布局规划浅析［J］. 华东电力，2009，（10）：1678－1682.

［10］任百峰. 基于 V2G 技术的电动汽车充电站与电网接入技术研究［D］. 秦皇岛：燕山大
学，2014.

［11］胡勇，刘奇峰，基于 WebGIS 的分布式电动汽车充电桩运营管理系统设计与实现［J］.
电力建设，2014，（1）：98－103.

［12］杜俊仪. 换电网络是绿色智慧交通网和智能电网的连接点［EB/OL］. https：//
www. sohu. com/a/210760570_ 114771.

［13］滕乐天. 电动汽车充电机（站）设计［M］. 北京：中国电力出版社，2009.

［14］周志敏，纪爱华. 电动汽车充电站（桩）工程设计［M］. 北京：电子工业出版
社，2017.

［15］周志敏，纪爱华. 电动汽车充电桩（站）设计与施工［M］. 北京：中国电力出版
社，2016.

［16］周志敏，纪爱华. 电动汽车充电桩安装调试与运行维护［M］. 北京：化学工业出版
社，2019.